總策畫　林慶彰　劉楚華

主編　翟志成

景印香港
新亞研究所

新亞學報

第一至三十卷

第三冊・第二卷・第一期

景印香港新亞研究所《新亞學報》（第一至三十卷）

景印香港新亞研究所《新亞學報》第三冊

第二卷・第一期　目　次

第二卷第一期

新亞學報

新亞研究所

目錄

新亞學報編輯畧例

（1）本刊宗旨專重研究中國學術，以登載有關中國歷史、文學、思想、藝術、宗教、禮俗等各項研究性的論文爲限。

（2）本刊由新亞研究所主持編纂。外稿亦所歡迎。

（3）本刊年出兩期，以每年七月十二月爲發行期。

（4）本刊文稿每篇以五萬字爲限；其篇幅過長者，當另出專刊。

（5）本刊所載各稿，其版權及繙譯權均歸本研究所。

本論語論孔學

錢穆

論語二十篇，首篇第一章，即曰學而時習之，不亦說乎，最先提出一學字。但當時孔門，究竟所學是何，又該如何學，歷來儒者，自漢迄淸，爲論語此學字作解，爭議紛綸，莫衷一是。本文仍就論語，專擇其明顯提及學字諸章，會通闡說，求能爲當時孔學粗略描繪一輪廓。並亦於歷代諸儒意見，略有取捨評騭。自知末學淺測，未必遽當，亦聊以備一得之愚，以待明哲之論定，固未敢進退先賢，標一己之獨是也。

子曰：志於道，據於德，依於仁，游於藝。（述而）

朱子曰：

此章言人之爲學當如是也。蓋學莫先於立志，志道則心存於正而不他。據德則道得於心而不失。依仁則德性常用而物欲不行。游藝則小物不遺而動息有養。學者於此，有以不失其先後之序，輕重之倫焉，則本末兼該，內外交養，日用之間，無少閒隙，而涵泳從容，忽不自知其入於聖賢之域矣。

竊謂論語此章，實已包括孔學之全體而無遺。至於論其爲學先後之次，朱子所闡，似未爲允，殆當逆轉此四項之排列而說之，庶有當於孔門教學之順序。子夏所謂：君子之道，孰先傳焉，孰後倦焉，有始有卒者，其惟聖人乎？程子曰：君子教人有序，先傳以小者近者，而後教以大者遠者，非傳以小近，而後不教以遠大也。朱子曰：學者當循序漸進，不可厭末而求本。亦非謂末即是本，但學其末而本即在是。則本篇之旨，實與程朱所言，無大違戾也。玆為逐項分說之如下：

一、學於藝，即游於藝之學。

達巷黨人曰：大哉孔子，博學而無所成名。子聞之，謂門弟子曰：吾何執，執御乎，執射乎，吾執御矣。（子罕）

竊謂此章雖孔子之謙辭，然孔子徧習六藝，御射皆其所學。論語首章學而時習之，如王制云：春夏學詩樂，秋冬學書禮。內則云：六年教之數與方名，七年男女不同席，八年始教之讓，九年教之數日，十年學書記，十三年學樂，誦書舞勺，十五年，成童舞象，二十始學禮，舞大夏，博學不教。此皆古人之所謂時習，而要之其所學則皆是六藝之學也。則孔子之始學，亦必是此等六藝之學可知。

大宰問於子貢曰：夫子聖者與？何其多能也！子貢曰：固天縱之將聖，又多能也。子聞之，曰：大宰知我乎？吾少也賤，故多能鄙事。君子多乎哉，不多也。牢曰：子云：吾不試，故藝。（子罕）

此章所謂多能，即猶前章之博學也。既曰鄙事，又曰藝，則孔子之所學，對於當時社會人生實務諸藝，決不鄙棄不之習，又斷可知矣。若就今日言，如音樂，如跳舞，如游泳，如駕駛汽車之類，亦社會人生實務，亦猶古人之所謂藝也。推而廣之，如一切科學工業技術，亦猶古人之所謂藝也。是知孔子若與吾儕生同時，彼亦必時習博學於此人生諸實藝而多能之，所謂多能鄙事，實未必即有背於孔子之學也。

子曰：三年學，不至於穀，不易得也。（泰伯）

據此章，學以求祿，此亦指習藝之學言也。直至近代，求學率為職業，此在孔門，亦復如是，決不深斥此等，謂志穀謀業者即不得謂之學，又可知矣。

又按古人六藝之學，首書數，此庶人幼學皆習焉。次射御，必少壯成人乃習之。又後曰禮樂，則藝而入於文，通習禮樂，斯可以爲君子矣。

子曰：弟子入則孝，出則弟，謹而信，泛愛衆，而親仁。行有餘力，則以學文。（學而）

劉逢祿論語述何曰：此因上文孝弟忠信愛仁而類記之。文者字之始，誦法六經，先正聲音文字，謂小學也。毛奇齡四書賸言曰：姚立方云：文，字也。非詩書六藝之文。言弟子稍間使學字耳。閻若璩曰：史記孔子世家，孔子以詩書禮樂教弟子，蓋三千焉，身通六藝者七十有二人。又曰：言六藝者折衷於夫子。以詩書六藝詁文字，語本無病。毛氏攻之，非也。今按：劉氏承毛姚之意，以文爲文字，則豈有能行孝弟，謹信愛仁，而始教以識字之理？凡此皆清儒之曲說也。閻之駁毛是矣。然古人所謂六藝，亦非漢儒之所謂六經也。則閻說亦不全是。

黃震日鈔曰：此章教人爲學，以躬行爲本，躬行以孝弟爲先。文則行有餘力而後學之。所謂文者，又禮樂射御書數之謂，非言語文字之末。今按：黃說較允。蓋古人所謂文，本與藝通。陸德明經典釋文引鄭玄云：文，道藝也。何晏論語集解引馬融曰：文者，古之遺文。此皆古注較後儒爲允也。學習六藝，必非可以全捨書本。朱注：文謂詩書六藝之文。今按六藝既有禮樂，斯必及詩書矣。以詩書爲禮樂之文則可，固不必牽連漢以後之六經爲說也。此處朱子用六藝字，則仍與閻氏同失。朱子又曰：力行而不學文，則無以考聖賢之成法，識事理之當然。此說甚是。此宋儒之說，轉與漢儒近，而清儒所釋，有轉違於漢儒之舊詁者。此所以爲學之貴於擇善而從，不貴乎門戶主奴之見也。

子路使子羔爲費宰，子曰：賊夫人之子。子路曰：有民人焉，有社稷焉，何必讀書，然後爲學？子曰：是故惡夫佞者。（先進）

此章言讀書，猶上章言學文也。又可見孔門決不斥讀書爲非學。程朱論學，有時於習藝不免輕視，而自陸王迄於顏元，又不免輕視夫讀書。一軒一輊，同是不平。就論語本書言，則殊未見有此軒輊也。

子曰：小子何莫學夫詩。詩，可以興，可以觀，可以羣，可以怨。邇之事父，遠之事君。多識於鳥獸草木之名。（陽貨）

此章孔子勸人學詩，即勸人讀書學文也。

子謂伯魚曰：女爲周南召南矣乎？人而不爲周南召南，其猶正牆面而立也與！（陽貨）

此章孔子教其子伯魚學周南召南，即教其學詩，教其讀書學文也。

陳亢問於伯魚曰：子亦有異聞乎？對曰：未也。嘗獨立，鯉趨而過庭，曰：學詩乎？對曰：未也。不學詩，無以言。鯉退而學詩。他日，又獨立。鯉趨而過庭，曰：學禮乎？對曰：未也。不學禮，無以立。鯉退而學禮。聞斯二者。陳亢退而喜曰：問一得三。聞詩，聞禮，又聞君子之遠其子也。（季氏）

此章記孔子教其子伯魚學詩學禮，此亦即教其讀書學文也。王應麟困學記聞曰：孔庭之教曰詩禮。子思曰：夫子之教，必始於詩書，而終於禮樂，雜說不與焉。荀子勸學亦曰：其數則始乎誦經，終乎讀禮。此皆孔門以讀書學文爲學之顯例也。

子曰：君子博學於文，約之以禮，亦可以弗畔矣夫。（雍也）

此章博文，即包括讀書學文。可見當時所謂聖人博學，大義不外兩端，一多習藝，一多讀書。直至近代，言人博學，亦率指此二者，不能外也。朱子不免偏重於教人讀書，顏元不免偏重於教人習藝，是皆各得其一偏也。

又按：劉逢祿論語述何曰：文，六藝之文，禮，貫乎六藝。此解博文約禮，最爲得之。餘說紛綸，各有偏主，不復一一具辨。

子以四教，文行忠信。（述而）

何義門讀書記：小學先行而後文，弟子章是也。大學先文而後行，此章是也。王應麟困學紀聞曰：四教以文爲先，自博而約。四科以文爲後，自本而末。此文字皆指書本，則孔門之教人爲學，必不偏輕讀書學文，亦居可見矣。

子曰：我非生而知之者，好古，敏以求之者也。（述而）

何晏論語集解引鄭玄曰：言此者，勸人學。今按：孔子曰：生而知之者，上也。學而知之者，次也。困而學之，又其次也。困而不學，民斯爲下矣。孔子不自居於生知，則孔子之所謂學者；正在於好古敏求。好古必從事於讀書學文，不讀書，不學文，又何以博聞於古而擇善以從乎？可知孔門之學決不廢讀書，抑且必以讀書爲要務矣。

以上言孔門之學，首重通習技藝時務，讀書博古，此乃古今爲學之通誼，即孔門爲學，亦無以異也。

二、學於仁，即依於仁之學。

孔子曰：我非斯人之徒與而誰與。既爲人，學人道，學於仁，即是學人道，即是學爲人也。後儒釋論語仁字，多不免於深求之。孟子曰：仁，人心也。則仁道者，即人道也。鄭玄以相人偶釋仁，是依於仁以爲學，即依於人與人相處之道，即依於相人偶之道以爲學也。

子曰：三人行，必有吾師焉，擇其善者而從之，其不善者而改之。（述而）

此即孔子依於仁之學，亦即孔子之學爲人，孔子乃即於人而學爲人，故曰三人行，必有吾師也。

子曰：加我數年，五十以學，亦可以無大過矣。（述而）

今按：孔子雖至於五十，尙學求無大過，此仍是學爲人，學人道，即依於仁之學也。則學爲人，依於仁之學，亦豈易言？蓋依於仁之學，固當終生以之。俗云：活到老，學到老，誠哉不虛也。

子曰：弟子入則孝，出則弟，謹而信，汎愛衆，而親仁，行有餘力，則以學文。（學而）

今按：孝弟謹信愛仁皆須學，此即學人道，即學依於仁也。然則學者，固非僅習藝讀書之謂。居家出門，凡一切躬行實踐，所以爲人之道，皆學之事。子夏曰：賢賢易色，事父母能竭其力，事君能致其身，與朋友交，言而有信，雖曰未學，吾必謂之學矣。此章雖曰未學，即指讀書學文言。吾必謂之學，則指學爲人，謂一切日常人生實踐躬行之莫非學也。後儒如陸王言學，未免偏重踐行，實近乎子夏此章之義。然若循此推衍而益遠，斯必陷於子路何必讀書然後爲學之偏見矣，然孔子固已斥之爲佞。則孔門烏曾主不讀書之學乎？象山曰：堯舜以前曾讀何書來？然此一時，彼一時，周孔以後，固未能有不讀書之學者。惟孔子既曰：行有餘力，則以學文，則陸氏之說，其於幼學，要爲得矣。

子曰：君子食無求飽，居無求安，敏於事而愼於言，就有道而正焉，可謂好學也已。（學而）

明王恕石渠意見曰：古之學者，其要在乎謹言愼行以修身，非徒記誦辭章而已。故夫子告子張曰：愼言其餘，愼行其餘。又曰：言忠信，行篤敬。中庸曰：言顧行，行顧言，是皆以言行爲學也。今按：以言行爲學，即是學爲人，即是依於仁以爲學也。

子曰：君子不重則不威，學則不固。主忠信，無友不如己者。過則弗憚改。（學而）

此章亦主學爲人之道而言。

以上言孔門言學，皆主於日常人生之躬行實踐，主於學爲人，此亦古今爲學之通誼也。即在近代，亦無不認此爲學，是仍與古無異也。子以四教，文行忠信，一主文，一主行，兩者不偏廢。大略言之，宋明儒論學，多偏主行。漢淸儒論學，多偏主文。若就西方學術言，宗教似偏行。哲學科學似偏文。孔門兩者兼重。皇侃論語疏：或問：既云行有餘力則以學文，又云子以四教，文行忠信，文行或先或後，何也？答曰：論語之體，悉是應機適會。教體多方，隨須而與，不可一例責之。今按：教體多方，即是學術多門也。有志孔子之學者，亦貴隨須自力，不宜偏主一端一途，而輕起是非之辨矣。

且上所謂游藝依仁之學，若通而言之，亦實是一事耳。學爲人，固必通於藝，世固無不習一藝之人。習藝亦人道處世一大端也。不學詩，無以言，不學禮，無以立，以言以立，亦即學爲人之條件也。是學文亦即所以學爲人，亦即是依於仁之學矣。又曰：詩，可以興，可以觀，可以羣，可以怨，邇之事父，遠之事君，興觀羣怨，事父事君，獨非學爲人之道與？然則讀書學文，固亦通於學爲人之道。故游藝博文，亦皆所以學爲人，皆即是依於仁之學也。若必鄙斥藝文，高論人道，是人道者，將不免陷於孤狹，殆非所以相人偶，而轉近乎不仁之歸矣。故欲依於仁，學人道，則亦無有不兼涉於游藝學文之事者。此亦古今相同，無大違越也。

又按：孔門諸賢，如子路可使治賦，冉有可使爲宰，公西華可使束帶立朝與賓客言，而孔子皆謂不知其仁。蓋用之則行，舍之則藏，孔子惟以許顏淵。出處行藏，乃學爲人之大節也。子路冉求公西華抱藝在身，未能深藏不用，故孔子未許以仁。然則爲人之學，有其淺，亦有其深。有其層累焉，有其相通焉。游藝依仁之學，不僅有其相通，亦有其層累。有志孔門之學者，必明乎此相通與層累之二義，乃可以得孔子博文而一貫之深旨也。

三、學於德，即據於德之學。

上述兩項，游藝依仁，乃古今言學之通誼。下兩項，據德志道，乃見孔門論學之淵旨。然下兩項亦本於上兩項而學之，而特循此而益進焉耳，非謂捨於上兩項而別有下兩項之學也。

子曰：學而時習之，不亦說乎？有朋自遠方來，不亦樂乎？人不知而不慍，不亦君子乎？（學而）

此章學而時習之，即前述上兩項之學也。同聲相應，同氣相求，人至中年，學成名聞，有朋友同道，遠來講習，故可樂也。及乎其所學益進，所造益深，至乎人無知者，而其內心有所自得自信，雖欲罷而不能焉，此又何慍之有？則此誠學人之盛德，非學之深而養之粹，未易臻此。此即由游藝依仁而深入於據德之境矣。且悅樂亦已在內心，此已是內心之自得。故學而時習，有朋遠來，雖曰習藝學文，主於學爲人，而固已見其即爲據德之學矣。故游藝依仁之與據德，雖固若層累之三級，實亦會通於一貫也。

子曰：古之學者爲己，今之學者爲人。（憲問）

此章爲據德之學之最要義。荀子勸學篇云：君子之學也，入乎耳，著乎心，布乎四體，形乎動靜，一可以爲法則。小人之學，入乎耳，出乎口，口耳之間則四寸耳，曷足以美七尺之軀哉？又曰：古之學者爲己，今之學者爲人。君子之學也，以美其身。小人之學也，以爲禽犢。後漢書桓榮傳論曰：爲人者，憑譽以顯揚，爲己者，因心以會道。

故知人之爲學，無論其爲學於藝，學於文，抑爲學爲人之道，雖其所學同，而其所以爲學之用心，則可以有爲己爲人之別，此誠不可以不辨也。學而知爲己，即知所以爲據德之學矣。

子曰：默而識之，學而不厭，誨人不倦，何有於我哉。（述而）

此章學不厭，誨不倦，此即門弟子之就此而謂夫子固已聖者也。今試問：何以能誨不倦？則必在己能學不厭，斯對人能誨不倦矣。試又問：何以能學不厭？則必其先知默而識之，斯能學而不厭矣。故本章三語，雖若並列，實則層累而進，亦爲學之階程有此三級也。默而識之者，朱子曰：謂不言而存諸心也。此即荀子所謂入乎耳，著乎心，布乎四體，是即爲己之學之眞精神，眞法門也。若入乎耳，即欲出乎口，則爲學惟求顯揚，最多亦只以爲人。斯之爲學，或得志，或失意，無不易厭，則以其不知學之必據於德也。

哀公問弟子孰爲好學？孔子對曰：有顏回者好學，不遷怒，不貳過，不幸短命死矣。今也則亡，未聞好學者也。（雍也）

李中孚四書反身錄：學，所以約情而復性也。孔子承哀公之問，舍博學篤志之子夏，舍多聞多識之子貢，而推靜默如愚之顏氏。乃以不遷不貳爲好學之實。可見學苟不在性情上用功，則學非其學。性情上苟不得力，縱夙夜孜孜，博極羣籍，多材多藝，兼有衆長，終不可謂之好學矣。今按：學在性情上用功，即所謂據德之學也。宋儒有顏子所好何學論，即本此章發題。論語如此等章，最見孔門據德之學之眞趣。此始純粹是一種爲己之學，即在自己德性上有期望，有到達，故謂之據德之學也。然若提倡過偏，認爲惟此是學，而鄙視上游述藝，學文，學於爲人之諸端，而皆謂其不足以有當於學焉，則其流弊亦有不可勝言者。蓋據德之學，亦即游藝依仁之學之進而益微，而始有此境界。非謂舍却游藝依仁，而可以直下追尋，惟此之爲學也。宋儒論學，似於此殊不能無過偏之弊，此則論學之士之所當深辨也。

子曰：射有似乎君子，失諸正鵠，反求諸其身，此即下學習射，而可上達於不遷怒之境界也。又曰：舉一隅不以三隅反，則吾不復之矣。此即下學習器游藝，可上達於不貳過之境界也。然則孔門據德之學，固仍是依仁游藝之爲學，而非別有其所學，可知矣。自捨游藝依仁之學，而謂可以專崇夫據德者以爲學，而儒學始有歧，此則宋儒之過也。然若論宋儒於儒學傳統之大貢獻，則亦惟其所發揮於據德之學之一端，爲最淵微而深切矣。惟其於此有大貢獻，故亦於此不能無偏主，此則貴乎好學者之善爲愼擇也。

子曰：由也，女聞六言六蔽矣乎？對曰：未也。居！吾語女。好仁不好學，其蔽也愚。好知不好學，其蔽也蕩。好信不好學，其蔽也賊，好直不好學，其蔽也絞。好勇不好學，其蔽也亂。好剛不好學，其蔽也狂。

（陽貨）

朱子曰：六言皆美德。然徒好之而不學以明其理，則各有所蔽。今按：此六言者，固可說其是美德，然論語稱六言，不稱六德，則言與德仍宜有辨。蓋此六言者，特人世間所公認之六德目，若不能切身而反求之己，當時而求通之於人情世務。於此六德目者，徒好其名，規效摹襲而行之，迹似而神非，斯則不免於六蔽之陷矣。當知若稱六德，則不宜復有蔽。而所謂六蔽，亦皆本於各人之心性，即皆蔽於其人之德之所未純也。愚蕩賊絞亂狂之六者，此亦不可不謂其原於人性，而特未加修學以使其成爲美德焉，而偏陷所至，而遂有此，是所謂惡德也。孟子有行仁義與由仁義行之辨，若徒好此六德，而不復濟之以學，則是行仁義，非能由仁義行也。行仁義，僅是慕外而行之。必能由仁義行，乃始爲據德之學，成德之行也。然則又如何而學乎？此則捨博文約禮無由矣。孟子所謂明於世物，察於人倫，朱子所謂考聖賢之成法，識事理之當然，此皆博文之學之所有事，能由是而反之吾身、而誠見其不可易，乃有以深得夫易地而皆然之心同理同，反身而誠，知萬物之皆備於我，則由博文以達於約禮，即此以爲據德之學也。此實內外交修，人己同盡、決非僅憑己心，不重外學之所能到。本此一章，又可見博文依仁據德之學之層累而相通，有其階程層次，而實無彼此之扞格界劃也。

子曰：德之不修，學之不講，聞義不能徙，不善不能改，是吾憂也。（述而）

此章亦以修德與講學分言之。徙義改過，此乃修德事，亦即講學事。雖可分而仍互通也。

子曰：十室之邑，必有忠信如丘者焉，不如丘之好學也。（公冶長）

戴震孟子字義疏證云：聖賢論行，固以忠信爲重。苟學不足，則失在知而行因之謬。雖其心無弗忠弗信，而害道多矣。黃式三論語後案云：忠者心之盡，信者言之實，不能好學，而心與言之失，可勝數乎？是以四教必曰文行忠信，此章正爲自恃忠信者戒其堅自執耳。今按：此乃有美質而未學者。美質，鄉人所同有，好學，聖人所獨至。聖人之爲學，固非離棄乎己之忠信之質以爲學。及其學之所至，亦以益美其忠信之質而已。固非期其有外乎己之忠信之質，或轉異乎己之忠信之質，以別成其所謂學也。然則必本乎此人之所同有之忠信之本質而爲學焉，以成其德而躋乎聖，此乃孔門據德之學之所以爲獨特而超卓，而他之言學者，或未之能逮也。

顏淵季路侍。子曰：盍各言爾志！子路曰：願車馬衣裘，與朋友共敝之而無憾。顏淵曰：願無伐善，無施勞。子路曰：願聞子之志。子曰：老者安之，朋友信之，少者懷之。（公冶長）

此章記孔子顏淵子路三人之志，此即三人之所願學也。此三人所懸舉以爲學的者，全屬自己一種內心境界，故謂之爲爲己之學也。於此境界而有所期望，而能到達，斯即學人之心德也。故又謂之爲據德之學焉。朱子謂三人之志，皆與物共，特有小大之差。此即指其所期望到達之心境之小大，亦即成德之小大也。然其所願皆在己，不在人，此所以稱之爲爲己之學。程子曰：古之學者爲己，其終至於成物。今之學者爲人，其終至於喪己。爲己之學，所願只在己。其所求完成者，即其一己之心德。而其一己心德之所能到達之最後境界，乃爲一種物我一體之天地氣象，如孔子所謂之老者安之，朋友信之，少者懷之，此種境界，豈不爲己而終至於成物乎？然則此種學問，所謂爲己據德之學者，豈非即是學爲人，由依於仁之學之更進一級而始見其有是乎？故朱子亦謂仁者心之德，故依仁之與據德，亦是有其相通，有其層累也。

又按：孔門四科，德行政事言語文學，此亦可以淺言之，可以深言之。若以德行爲據德之學，則政事言語乃依仁，文學則游藝也。若以德行之科爲依仁，則其餘三科者，皆游藝也。要之，此亦見孔門之學之有其相通，有其層累，心知其意，則一以貫之，固不必一一爲之分劃割絕也。

朱子曰：學不可以一事名。德行言語政事文學，皆學也。今專以德行爲學，誤矣。陳澧東塾讀書記申之曰：此論四科之不可偏廢。且專以德行爲學，朱子猶以爲誤，則專以言語政事文學爲學，尤誤可知矣。專學一科，不誤也。專以己所學之一科乃謂之學，而以己所未學之三科，不得謂之學，則誤也。今按：朱陳之說允矣，而未盡也。論孔門之學者，則必明其層累而遞進，與夫一貫之相通焉，而後可以窺孔門之學之淵微而廣大。否則，如顏回者，豈眞專學夫德行一科者乎？是知學之必博，而博之必能反於約，而爲己據德之學之亦不可捨乎游藝博文以爲學矣。

四、學於道，即志於道之學。

學必有標的，必有對象。如游於藝之學，此乃以事與物爲學之對象者。依於仁之學，此乃以人與事爲學之對象者。據於德之學，則是以一己之心性內德爲學之對象者。而孔門論學之最高階段，則爲志於道。志於道之學，乃所以兼通幷包以上之三學，以物與事與人與己之心性之德之會通合一，融凝成體爲學之對象。物與事與人與己之會通合一，融凝成體，此即所謂道也。故志道之學，實以會通合一爲對象，會通合一之至，卽達於以天爲對象之至高之一境，此乃孔學之所以爲高極而不可驟企也。

子曰：可與共學，未可與適道。可與適道，未可與立。可與立，未可與權。（子罕）

觀此章，則其人知向學，未必即已知適道，向學之與適道，其間尙有階序。然則其人雖不知志道，固不可即謂其不知好學，特非好學之至耳。必如此言學，乃始可與人共學。若必求能志道者而始與之共學焉，則可與共學之途狹矣。可與共學之途狹，亦非依於仁之學也。宋明儒論學，必以有志適道者始謂之學，故若於游藝博文之學，皆擯之於學術之牆外。甚至自漢唐諸大儒，如董仲舒鄭玄王通韓愈，幾皆擯不得預夫學術之大統，一若不可與共學焉，此決非孔門論學宗旨也。且如學於仁，如孝弟之類，世亦多有隨俗爲人，其人非不孝弟，然亦未可即謂其志於道。有子曰：孝弟也者，其爲仁之本與？本立而道生。今若只平實就事言之，亦可謂孝弟只是做人根本，再從此根本上生出道，則志道之學，應該自有其境界，自有其工夫矣。故孔門言學，亦於游藝依仁據德三者之外，別有志道一目也。

孔門言道，亦有時深言之，有時淺言之。

子游曰：昔者偃也聞諸夫子，曰：君子學道則愛人，小人學道則易使也。（陽貨）

此於道淺言之也。此所謂道，殆指相人偶之道，即學依於仁之道也。

子曰：篤信好學，守死善道。危邦不入，亂邦不居。天下有道則見，無道則隱。邦有道，貧且賤焉，恥也。邦無道，富且貴焉，恥也。（泰伯）

此於道乃深言之。守死善道是能立。有道則見無道則隱是能權。然所以爲志道之學者，則猶不盡於此。

衛公孫朝問於子貢曰：仲尼焉學？子貢曰：文武之道，未墜於地，在人。賢者識其大者，不賢者識其小者，莫不有文武之道焉。夫子焉不學，而亦何常師之有？（子張）

朱子論語或問，何以言文武之道爲周之禮樂也？曰：此固好高者之所不樂聞。然其文意不過如此，以未墜在人之云者考之，則可見矣。若曰道無適而非，惟所取而得，則又何時墜地，且何必賢者識其大，不賢者識其小，而後得師耶？此所謂人，正謂老聃萇弘郯子師襄之儔耳。若入太廟而每事問焉，則廟之祝史，亦其一師也。大率近世學者，習於老佛之言，皆有厭薄事實，貪騖高遠之意。故其說常如此，不可以不戒也。然彼所謂無適而非者，亦豈離於文章禮樂之間哉？但子貢本意，則正指其事實而言，不如是之空虛恍惚而無據也。今按：朱子此條，闡述孔子志道之學極深切，極明白。本此言之，孔子志道之學，實即其游於藝，學於文，實即是博文約禮之學也，而豈復有他哉？劉寶楠論語正義云：書傳言，夫子問禮於老聃，訪樂萇弘，問官郯子，學琴師襄，其人苟有善言善行足取，皆爲吾師，此所以爲集大成也與？今按：劉氏說亦是也。本此，又見孔子志道之學，亦即其游於藝依於仁之學也。惟是所謂孔子之集大成，則其層累相通之間，實大有事在。蓋學必至於集大成，乃始見道，否則皆所謂小道。子夏曰：雖小道，必有可觀者焉，致遠恐泥，是以君子不爲。然大道亦由會通小道而成，固非離絕於一切小道而別有所謂大道也。

子曰：學而不思則罔，思而不學則殆。（爲政）

此所謂思，即思通也。道必思其會通而始得見。學無小與大，皆必由思得通。通而後見道。若僅知逐事效學，則終見事，不見道。故志道之學首貴於能思也。今若舉時習爲游藝之學之首務，則孝弟乃依仁之學之首務，爲己乃據德之學之首務，思通則志道之學之首務也。

子曰：吾嘗終日不食，終夜不寢，以思，無益，不如學也。（衞靈公）

今按：孔門論學，雖學思並重，然二者亦有本末先後。苟非先有逐事具體之學，則何從有博綜會通之思？故本章又特著學思先後之大序焉。子夏曰：博學而篤志，切問而近思，仁在其中矣。此即依仁之學，亦必先博學而繼之以能思，而又必先知近思焉。此孔門論學重思之要旨也。亦即孔門論學，必本於學以致思之要旨也。

子曰：賜也，女以予爲多學而識之者與？對曰：然。非與？曰：非也。予一以貫之。（衞靈公）

此章所謂多學而識之，此乃孔子之學之所與門弟子以共見者，故子貢遽對曰然也。一貫之學，則博學而思其會通，此不能與人以共見，門弟子宜有所未曉，故孔子特呼子貢而面告之也。孔門之一貫，後儒辨之者衆矣。顧炎武日知錄曰：好古敏求，多見而識，夫子之所自道也。然有進乎是者：六爻之義至賾也，而曰知者觀其彖辭，則思過半矣。三百之詩至泛也，而曰一言以蔽之，曰思無邪。三千三百之儀至多也，而曰禮，與其奢也寧儉。十世之事至遠也，而曰殷因於夏禮，周因於殷禮，雖百世可知。百王之治至殊也，而曰道二，仁與不仁而已矣。此所謂予一以貫之者也。其教門人也，必先叩其兩端，而使之以三隅反。故顏子聞一以知十，而子貢切磋之言，子夏禮後之問，則皆善其可與言詩。豈非天下之理，殊塗而同歸，大人之學，舉本以該末乎？彼章句之士，既不足以觀其會通，而高明之君子，又或語德性而遺問學，均失聖人之指矣。竊謂顧氏此條，實最爲得孔門一貫之學之眞解，此皆具有明證實據，非苟爲推測之辭，馳騖之論也。朱子語類云：孔子告子貢，蓋恐子貢祇以己爲多學，而不知一以貫之之理。後人不會其意，遂以爲孔子祇是一貫，不用多學，則又無物可貫。孔子實是多學，無一事不理會過，祇是於多學中有一以貫之耳。方賓王問朱子，謂一貫乃積累既久，豁然貫通。向之多學而得之者，始有以知其一本而無二，朱子善其說。則朱子之說孔子博學而一貫之義，蓋已甚是，顧氏日知錄所辨，亦未有能越出朱子此所論列也。

然朱子之言，復有滋後人之非議者。孔廣森經學巵言有云：子之問子貢，非以多學爲非，以其多學而識爲非。子貢正專事於識者，故始而然之，但見夫子發問之意似爲不然，故有非與之請。此亦質疑常理。必以爲積久功深，言下頓悟，便涉禪解。予一以貫之，言予之多學，乃執一理以貫通所聞。推此而求彼，得新而證故，必如是，然後學可多也。若一一識之，則其識既難，其忘亦易，非所以爲多學之道矣。蓋一貫者，爲從事於多學之方。宋人言今日格一物，明日格一物，久而後能一旦貫通，得無與此義相左乎？今按：孔氏此辨極深摯，乃所以藥漫無統紀，專以好多騖博爲學者之失也。然而亦未全允。多學而識，此乃古今學問通法，未可遽以爲譏也。惟若漫無統紀，專騖多學，則誠有如孔氏之所戒者。而循孔氏之言，則其學亦每易陷於偏至，仍非孔門一貫之眞旨也。必也當學思並進，交互爲功，既非僅俟積久，一旦自有豁然之境，亦非先守一貫，奉以爲多學之方也。若必先守此一貫，則孔子已明戒夫學者，謂終日不食，終夜不寢，以思無益，不如學矣。故非經多學，則何來有此一貫乎？故知亭林以觀其會通釋一貫，其語最爲無病。觀其會通，即用思之功也。每一學問，必當用思以觀其會通焉，有小會通，有大會通，有始會通，有終會通。如上引日知錄所舉，孔子論易，論詩，論禮，論百世可知，論百王之治，其實此等會通，就孔子之學言，則仍還是小會通，孔子之一以貫之，則尚有其更大會通終極會通之一境在。此即孔子志道知天之學之所至也。若如孔氏之說，先執一理以貫通所聞，則斷難達此境界矣。朱子所謂今日格一物，明日格一物，格亦可訓通。先求通於此，通於彼，久而後能全體會通。則朱子格物窮理之教，若善體之，仍未可非。且朱子亦云：莫不因其已知之理而益窮之矣，此與孔氏之辨，正復相似。故學者細味孔說，正足益明朱意。兼取善會、庶乎得之。至陸王學者以良知爲一貫，淸儒又釋一以貫之爲一以行之，則恐終非孔門論學規矩也。

又按李中孚反身錄，謂：博以養心，猶飮食以養身。多飮多食，物而不化，養身者反有以害身。多聞多識，物而不化，養心者反有以害心。飮食能化，愈多愈好。博識能化，愈博愈妙。蓋幷包無遺，方有以貫。苟所論弗博，雖欲貫而無由貫。劉文靖謂邱文莊博而寡要，嘗言邱仲深雖有散錢，惜無錢繩貫錢。文莊聞而笑曰：劉子賢雖有錢繩，却無散錢可貫。斯言固戲，切中學人徒博而不約，及空疎而不博之通弊。今按，錢繩貫錢，向來用以喩孔門之一貫。然散錢無繩，一錢尚有一錢之用。僅無繩貫串，則多錢不易藏，易致散失耳。若並無一錢，而空有貫錢之繩，此繩將絕無用處。抑且譬喩之辭，終有未盡切者。當知若果手中無錢，將遍天下覓不到此貫錢之繩。陽明提倡良知，即以爲一貫之學，其曰見父自然知孝，見兄自然知弟，見父即是得一錢，知孝便是把此錢上貫。見兄又是得一錢，知弟便是又把此錢上貫了。故陽明良知之學，首貴即知即行，又貴事上磨練，貴於得一錢即貫一錢，得兩錢即貫兩錢，此乃陽明良知學之喫緊教人處。若不求得錢上貫，而空求此貫錢之繩，空手把玩，此亦必爲陽明所斥矣。

顏淵喟然歎曰：仰之彌高，鑽之彌堅，瞻之在前，忽焉在後。夫子循循然善誘人。博我以文，約我以禮。欲罷不能。既竭吾才，如有所立卓爾。雖欲從之，末由也已。（子罕）

朱子曰：仰彌高，不可及。鑽彌堅，不可入。在前在後，恍惚不可爲象。此顏淵深知夫子之道無窮盡，無方體，而歎之也。程子曰：此顏子所以爲深知孔子而善學之者也。胡氏曰：高堅前後，語道體也。仰鑽瞻忽，未領其要也。惟夫子循循善誘，先博我以文，使知古今，達事變，然後約我以禮，使我尊所聞，行所知。如行者之赴家，食者之求飽，是以欲罷而不能，盡心盡力，不少休廢，然後見夫子所立之卓然，雖欲從之，末由也已，是蓋不怠所從，必求至乎卓立之地也。李中孚反身錄曰：謂顏子從夫子學道則可，謂爲學夫子之道，非惟不知道，並不知顏子矣。夫道爲人人當由之道，若謂學夫子之道，是舍已而學人，乃後世徇迹摹倣者之所爲，即一學而成，亦與自己心性有何干涉？今按：博文約禮，乃孔門教學之通則大法也。然爲學而僅止於此，則終不能超乎游藝依仁二者之上，而有不免於二曲之所誚如後世徇迹摹倣者之所爲矣。故必繼此益進，而知有據德之學焉，有志道之學焉。知據德之學，則使學者一一就其所學而反之於己之心性，而得見其本原，得有所歸宿焉，此即所謂爲己之學也。知志道之學，則又必使學者一一能用思以見其所學之會通，會通之極，而有見於其大全之一體焉，此即孔子知天之學，知命之學，而顏子之所歎以爲欲從末由者也。李氏曰：謂顏子從孔子學道則可，謂顏子學孔子之道則不可，此辨尤深摰。學者由此求之，更可知據德之學之貴於反己，而志道之學之貴於能思也。而此據德志道之學之會通合一，終極一貫，亦可即此而思過其半矣。

子曰：莫我知也夫！子貢曰：何爲其莫知子也？子曰：不怨天，不尤人，下學而上達，知我者其天乎！（憲

問）

何晏曰：聖人與天地合其德，故曰惟天知己。皇侃曰：下學，學人事，上達，達天命。我既學人事，人事有否有泰，故不尤人。上達天命，天命有窮有通，故不怨天也。

今按：論語比考讖：君子上達，與天合符。蘇轍古史謂：孔子自謂下學而上達者，灑掃應對詩書禮樂，皆所從學也。而君子由是以達其道。小人由是以得其器。何坦西疇常言，(見百川學海本四書拾遺引)謂：學成行尊，優入聖賢之域者，上達也。農工商賈，各隨其業以成其志者，下達也。朱柏廬毋欺錄謂：上達即在下學中，所以聖賢立教，只就下學說。纔以上達立教，便誤後學。竊謂此章蓋孔子發之於顏子之卒後也。顏淵之從事於博文約禮，皆下學也。其喟然之歎，蓋歎孔子上達一境之所躋之欲從而末由也。顏淵死，子曰天喪予，蓋孔子一生志學之所上達而通之境界，自顏子之死，而其門人弟子，遂莫有能窺鑽之者矣。

又按：游藝依仁之學，皆下學也。知據德志道，則上達矣。上達即在下學中，學者當從此細細參入，乃可悟孔門之所謂一貫矣。

子貢曰：夫子之文章，可得而聞也。夫子之言性與天道，不可得而聞也。（公冶長）

此章言文章，皆屬下學事，即游藝依仁之學之所從事也。此孔子所時言之，故門弟子亦時聞之。性與天道，則屬上達，即據德志道之學，此由學者之善反諸己，又能深思而自得之，此其境界各不同，高下深淺，未可一概言，故孔子不以爲教，門弟子乃不得而聞也。博文約禮，皆文章也。凡所能舉以教人者，亦盡於此二途矣。至於仰之彌高，鑽之彌堅，乃此顏淵之善學，由此上達，皆屬性與天道之事，故顏子見其卓爾，欲從末由也。而子貢乃曰不可得聞，故孔子又發之曰：二三子以我爲隱乎？吾無隱乎爾。吾無行而不與二三子者，是丘也。蓋捨於博文約禮，捨於游藝依仁，聖人亦無以爲教。此貴乎學者之善體而自得之。孔子又曰：天何言哉！四時行焉，百物生焉。天固不盡於四時之行，百物之生，然捨四時行，百物生，又何以見乎天？天亦更何道以示於人乎？

子曰：吾十有五而志於學，三十而立，四十而不惑，五十而知天命，六十而耳順，七十而從心所欲不逾矩。

（爲政）

今按：可與共學，未可與適道，可與適道，未可與立。此即本章三十而立之立。又曰：不學禮，無以立。然則孔子三十以前，博文約禮，旣志道，又能立矣。

蘇轍曰：遇變而惑，雖立不固，四十不惑，可與權矣。

毛奇齡四書賸言曰：不惑是知人，知天命是知天。不惑是窮理盡性，知天命是至于命。不惑是誠明，知天命是聰明聖知達天德。蓋不惑則於人事不瞀亂，知天命則全契天德也。今按：天命即道之大原，亦道之全體也。是孔子五十而志道之學，已達於大原全體之境矣。

劉寶楠論語正義云：說文：命，使也。言天使已如此也。韓詩外傳：子曰：不知命，無以爲君子。言天之所生，皆有仁義禮智順善之心。不知天之所以命生，則無仁義禮智順善之心，謂之小人。漢書董仲舒傳對策曰：天令之謂命，人受命於天，固超然異於羣生，貴於物也。故曰：天地之性人爲貴。明於天性，知自貴於物。故孔子曰：不知命無以爲君子。二文皆主德命意。故君子知命之原於天，必亦則天而行。故盛德之至，期於同天。今按：知此，則據德之學之與志道之學，亦一以貫之矣。故孔子曰：天生德於予，桓魋其如予何。即此一語，而孔子之立，之不惑，之知天命，皆循序而可見。孔子之下學上達，正宜如是參之也。此必博文約禮，乃始知有立，有立焉而上達於不惑，又上達於知天命，而據德知道之學，亦胥在是矣。今若先懸天命一道而教學者從事而學焉，而謂其餘事乃始可旁及於游藝博文之途，此則先教學者以孔子五十之所詣，爲顏淵之所喟然歎其欲從而末由者，而使學者轉於孔子十五之始學，且置爲後圖也。其可乎？其不可乎？此則治孔學者所不可不深辨也。

何晏集解引鄭玄曰：耳順，聞其言而知其微旨也。朱子曰：聲入心通，無所違逆。焦循論語補疏曰：耳順即舜之察邇言，所謂善與人同，樂取於人以爲善也。學者自是其學，聞他人之言，多違於耳。聖人之道，一以貫之，故耳順也。今按：不惑，知天命，與耳順，此又一貫之學之循序上達而可見者。聖人由知有立而始能不惑，由不惑而始上達於知天命。既知天命，則不僅知己德之原於天，又知凡人之性之莫弗原於天焉。故苟知天，斯知人。既知人，斯聽言聞聲，皆知其所以然，則怡然理順，何逆之有焉。故子曰：十室之邑，必有忠信如丘者焉，不如丘之好學也。此孔子由知天之學，再轉落於知人，而有此極高至深之一境，而何其言之又若是其淺近而平實也，嗚呼！此其聖人之所以爲聖人也！

朱子曰：從心所欲不踰矩，隨其心之所欲而自不過於法度，安而行之，不勉而中也。今按：孔子之學，至於七十而達此一境，至是則據德之學與志道之學之達於極則，亦即一以貫之之學之達於極則，蓋至是而即心即道、即心即天，而爲他人之所莫能企及矣。所以有知我者其天與之嘆也。而後之儒者，乃即懸舉此聖學極高之一境以爲教，使學者之即此而學焉。則試問懸舉此以爲教者之果能自達於此境也否乎？此既非孔門默而識之之訓，宜乎不能達於學不厭而誨不倦之地，則曷爲不循循然，善誘人，先博文，後約禮，且姑使教者學者之同能達於顏子喟然之歎之猶爲較切近而可冀乎？

李威嶺雲軒瑣記云：論語吾十有五章，集注程朱二說，皆極可異。程云：孔子自言其進德之序如此者，聖人未必然，但爲學者立法，使之盈科而後進，成章而後達耳。夫自志學以至從心所欲不踰矩，此豈人人之定法，又必人人十年而一進，恐世間無印板事也。是惟夫子親身自驗，故能言之。其發端一吾字，斷非誑語。乃以爲未必然，不知其何所見？朱云：聖人生知安行，固無積累之漸，然其心未嘗自謂已至此也。是其日用之間，必有獨覺其進而人不及知者。故因其近似以自名，非心實自聖，而姑爲是退託也。夫自志學以至從心所欲不踰矩，分晰得明明白白，何得謂之近似？且已實在承當，又何嘗不自謂已至此。似此影響之談，皆由視生知之聖爲不待學，而不知聖之自有其學，非猶夫人之學也。

今按：程朱所以必於此章爲如是之曲說者，亦有故。一則程朱論學，以志於道據於德爲本而當先，以依於仁游於藝爲末而在後，於孔門博文約禮下學一段，不免忽過，而一開始便要學者在仰鑽瞻忽處用力，是捨下學而求上達，先覓錢繩，再求散錢，故其爲說有如此，此一也。又其一，則程子言，灑掃應對，直上承天德，若下學上達，其間更無階程層次。於孔子十五始學，以至七十最終所詣，已一語道盡。若僅求之於言語文字，若程子之說，亦無所不是。而以教以學，則大有階程層次，宋儒所言，不免窺其高而忽略其基址，與夫其建構之層累曲折矣。故朱子必謂聖人固無積累之漸，此又一也。幷此二者，所以終不免於此章有曲說也。故自儒學大統言，宋明儒終自與先秦儒有不同，此不僅陸王爲然，即程朱亦無不然。孔子固曰：十室之邑，必有忠信如丘者焉，不如丘之好學也。當知所謂忠信如丘者，固非指孩提之童之有其良知良能言，實乃指凡十室之邑之成人言，此等忠信如丘之成人，是即陽明所謂黃金一兩之聖人，亦即明儒所樂於稱道之滿街皆是聖人也。然孔子之自言其所以異於人者，乃不在其忠信，而在其好學。子以四教，文行忠信，此非教人學爲忠信，乃本於人之忠信以爲教。而所教者，則文與行之二者，所謂博文之與約禮是已。孟子曰：大匠能與人以規矩，不能與人以巧。君子欲其自得之。惟其巧不能以與人，而欲其自得之，故大匠之所能與人者，則僅止於規矩也。故學必重於多見多聞，而宋儒必分德性之知與見聞之知以爲二，而又輕視見聞之知，而教人直從事於德性之知以爲學，故必首重據德之與志道，而不知其當先從事夫下學，當先從事於游藝依仁之學以漸求其上達，而漸企及於據德與志道之學焉。於是遂使學者，不見規矩，而高論大匠之奇巧，夫大匠誠非無此奇巧之一境也。惟非所以爲學，故亦非所以爲教。此則學術本末先後之辨，所以終不能謂宋儒之無走失於孔學之原樣也。惟李氏又謂聖人自有其學，非猶夫人之學，則語猶有疵，仍易滋人之誤解。蓋聖人之下學，本亦猶夫人之學，而非別有其學也。惟其無以異於人之學，故曰下學焉。惟小人下達，君子上達，下達者，即達於其所學之一境而止，其謂學之下學，故其達亦謂之下達也。而宋儒必以人欲釋下達，於是天理在君子，人欲屬小人，志學則必志於據德志道，而儼若與游藝依仁之學之顯然有上下截之判，而更不見其互通層累之一貫，惟此實宋學之失也。至其由於下學而互通層累以漸躋於上達之一境，此則爲孔門教學之所以異於夫人之學者，然亦由乎夫人之學而以通以累，而始更有其上達之一境耳，固非無此下學，而徑可躋此上達之一境也。

釋道家精神義

小目

釋道家精神義

錢穆

精神二字，自先秦沿用迄於近代，成爲中國一慣常習用語。近人至謂中國爲精神文明，歐西爲物質文明者。顧分精神與物質爲對立之兩觀念，在中國思想界，實不常見。蓋出晚近世而始有也。本文特就精神二字，考究其來源，分別闡釋其最先之涵義，又約畧踪跡其演變，此亦中國思想史上一特有觀念，爲治中國思想者所必當注意也。

考使用精神二字，其事實始於道家，而猶晚出於莊周與老聃。今先就莊周老聃書考之，則最先精神二字，乃分別使用之，其涵義亦不同。玆仍鄙見，先莊周，次老聃，惟莊書則僅據內篇七篇言。

(一)莊子內篇言精字義

莊子內篇精字僅兩見，一見於人間世，曰：鼓筴播精。司馬彪曰：簡米曰精。許氏說文解字亦曰：精，擇也。簡即簡擇義，簡擇米粒之完整而潔白者，故引伸有精白義，有精明義。如撥雲霧而見青天亦曰精，韓詩於定之方中云星精，史記天官書，天精而見景星，漢書李尋傳，日月光精，皆是也。又引伸爲精粹義。漢書刑法志，聰明精粹，有生之最靈。又精潔義。簡擇米粒，使一一皆完整，潔白，大小既畧相等，故又引伸爲精一義，精專義。管子心術，中不精者心不治。於是此精字乃應用及於對心理狀態之形容。而求其語源，則皆由簡擇米粒之精之本義而引伸也。

莊子內篇德充符又云：外乎子之神，勞乎子之精，此處精神二字對文互用，若近以後所常用之精神義。然就莊子原文言，精即指用心之專一。故莊書所謂勞精，亦猶孟子所謂勞心耳。

此一精字之用法，稍後見於荀子之解蔽篇。其文曰：

空石之中，有人焉，其名曰觙。其爲人也，善射以好思。耳目之欲接，則敗其思。蚊䖟之聲聞，則挫其精。是以闢耳目之欲，而遠蚊䖟之聲，閑居靜思則通。思仁若是，可謂微乎？

此處精字，顯見爲精思義。精思即用思專一也。故下文又曰：

闢耳目之欲，可謂能自彊矣，未及思也。蚊䖟之聲聞則挫其精，可謂危矣，未可謂微也。夫微者，至人也。

此處精字，顯指精思，即用思之專一。可見荀子此文用精字，實與莊子德充符語意相通。莊子之譏惠施曰：天選子之形，子以堅白鳴，即指惠施之精思專一於堅白異同一問題也。

而荀子此文，有更可注意者兩點：一則此文用至人二字，顯爲承襲莊周。二則此文用危微二字，亦皆指用心工夫。上文論舜之治天下有云：

處一危之，其榮滿側。養一之微，榮矣而未知。故道經曰：人心之危，道心之微。危微之幾，惟明君子而後能知之。

王念孫曰：

舜身行人事，而處以專壹，且時加戒懼之心，所謂危之也。惟其危之，所以滿側皆獲安榮，此人所知也。舜心見道，而養以專壹，在於幾微，其心安榮，則他人未知也。

證以下文，蚊䖟之聲聞則挫其精，可謂危矣，未可謂微也，是謂用心於處人事，雖其心常警動，所謂朝惕夕厲，故曰危。孟子曰：孤臣孽子，其操心也危，其慮事也深。可見用心能危，亦爲孟子所贊許。然亦僅止於處人事而已耳。至於能用其心於處道，則不僅危，而抑且微。因其用心工夫，乃爲人所不易見。如思仁即是用心於道，此即所謂道心也。惟無論其用心之危或微，無論其用心之在人事或道，要必閑居靜思乃通，因閑靜乃易使心專壹也。然則荀子此文用精字，乃指其用思專壹言，更無可疑。東晉梅賾僞古文尚書采用道經人心惟危，道心惟微二語，而增之曰：惟精惟一，允執厥中。惟其危與微，故必精與一。下及宋儒，特喜此四語，稱爲堯舜傳心十六字訣。而分別人心謂指人欲，道心謂指天理，此在荀子原書，並無此意。抑且危字之訓，亦非原義，較之道經本旨，相距殊遠矣。

上釋精字義，又可以莊子外篇達生爲證。達生篇云：

仲尼適楚，出於林中，見痀瘻者承蜩，猶掇之也。仲尼曰：子巧乎？有道邪？曰：我有道也。五六月累丸二而不墜，則失者錙銖。累三而不墜，則失者十一。累五而不墜，猶掇之也。吾處身也若厥株拘，吾執臂也若槁木之枝。雖天地之大，萬物之多，而唯蜩翼之知。吾不反不側，不以萬物易蜩之翼。何爲而不得？孔子顧謂弟子曰：用志不分，乃凝於神，其痀瘻丈人之謂乎？

此所謂天地之大，萬物之多，而惟蜩翼之知者，即荀子所謂闢耳目之欲，遠蚊蝱之聲，亦指其用心之專壹也。用心專壹，即是用心之精，惟其用心精，乃得凝於神。此神字亦指心知作用言。凝於神，即是使心知凝聚，則仍謂是用心專壹也。用心專一，使心知凝聚，而人心功用乃可達至於一種最高境界，此即謂之神矣。故荀子亦曰：心者神明之主也。（語見解蔽）。下至宋儒，常喜言敬，其實敬亦是用心專壹耳。惟達生篇用意，所由異於荀卿者，達生篇即以痀瘻丈人之專壹用心於承蜩而謂此亦是道，荀子則不認空石之人之專一用思於射者而謂其即是道，乃謂此等用心，僅屬人事小技，故亦僅可謂之是人心。人心之運用，雖其極達於警惕悚動，亦僅可謂之危，而不得謂之微。用心危者，其事顯見，尚爲人所易知，因其就於事而動其心，尚有迹可尋，有隙可窺，故曰危矣而不得曰微也。惟能用心於道，如思仁，乃與思射異，思仁不因事而轉動，既無迹可尋，亦無隙可窺，中庸之所謂無聲無臭純亦不已，庶乎近之。故不僅是危，又且是微，因其事隱，爲別人所不知。故中庸又云：是以君子愼其獨。愼獨之獨，即道心之微也。蓋獨者人所不知，故獨始微矣。易大傳亦曰：思之思之，鬼神通之。鬼神通之，即猶莊子外篇之所謂凝於神。惟一則以思射思承蜩者皆爲道，而一則必以思仁思義者始是道，一則以此等用心工夫爲聖人，而一則以此等用心工夫爲神人。此後宋儒始改言主敬，又曰主敬即是主一工夫，然必主一在天理上。主一在天理上，始是主一在道上，而非主一在事上。此即道心人心之所由判。此亦是儒道疆界一分別所在也。

莊子外篇達生之說，又頗似承襲內篇養生主之義而來。養生主庖丁爲文惠君解牛，其對文惠君之言曰：

> 臣之所好者，道也。進乎技矣。始臣之解牛之時，所見無非牛者。三年之後，未嘗見全牛也。方今之時，臣以神遇，而不以目視，官知止而神欲行，依乎天理。批大郤，導大窾，因其固然。

此處庖丁自認其解牛爲有道，即猶如痀瘻丈人之自認其承蜩爲有道也。荀子乃儒家，固不認此等爲道，此猶如後代禪宗祖師，即以運水搬柴爲道，而宋儒不加認可。是其分別所爭，前後如一轍。今若專以其用心之專壹言，則庖丁之解牛，亦可謂之用心專壹矣。惟其用心之專壹，故能官知止而神欲行。所謂以神遇，即是用志不分，乃凝於神也。其曰官知止，即是闢耳目之欲也。莊子之所謂官知，即猶如宋儒之言人欲矣。孟子曰：耳目之官不思而蔽於物，物交物，則引之而已矣。心之官則思，思則得之，不思則不得也。莊子之不重耳目官知，與孟荀同，惟孟荀皆重思，而莊子則貴能以神遇，又稱之曰神欲。惟能以神遇，以神欲行，如此始得依乎天理，而不出於人欲。在莊子之意，不僅不憑於官知，抑且不憑於思。故惠施之精思，乃爲莊子所不滿。至於孟荀論用心，則必重思，抑且惟心爲能思，耳目之官則不能思。莊子曰，官知止，則並心之思而不用，並心官之能思者而亦停止其作用。至此境界，乃可曰以神遇。在莊子之意，惟能以神遇者始可得天理。天理二字，其實亦始見於莊子之此文。孟荀則常言道，不言理。其於心知，重思不重神，下至宋儒，明道言識仁，又曰識得此理以誠敬存之，此亦嫌如不重思。至伊川乃始補出一思字，而晦菴承之，其言格物窮理，皆貴思。然則貴思之與貴神，又是儒道疆界一分別矣。

(二)莊子內篇言神字義

根據上述，闡釋精字，而已連帶涉及於神字。惟能用心專一即是神。然用心專一，非是用思專一，此則莊子荀卿兩家之分歧點，所當明辨者。故莊子神字，亦指一種內心狀態言，亦爲心理狀態之一種形容辭。亦可謂是心理境界之一種名號稱謂。人之用心，能達此境界，有此狀態，則亦可謂之曰神人。玆請繼此稍加以申述。

蓋莊子之所謂神人者，如內篇養生主外篇達生，上之所稱引，實皆本於求爲養生之道，故莊子之言神人，其實亦爲能養生而得道者言也。故內篇逍遙遊有云：

藐姑射之山，有神人居焉，肌膚若冰雪，綽約若處子。不食五穀，吸風飲露，乘雲氣，御飛龍，而遊乎四海之外。其神凝。……之人也，之德也，將旁礴萬物以爲一世蘄乎亂，孰弊弊焉以天下爲事？之人也，物莫之傷，大浸稽天而不溺，大旱，金石流，土山焦，而不熱。……孰肯以物爲事？

據此，則莊子之所謂神人，實即不用心於人事者。故曰：孰弊弊焉以天下爲事，又曰：孰肯以物爲事。惟其能不用心於人事，故神人者，即用志不分，而得心知凝聚。故曰其神凝，故謂之爲神人也。亦惟其心知凝聚，即其神之凝，故外物莫之能傷。甚至大浸不溺，大旱不熱，乃至於無需食五穀，僅吸風飲露而已得養其生。後世神仙思想，皆從莊子此等意見來。而莊子之初意，則在教人能用心專壹，不分馳於外物，而保全其神知，故亦不憑人身五官之知爲聰明耳。故莊子意，苟其人能用心專壹，即已是專壹於道也。故在孟荀儒家，心知之最高作用厥爲思，惟思乃能達道。道者，超於事物，而亦不離於事物。至於莊周，其理想中心知之最高境界，幷不有思，而獨知孤明，此即謂之神。惟神乃能與天遇，與天遇，則無事無物，而莫爲之害矣。此最爲儒道兩家言心知之相歧處。

莊生之意，仍可證之於外篇之達生。其言曰：

> 子列子問關尹曰：至人潛行不窒，蹈火不熱，行乎萬物之上而不慄，請問何以至於此？關尹曰：是純氣之守也，非知巧果敢之列。居，予語女。凡有貌象聲色者，皆物也，物何以相遠？夫奚足以至乎先？是物而已。則物之造乎不形，而止乎無所化，夫得是而窮之者，物焉得而止焉？彼將處乎不淫之度，而藏乎無端之紀，遊乎萬物之所終始。壹其性，養其氣，合其德，以通乎物之所造。夫若是者，其天守全，其神無郤，物奚自入焉。夫醉者之墜車，雖疾不死。骨節與人同，而犯害與人異，其神全也。乘亦不知也，墜亦不知也，死生驚懼，不入乎其胸中，是故遻物而不慴。彼得全於酒而猶若是，而況得全於天乎？聖人藏於天，故莫之能傷也。

是莊子理想中之聖人，實即是神人也。所謂聖人藏於天，其效則爲物莫能傷。何以使物莫能傷？莊子之意，謂人能心不在物，斯物莫之能傷矣。此事於何證之？即證之於醉者之墜車而不死，因醉者心不在墜也。醉者乘不知乘，墜不知墜，此謂之其神無郤，郤猶隙也。乘車之與墜車，其事變之間必有隙，惟醉者不知其有變，故其心知亦若無間隙焉，故曰其神無隙。故知莊子此處所用神字，即指人之心知言。心知無隙，即後來禪宗所謂前後際斷，又即宋儒之所謂打成一片也。目知視，耳知聽，此皆官知，官知則止乎物，孟子所謂物交物，則引之而已。管子宙合篇亦云：方明者，察於事故，不官於物而旁通於道。不官於物，即是不憑官知，不止於物以爲知也。方明即是旁通於道，不以一曲知，而以大方知，故曰方明。是即神知也。惟有神知則能不止乎物。心不在物，故物亦莫能加之以傷害。今試問：人又何以能使其心不在物，而達於神知無隙，而不止於物乎？莊子則曰：此須遊乎萬物之所終始，通乎物之所造，此即莊子之所謂用心專一於道也。今試問：人又何以能用心專一於道？就其淺顯可指導人者，其先則莫若能使之用心專壹，繫於一物，如痀瘻丈人之承蜩，牢繫吾心於承蜩之一事，而遂能忘郤其他之萬物，是亦足以使其心知凝於神而得近乎道矣。莊子之以承蜩爲有道，亦猶後世禪宗之即以運水搬柴爲有道也。實則此皆繫心一物之道耳。惟其繫心一物，故能盡忘萬物。惟其專心一知，故能盡棄餘知。然則人心之至於神，不僅無思，亦且無知，乃始謂之神耳。

莊子內篇曾屢言神人之物莫之傷，如齊物論：

> 王倪曰：至人神矣，大澤焚而不能熱，河漢沍而不能寒，疾雷破山，風振海，而不能驚。若然者，乘雲氣，騎日月，而遊乎四海之外，死生無變於己，而況利害之端乎？

死生無變於己，是亦指其神知之無隙也。神知無隙，其實則猶如無知耳。惟內篇就其遊心於道言，外篇如達生，則退就其繫心一物言，此其異。

莊子內篇言神人，又言眞人，眞人則亦猶神人也。大宗師云：

> 且有眞人而後有眞知。何謂眞人？古之眞人，不逆寡，不雄成、不謩士。（謀事）若然者，過而弗悔，當而不自得也。若然者，登高不慄，入水不濡，入火不熱，是知之能登假於道也若此。

可見莊子理想中之所謂眞人與神人者，顧在其運用心知之如何耳。若能不憑官知，不止於物以運用其心知，使知不止於物，乃始所謂眞知。故能登高不慄，入火不熱也。登高而不知其高，入火而不知其熱，知不在物，而非無知，是謂其能登假於道矣。此之謂神人，即眞人矣。故又曰：

> 古之眞人，其寢不夢，其覺無憂，其食不甘。

此無他，皆能不止於物以用心耳。不止於物之知，乃成爲孤明獨照，斯乃莊子之所謂神，所謂眞知也。

惟莊子內篇，殊不言心繫一物。蓋心繫一物者，猶之佛家之所謂方便法門，而非究竟法門也。若論究竟法門，則必心無所止，心不繫物，盡忘萬物而後可。何以能盡忘萬物，則必遊乎萬物之所終始，通乎物之所造，此即盡忘萬物而達乎道矣。凡莊子內篇之所言，大率皆屬此等境界，則皆究竟法門也。德充符有云：

> ……而況官天地，府萬物，直寓六骸，象耳目，一知之所知，而心未嘗死者乎？彼且擇日而登假，人則從是也。彼且何肯以物爲事？

所謂擇日而登假，登假即登遐，是即爲神人矣。故此條雖不言神人，而仍是言神人也。神人之用心，在能一知之所知。何謂一知之所知？此即知不止於物，不加分別，而心未嘗死，則仍非一無所知，非眞無分別也。此猶佛家所謂無分別心，有分別用。有分別用，故有知。無分別心，故其所知若一。此等之知，乃所謂神知。莊子曰：有眞知，而後爲眞人，亦可謂是有神知而後爲神人也。則神人之所以異於常人者，豈不亦在其心知乎？

故凡莊子內篇言神字，皆異乎原始所謂鬼神之舊義，莊子特賦神字以新解。莊子之所謂神，其人則仍在人間世，其生活仍屬人生界，惟在人生界中而有其理想中之所謂神人者。神人之異於常人，則特在其用心運知之不同。內篇人間世又曰：

夫徇耳目內通，而外於心知，鬼神將來舍，而况人乎？是萬物之化也。

夫曰徇耳目內通，則外面事象物態，一一經歷耳目之官而通入於內心，其心固未嘗無知也。耳知聽，目知視，視知色，聽知聲，旣徇耳目內通，故曰未嘗無知。然又謂外於心知，則何也？此謂視聽不止於視聽，聲色不止於聲色。有所知而不加分別，如此則能一知之所知，而鬼神來舍矣。此處鬼神字，似是援用原始鬼神之舊義，謂鬼神來舍於其心，即猶謂其心知如神也。其心知如神，乃始是眞知。凡神知之所知者，則知合於萬物之化，而能不止於物物間。此其義，莊子又深闡之於其所謂心齋之說。人間世又云：

一若志，無聽之以耳，而聽之以心。無聽之以心，而聽之以氣。耳止於聽，心止於符。氣也者，虛而待物者也。唯道集虛。虛者，心齋也。

此文不見神字，其實亦仍是言神。人苟能虛其心而聽之以氣，即其心自神而爲道所集也。後來宋儒言敬，亦謂心中無一事。心中無一事，即是虛，此猶莊子之所謂惟道集虛也。惟宋儒必曰主一之謂敬，主一是主在天理上，然則宋儒與莊周之所異，仍異在其對於道字之觀點上，故在莊周僅主主一，而宋儒必主此一是天理。至於其所以運使心知之方法，則宋儒之與莊周，實無大異也。

在莊周之意，何以能使其心虛而待物？則必先能外忘萬物而後可。內篇大宗師女偊之答南伯子葵，告其所以告於卜梁倚以學道之方者，其言曰：

卜梁倚有聖人之才，而無聖人之道。我有聖人之道，而無聖人之才。……以聖人之道告聖人之才，亦易矣，吾猶守而告之。參日而後能外天下。已外天下矣，吾又守之七日，而後能外物。已外物矣，吾又守之九日，而後能外生。已外生矣，而後能朝徹。朝徹而後能見獨，見獨而後能無古今，無古今而後能入於不死不生。

此所謂外天下，外物，外生，易言之，即是將此天下萬物生死，一切外於心知也。凡所謂天下，與物，與生，此皆必呈現於人之心知而後始見其爲有。人若能使此一切外於心知，即能不見有天下有物有生。然此特不見其有此諸分別耳，非眞若土塊然，而其心一切無知無見也。人心能外於此諸見，乃始能見獨。能見獨，即是只見有天，有化，而不見有物。既有見，故曰心未嘗死。能見獨，故謂之神人也。

莊子之所謂獨者，蓋莊子謂萬物盡在一大化中，此一大化，形成萬化，萬化各獨，而同是此一大化。人心之知，未必能外知此大化之全，却能內知此萬化之獨。莊子稱此曰獨化，獨化即其物之眞，亦即其物之天，亦即其物之神也。故化與天，就莊子書論之，皆指此大化之體之外在者而言也。獨與眞與神，則亦指此大化之體之內在而呈現於心知者言。故大宗師又曰：

彼特以天爲父，而身猶愛之，而況其卓乎？人特以君爲愈乎己，而身猶死之，而況其眞乎？

郭象注：卓者，獨化之謂。今按：眞字卓字皆從匕，皆指化。此化體，雖若在外，而實亦得之於己，而可以內在心證者。齊物論所謂若有眞宰，又曰其有眞君存焉，此眞宰眞君，則皆指此獨化之體，即所謂卓者之內在於吾身者也。

所謂見獨，即指見此卓，見此眞。人心之有知，常以知外在之物。人若能外於心知而知，知於其內在己身之獨化，斯能見於此內在之眞君與眞宰，如是始謂之見獨，始得謂之眞人與神人也。人若能精於用心，外忘一切，而惟此眞君眞宰之爲見，惟此獨與卓之化體之內在於吾身者之爲見，則所見無內無外，惟此一化，惟此一獨。既已渾忘內外，而所知達於此唯一之獨體，則所知亦即是此大化也。如此則自然不見有所謂外物之害己。用心工夫至此，則可謂精而達於神矣。大凡莊子內篇精字與神字義，當分別說之，具如上所述。

(三)莊子書言精神二字與儒家言齊聖二字之比較義

而余考莊子書言精神二字義，有可與儒家古經典之言齊聖二字義，比較闡說者。國語周語：其君齊明衷正，注：齊，一也。精，訓精一，齊訓齊一，兩字義訓，正可相通。人能用心齊一則明，故連文曰齊明。荀子脩身篇：齊明而不竭，戴記中庸：齊明盛服，皆齊明二字連用。又戴記祭統：齊者，精明之至也。又北堂書鈔九十引白虎通：齊者，言己之意念專一精明也。則儒書之用齊字，豈不正猶莊周書中之用精字乎？

詩小宛：人之齊聖。左文二年傳：子雖齊聖，不先父食。左文十八年傳：齊聖廣淵，明允篤誠。皆齊聖連文。蓋聖有通義，有明義，古訓心智通明爲聖。惟其能用心齊一，故能使其心智達於通明之境，故儒書言齊聖，雖亦兩字連文，實有齊故能聖之涵義，即猶莊周書之精而達於神也。惟莊周不喜用聖人字，而特言神人，此則與儒家異耳。

又按：古不用齋字，凡齋祭字即作齊。齊者先祭之名，亦指當祭之時。凡人遇祭，必用心專一，乃可當神意，乃可與神通。故孔子亦曰：出門如見大賓，使民如承大祭。蓋此等心境，尚可人神相通，則宜可人與人相通，故孔子以之說仁也。而莊子書亦屢言齊。應帝王，季咸語列子，子之先生不齊，吾無得而相焉。試齊，且復相之。人間世；孔子語顏回，齊，吾將語若。顏回曰：回之家貧，惟不飲酒，不茹葷者數月矣。曰：此祭祀之齊，非心齊也。回曰：敢問心齊？孔子曰：一若志云云。此莊子亦喜言心齊之證也。故莊子雖不如儒家之重祭祀，而實深有會於孔子如承大祭之旨。故莊子雖言虛不言敬，言精不言誠，而要其淵旨，則亦遠承孔門而來。人間世之寓言於孔子顏回之問答者，在莊周固非苟爲荒唐之辭也。昔宋儒呂與叔有詩云：獨立孔門無一事，只輸顏氏得心齋。清儒陳蘭甫譏之，謂其誤以莊子寓言，爲孔顏之學。自今論之，莊周與孔顏不同道，此無足辨者。然若謂兩家言思，絕無相涉，此亦决非當時實況也。

惟其齊之心境，其最初所指，乃爲先祭當祭時之一種心境，故古人常以誠敬訓齊。禮記祭義：齊齊乎其敬也。國語楚語：齊敬之勤。詩洞酌：齊絜之誠。詩采蘋：有齊季女。傳：齊，敬也。凡此，皆古人以齊訓誠敬之心情之證也。又漢書郊祀志：齊肅聰明。注：齊肅，莊敬也。此言人心能莊敬，則自聰明，猶言人能用心齊一精一，則自聰明也。聰明則乃聖乃神矣。凡古人言聖與神，則莫不舉其聰明而言之也。又禮記孔子閒居：聖敬日齊。凡此所言齊敬與聖，亦可謂皆指一種誠敬明通之心境言也。

然則儒家言齊，莊子言精，其同指一種用志專壹，必敬之誠之心境可見矣。惟儒家由此以希達於聖，莊周由此以希近乎神，此則其異耳。又儒家常本祭祀言之，而莊周特轉以言日常，此則又其異。故莊子雖言虛不言敬，言靜不言誠，而莊周之學，無害其與儒學有淵源，而又從儒學一轉手，其痕迹固宛爾可指矣。至宋儒言敬字，會以爲進德入聖之門，此亦所謂沒九重淵下，探驪龍頷，而得其明珠也。而清儒以門戶之見，幷此而求樹異，則安在其爲能深通於古訓乎？

(四)老子書精字義

今請繼此而言老子書。老子書中言精字，乃與莊子內篇所言絕相異。老子曰：

道之爲物，惟恍惟惚。惚兮恍兮，其中有象。恍兮惚兮，其中有物。窈兮冥兮，其中有精。其精甚眞，其中有信。自古及今，其名不去，以閱衆甫。吾何以知衆甫之狀哉？以此。

蓋莊子內篇言精字，特指其內在於人之心知言。乃爲心知狀態之一種形容辭，粗畧言之，則僅指一種心志專一之運用爾。至老子書言精字，乃始引而外之，不指心知，而指此大化之精氣。雖就道家言，內外固可以合一，而老莊兩家之所從言之者，則顯然有異矣。夫老莊所謂道者，亦指此天地萬物一氣之化之運行不息者而言之耳。此乃爲老莊之所同。然即就氣言，其間亦有別。故在莊子內篇，有言一氣者，有言六氣者。老子書始言及氣之精。彼所謂其中有精者，精即一也。天地萬物皆屬一氣，而此氣則亦已在大化中，而不勝其萬殊之致矣。惟其一氣之最先，當其在成化之始，則有其大相同合一而更不可分別者在，是即老子所謂之其中有精也。是知老子書中精字，仍作一義解，惟已不指用心之一，而改指氣體之一，即此大氣之內質之一，因謂其引而外之也。莊子重言心，老子重言氣，亦可謂莊子所重在人生界，老子所重在自然界，故莊子精字多應用於人生論，而老子精字則應用於宇宙論。即老子之言其精甚眞，其中有信云云，此眞與信二字，亦改以指自然界。此則老子之所由異於莊周也。

老子書中精字，若再以之移入於人身，則亦不爲精心精思，而仍爲精氣。老子又言之曰：

含德之厚，比於赤子。蜂蠆虺蛇不螫，猛獸不據，攫鳥不搏，骨弱筋柔而握固，未知牝牡之合而全作，精之至也。

此精字即指精氣言。赤子之所最先呈現者，多屬行動，不屬心知，故爲精氣，而非精心。此種精氣，則乃指人之最先所稟受於大化者，故又謂之德也。荀子賦篇有云：

血氣之精也，志意之榮也。

所謂血氣之精，即承老子書中精字義。易大傳亦云：

精氣爲物。

又曰：

天地絪緼，萬物化醇，男女構精，萬物化生。

亦皆承此精字義也。此等精字之用法，皆屬後起，當與老子書相先後，在莊子內篇，則並不見此精字之用法也。下至宋儒，又言心屬氣，則會通老莊，而承襲老子之意爲多矣。

莊子書中之外雜篇，當尤晚出於老子，故其承用老子此精字義者乃極多。如胠篋云：

上悖日月之明，下爍山川之精。

天運同有此語。在宥云：

吾欲取天地之精，以佐五穀，以養民人。

此皆謂精氣也。又云：

至道之精，窈窈冥冥。

此語顯然襲自老子，所謂窈兮冥兮，其中有精也。又曰：

願合六氣之精以育羣生。

六氣之精，即天地之精也。天地萬物皆由此精生。此一精字，後人又謂之元氣，蓋指氣之最先，所謂混元一氣者是也。又秋水：

可以言論者，物之粗也。可以意致者，物之精也。

又刻意：

形勞而不休則弊，精用而不已則勞。

此處形精對文，形即指物之粗，精即指物之精。則此精字所指，亦屬氣，不屬心。達生云：

棄事則形不勞，遺生則精不虧。形全精復，與天爲一。

形全精復之精，亦指氣，不指心。莊子外雜篇之承自老子而所爲異於莊周者，亦據此可見矣。達生又曰：

形精不虧，是謂能移。精而又精，反以相天。

凡言形精，皆分指氣之精粗，與分言形神，乃指形體與心神者不同。知北遊有云：

形本生於精。

天下篇亦云：

以本爲精，以物爲粗。

凡以上所引諸精字，皆本原於老子書，故皆指精氣言，皆非莊子內篇所有。而所謂精者，乃指一種太始混元之氣，爲萬化之所本，亦可據文而自顯矣。

（五）老子書言神字義

今再繼續述及老子書中之神字。今按：莊子內篇言精，僅舊誼，僅常訓，而其言神字義，則多莊子所新創。至老子則正相反。老子書中言精字，皆新創，非舊義。而老子書中言神字，則轉屬舊誼，均是舊傳鬼神之常解。故在其書中，並不見鬼神義之重要。此因老子思想，主要用意，在爲此宇宙界自然現象籀出一運行變化之大例，而使人生得循此大例爲法則。既有大例可尋，即無可謂之神。故無論於自然界，於人生界，就老子思想言之，皆不重視一種所謂神的境界也。

老子曰：

天得一以清，地得一以寧，神得一以靈，谷得一以盈，萬物得一以生。

此神字明屬鬼神之舊誼。老子意，謂天地間神之所以靈，亦由於得此一，一即道也，亦可謂即是此精氣也。故老子宇宙論中之所重在此道，即在此精氣運行變化之大例，而並不重在神。天地之間固爲有神，抑無神乎，在老子意，固可勿深論。故老子又曰：

谷神不死，是謂元牝。元牝之門，是謂天地根。緜緜若存，用之不勤。

此處谷神二字，據上引一條證之，則谷訓川谷，常動不竭，神訓鬼神，靈變無方。天地間萬事萬物，可一語而盡之者，亦曰常動不竭，靈變無方而已。故曰谷神不死也。後人誤解此谷神二字作一義，則失之矣。今試問：谷與神何以能不死？則因其皆有得於此一也。此所謂一者，即是生化萬物之本也。故謂之元牝。牝是物所由生，元者，最先義。最先萬物之所由生，則謂之元牝也。故又謂之天地根，天地根亦即謂天地之所由生。天地之所由生，即猶謂萬物之所由生耳。故知此處神字，亦屬舊誼。惟老子以谷與神並稱，則老子心中之神，已異乎相傳鬼神之神矣。此猶之乎老子以天與地並稱，知老子心中之天，亦異乎相傳天帝之天也。要之，老子書中神字，決不指心知言，而特以指精氣言。天地間惟此最先之混元一氣，最爲神變無方，可以化生萬物，故謂之爲神也。

老子又曰：

以道蒞天下，其鬼不神。非其鬼不神，其神不傷人。非其神不傷人，聖人亦不傷人。

此處鬼神字仍是舊誼。因老子所重只是道，惟道始能神鬼神帝，生天生地，則帝鬼天地，僅皆循於道而始得爲帝鬼天地者。故帝鬼天地，自亦無所謂神之可言矣。

老子又曰：

天下神器，不可爲也。

此處神字僅是活用，乃一形容辭，更無重要意義可說。故知在老子思想中，實無神之重要地位存在。

(六)莊子外雜篇中精字神字及精神二字連用義

繼此再論莊子外雜篇中之神字。莊子外雜篇，尤晚出於老子，故多糅雜老莊以爲言，而猶有可以分別指出者。

如在宥云：

故君子茍能無解其五藏，無擢其聰明，尸居而龍見，淵默而雷聲，神動而天隨，從容無爲，而萬物炊累焉。

此處神字，即指人之心知而謂之神也。又曰：

無視無聽，抱神以靜，形將自正。必靜必淸，無勞女形，無搖女精，乃可以長生。目無所見，耳無所聞，心無所知，女神將守形，形乃長生。

此處神形對文，形屬外，神屬內。顯見神指人之心知。惟人能不用其心知者，始謂之神。惟謂心無所知，則實不如內篇云一知之所知而心未嘗死之明白的當。凡外雜篇下語，較之內篇，細密允愜皆不如，可以此爲例。又此處形精對文，此精字則承襲於老子，形指人身之粗迹言，精則是此粗迹之所由形之最先本質也。本節顯然爲一種長生之說，而糅雜會合於老莊兩家之說而成者。又曰：

墮爾形體，吐爾聰明，倫與物忘，大同乎涬溟。解心釋神，莫然無魂。

此處心神互用，又神魂互用，是又顯然以神指人之心知者。惟人心之用，每見其能視聽，有聰明，而神則指此能視聽有聰明之體，而又能妙乎視聽聰明之用者。

又天地云：

視乎冥冥，聽乎無聲。冥冥之中，獨見曉焉。無聲之中，獨聞和焉。故深之又深，而能物焉。神之又神，而能精焉。

此一節顯然與本文上所闡述之莊子意，由於人之能精一其心知而達於神之境界者，語意正相反。此文乃謂神之又神而能精，此神字即視指乎冥冥，聽乎無聲，見曉聞和之一種心知境界而言也。必其心知能達此境界，而後能與天地之精氣相訢合，此精字乃承襲老子書，指氣言，不指心言。神之又神而能精，乃由人生之心知修養而訢合於大自然，與深之又深而能物對文。郭象曰：窮其原而後能物物。能精者，乃能物之更深一層，因精即是物之原也。故知此處精字乃承襲老子，莊子內篇則並無此精字義，而莊子外雜篇之尤必晚出於老子書，其爲會通老莊兩家之說以爲說之明證，亦即由此可見矣。

天地篇又云：

物生成理謂之形。形體保神，各有儀則，謂之性。

尋此條之義，神者，即指人之心知，乃物生成形以後而始有。惟其心知之各有其儀則，乃成爲物物各具之個性。則就大自然之演化進程言，必先有精，乃後見有神，亦可知矣。

天地篇又曰：

有機械者必有機事，有機事者必有機心。機心存於胸中，則純白不備。純白不備，則神生不定。神生不定者，道之所不載也。

此處神字，亦顯指人心之純白之體言。而人心純白之體，則由其用心之精一而顯。用心精一，心體純白，而後乃可以載道，此一層則已於上文闡述之。

又曰：

汝方將忘汝神氣，墮汝形骸，而庶幾乎？

此處神形對文，神仍指心知。然心知可忘，神氣則不可忘，此又外雜篇下語未盡精圓之又一例也。又曰：

執道者德全，德全者形全，形全者神全，神全者，聖人之道也。

此處列德於形之前，列神於形之後，此德與神之分別也。若勉强爲之作一比方，則猶如宋儒言性與心之分別也。宋儒意，謂性賦於成形之前，而心則見於成形之後。猶此處指德在於見形之前，而神則在於成形之後也。故知此處神字，仍指人之心知言，顯然爲承襲莊子內篇七篇義而來，與老子書無涉。惟德字義則襲自老子。

天地篇又曰：

明白入素，無爲復樸，體性抱神，以遊世俗之間者，汝固將驚耶？

外雜篇常以性與神互言之，亦見神之所指屬於心知矣。此猶如宋儒，雖心性分言，亦常心性並言也。又曰：

願聞德人。曰：德人者，居無思，行無慮，不藏是非美惡，……此謂德人之容。願聞神人。曰：上神乘光，與形滅亡，此謂照曠。致命盡情，天地樂而萬事銷亡。萬物復情，此之謂混冥。

此條神人，若又越出於德人之上。與前條所引，列德於形前，列神於形後者正相反。外雜篇中多有文理相乖背，其精粹不能與內篇相比並者，遇此等處，可無煩一一强說以求通。故唐韓愈氏謂貴於能識古書之眞僞也。

天道云：

聖人之靜也，……萬物無足以撓心，故靜也。……水靜，猶明，而況精神，聖人之心靜乎？天地之鑒也，萬物之鏡也。

此條始見以精神連文。然精神二字，其最先使用，則各有所指，固不當混幷爲一以說之也。先秦各家思想，其間自有淺深高下，莊子外雜諸篇，斷不能與老莊兩家平等同視，而天道篇尤後出，淸儒姚鼐謂此篇中有漢人語，學者遇此等處，當分別而觀，不得見此有精神連文，遂疑我上所辨析云云，以爲古人固有精神二字皆連用一義者，而轉疑我所分別解釋之非也。抑此條明以精神爲聖人之心。則此處精神二字，尙猶指人之心知言。用心精一，而使心知達於神明，斯爲聖人矣。此種心知境界，分析言之，不外曰虛，曰靜，曰壹，曰淸明。荀子解蔽篇有云：

人何以知道？曰心。心何以知？曰虛壹而靜。……虛壹而靜，謂之大淸明。

心者，形之君也，而神明之主也。

人心譬如槃水，正錯而勿動，則湛濁在下，而淸明在上，則足以見鬚眉而察理矣。微風過之，湛濁動乎下，淸明亂乎上，則不可以得大形之正也。

此亦顯以神明屬心知之證也。大學致知格物之說，正從荀子此文來。格物者，格，正也。即此處所謂得大形之正也。大學說知止與正心，即此文所謂正錯而勿動也。此爲秦漢間儒道兩家論內心修養工夫之共同相似處，正猶孟莊同時，其言內心修養工夫，亦復有許多共同相似處也。而此文精神聖人之心一語，乃更爲此後晚明儒家所樂道。即所謂心之精神是爲聖是也。然則儒道兩家論內心修養工夫，正不斷有許多相通處，此一層，甚値得吾人之細爲硏討，惟非本文範圍，暫置不深論，而姑爲揭示其綱要焉。

天道篇又云：

此五末者，須精神之運，心術之動，然後從之者也。

此亦精神連文，亦明以精神指心術。大抵如此精神連文，正可只當作一神字看。此因中國文字，本多用單字，沿用不愼，便往往變成兩字連文。如性命二字，本亦所指各異，而莊子外雜篇亦多以性命連文，混作一辭矣。

天道篇又云：

形德仁義，神之末也。非至人孰能定之？

此謂仁義諸行，皆由人心之神明而有，故神明是本，仁義是末也。然謂形德仁義，並是神之末，則又爲不辭。依老子，則形德先在。依莊子，則神屬後起。當知外雜諸篇，本不可逐字逐句仔細推求。讀者能深通莊子內篇與老子書，則自能鑒別外雜篇下語之高下深淺得失矣。若一一死於句下，又以平等視之，認爲處處可以合一相通，則決非善讀書者。又按：大學開首即言明明德，明德二字，顯亦采用及道家義。德指人生之最先所得。明形容德字，却涵有心知神明之義。故可謂明德者，亦即指人心之神。明明德，即是由於人心之神而益明之也。大學一篇，疑兼莊荀之學而成書，而莊子外雜篇，則有出大學成書之前者。

天地篇又云：

外天地，遺萬物，而神未嘗有所困。通乎道，合乎德，退仁義，賓禮樂，至人之心，有所定矣。

此顯以神爲至人之心，猶是沿襲莊子內篇之原意也。大學云：

知止而后有定，定而后能靜，靜而后能慮，慮而后能得。

止與定與靜，此等用心工夫，實皆本諸道家。而天地篇此條，所用神字，即是其心之能達於知止知定知靜後之一種境界也。惟儒家不言神，又不主賓退仁義與禮樂，此爲儒道兩家思想一大分歧。然論其所以運使心知以達於精一神明之境者，則兩家固有其相通，即後來宋明儒，亦莫能自外，而其大體則可謂多有遠承莊周而來者。故余謂莊周之學亦有得於孔門顏氏之傳，學者當於此等處深闡之。若必尊大學為聖經，斥莊子為外道，此則拘縛於一家之舊說，實為未能開廓心胸，與議夫古者學術思想交互影響之大體也。

天運篇又云：

塗郤守神。

此即達生篇所云其神無郤義。刻意云：

平易恬惔，則憂患不能入，邪氣不能襲，故其德全而神不虧。

憂患不入，邪氣不襲，即無郤也。此處亦德與神分言，德屬先天，神屬後天，保持先天故曰全，善養後天故曰不虧也。故曰：

其寢不夢，其覺無憂，其神純粹，其魂不罷。

此處神字亦顯指心知言。今俗猶云神魂顛倒，猶之云心知之錯亂不定也。故曰：

純粹而不雜，靜一而不變，淡而無為，動而以天行，此養神之道也。

此所謂養神，亦顯指養心神言。亦可謂是養其心知之明白純粹之體也。故又曰：

夫有干越之劍者，柙而藏之，不敢用也，寶之至也。精神四達並流，無所不極，上際於天，下蟠於地，化育萬物，不可為象，其名為同帝。純素之道，唯神是守。守而弗失，與神為一。一之精通，合於天倫。

此處又是精神二字連用，然亦顯指心知言。孟子曰：盡心知性，盡性知天，後代宋明儒陸王一派主心即理，又曰良知即天理，此篇所謂精神乃同帝，亦謂以心之精神上合於天也。此篇或兼言精神，或單言神，可見精神連文，亦猶如單用一神字。至中庸之書，則不用精神字，而轉用鬼神字。其言曰：鬼神之爲德，其盛矣乎？視之而弗見，聽之而弗聞，體物而不可遺。洋洋乎如在其上，如在其左右。猶即此文所謂精神四達並流，無所不極，上際天，下蟠地，化育萬物，不可爲象也。然此文精神字，若誠指人之心知言，則心知流通，固可以無所不極，然又何以能化育萬物乎？孟子只言盡心知性而知天，亦未嘗謂心即同天也。若謂心能化育萬物，求之中國古人思想中，固無此義。當知刻意篇此節，已羼入老子意，此處精神連文之精字，所指者，不僅是心知之純粹而精一，乃兼指老子書其中有精，其精甚眞意。若詳說之，亦可謂人心之明與神，本由此大氣之元精而來。故曰，一之精通，合於天倫。郭象注：精者，物之眞也。淮南一之精通作太一之精，是謂太一之精爲物之眞，語意更顯。亦可見此處精字，已兼涵老子書中精字義言之也。然若如此而言，則不僅人心有精神，即天地大自然一切萬物，亦復莫不有精神，而人心之精神，即由天地大自然一切萬物之精神來。此在晚周儒家亦有此說。如小戴記聘義有曰：精神見於山川，是也。而中庸之書，則轉以鬼神說之。小戴記祭法亦云：山陵川谷邱陵，能出雲，爲風雨，皆曰神，是也。然此等處，顯有極大歧義。老子書本不重言神，莊子內篇所謂神，所指在人生界，不在自然界。而歧趨所極，遂以宇宙爲至神。此雖屬後起儒家義，而莊子外雜篇，固亦早見此歧趨矣。

刻意篇又曰：

賢士尚志，聖人貴精。故素也者，謂其無所與雜也。純也者，謂其不虧其神也。能體純素，謂之眞人。

此處所謂純素，即精一也。聖人貴精，即貴此純素。故能不虧其神。此所謂純氣之守也。則本篇上文所謂守神，即是守此純素之氣。然則此篇言神字，顯亦有歧義。所謂歧義者，謂其轉移所指，轉以神字指天地自然耳。姚鼐亦謂刻意篇乃漢人之文，豈不信哉？而中庸之言鬼神，顯已雜有老莊道家之說，亦由此可證。

田子方有云：

> 夫至人者，上闚青天，下潛黃泉，揮斥八極，神氣不變。

此處以神氣連文，此不僅老子書所未有，亦莊子所不言也。惟外篇天地有之，曰：忘汝神氣。神與氣連文，是神亦指氣而言矣。然孟子曰：志一則動氣，氣一則動志，則氣定可以使神定，神定亦可以使氣定。此神氣神字仍可指屬心，惟斷不指心之明知言。此等皆是外雜篇中用字自有歧義，治老莊思想者，不可不於此等處細辨之也。

田子方又云：

> 古之眞人，……死生亦大矣，而無變乎己。……若然者，其神經乎大山而無介，入乎淵泉而不濡，處卑細而不憊，充滿天地，既以與人己愈有。

此處神字與上條同，可謂是指神氣，然亦可謂仍是指心知。此由撰文者用此神字本有歧義，故今亦無可確定也。

知北遊：

> 今彼神明至精，與彼百化。

此謂神明至精者，以神明連至精字，此亦襲老子，我所謂引而外之，即人心之神明亦在外，即我上文所闡天地亦有精神之說也。又被衣之告齧缺曰：

> 若正汝形，一汝視，天和將至。攝汝知，一汝度，神將來舍。

此謂神將來舍，猶內篇人間世之鬼神將來舍也。然此文上言天和將至，是亦可謂天地間純和之氣，神明之精，將來入汝心，則此亦引而外之也。又老聃之告孔子曰：

汝齋戒疏瀹而心，澡雪而精神，掊擊而知，夫道，窅然難言哉！

此條又是精神連文，而乃與心知並言，是則此所謂精神者，即指人之心知也。又一篇之中，其所指忽內忽外，此皆晚出之篇自涵歧義，所不能即據莊老原書爲說者。又曰：

夫昭昭生於冥冥，有倫生於無形，精神生於道，形本生於精。

此條又以精神與精字分別言之。陸長庚曰：精神之精，即道家所謂先天之精，淸通而無象者也。形本之精，即易繫所謂男女構精之精，有氣而有質者也。今按：陸氏此辨，亦未爲的。形本所由生之精，即先天之精也。然則所謂精神生於道者，此精神又何指乎？凡此皆後起之說，殆以知北遊作者當時，已多以精神字連用，此非由思想上之確有所見來，實由文字上之沿用歧誤來耳。若必確切言之，似當謂精氣生於道，形本生於精，始爲得之。然縱謂精氣生於道，亦已非莊老書中之原旨矣。

庚桑楚：

欲靜則平氣，欲神則順心。

此尤見神之出乎心。故郭象曰：順心則神功至也。

徐無鬼篇，無鬼見武侯，曰：

勞君之神與形。

神形連文對稱，神指心言。故曰：

君獨爲萬乘之主，以苦一國之民，以養耳目鼻口，夫神者不自許也。夫神者，好和而惡姦。

此猶謂心不自許也。故又曰：

殺人之士民，兼人之土地，以養吾私與吾神者，其戰不知孰善，勝之惡乎在。

此私猶謂欲，神猶謂心。外物：

知有所困，神有所不及。

此亦神知連文互擧，神即知也。列禦寇：

小夫之知，不離苞苴竿牘，敝精神乎蹇淺。

此尤顯然即以精神指心知也。故又曰：

彼至人者，歸精神乎無始，而甘冥乎無何有之鄉。

歸精神乎無始，猶云遊心於物之初也。故又曰：

受乎心，宰乎神，夫何足以上民。

此處神字，特亦心字之異文耳。故又曰：

明者惟爲之使，神者徵之。夫明之不勝神也久矣。而愚者恃其所見，入於人，其功外也，不亦悲乎！

此處乃辨析明與神之異。明者，指心之有所見，神者，指其所見之無不徵，即其心所見之必有徵驗應效於外也。今試問人之心知何以能如此？則正因其以神遇而不恃官知爲明察耳。

天下篇有云：

神何由降？明何由出？聖有所生，王有所成，皆原於一。不離於宗，謂之天人。不離於精，謂之神人。不離於眞，謂之至人。

此問明何由出，人心之明，乃出乎人心之有知，而人心之知之至明至靈者，是即人心之神也。又問神何由降，此降字猶云降衷之降。而曰不離於精，謂之神人，是乃謂由於天地之精氣而始有人心之神明也。此則可謂仍無大違離於老莊之原義者。又曰：

古之人其備乎！配神明，醇天地，育萬物，和天下。

此又似引而外之，謂天地間先有此神明之存在矣。又曰：

一曲之士，判天地之美，析萬物之理，察古人之全，寡能備於天地之美，稱神明之容。

神明之容，即天地之美也。此非謂天地間本有此神明之存在乎？是天下篇作者，其意蓋以神屬天，以明屬地。引神明而外之，神明外在於自然界，未有人生而先有，老莊原義，非有此也。又曰：

以本爲精，以物爲粗。

此精字則仍襲老子書。其言關尹老聃，則曰：

天地並與，神明往與！

此皆顯以神明屬外在，分配天地，並以神屬天，明屬地，蓋晚周小戴記諸儒已有說天地爲神者，此乃後起儒家，會通老莊之自然義，而特以神明說自然。今天下篇作者，又據儒義會通之於道家言，故所說轉後轉歧，則顯見天下篇之更爲晚出也。

凡莊子外雜篇言精字，言神字，乃及精神二字連用爲一名詞者，本文已一一爲之分疏。其間有承襲莊子內篇而來者，亦有承襲老子書而來者，亦有會通老莊之說以爲說者，復有會通後起儒家言而轉以之說老莊者。其爲說不一，其間有高下，有深淺，有得失，殆未可混弁合一而確然認其爲是一家之言也。外雜篇之作者，既難分別詳考，其各篇成書時代之先後，亦無法分別詳定。姑舉其大概分疏之如此，以待治老莊道家思想之異同演變者細辨焉。

上論莊子外雜篇言精神字，有兩義當特別提示者。一爲精神兩字之連用，其事始於莊子之外雜篇，而莊子內篇與老子書皆無有。在莊老書中，則精神兩字，義各有指，不混弁合用也。二則爲精神兩字之所指，至莊子外雜篇，始益引而外之，漸以精神二字，指天地外在之自然界。此在老子書已開其端，而外雜篇則尤顯，至莊子內篇則並無此義。故就精神兩字之使用言，即可知莊子內篇成書最在前，老子較晚出，而莊子外雜篇更晚出，思想演變之條貫，決然當如此說之，更無可疑也。

(六)管子書內業心術言精神義

莊子外雜篇而外，管子書亦多道家言。漢書藝文志即以管子列道家。宋儒黃震有言：管子書，似不出一人之手，心術內業等篇，皆影附道家。黃氏此辨，其識卓矣。或以白心篇與心術內業齊稱並舉，則非其倫也。大抵內業篇最粹美，心術上下篇次之，而白心篇最下，語多歧雜，不足深究。茲再節引內業篇述及精神字者畧說之。

內業曰：

凡物之精，化則爲生。下生五穀，上爲列星，流於天地之間，謂之鬼神。藏於胸中，謂之聖人。

此以鬼神爲天地間之精氣，與小戴記中庸諸篇陳義畧同。其曰藏於胸中謂之聖人，則仍近莊子義。

　是故，此氣也，不可止以力，而可安以德。……敬守勿失，是謂成德。德成而智出。

此處用德字，較近莊子義，而與老子書爲遠。至曰德成智出，則猶云德全而神全也。又曰：

　天主正，地主平，人主安靜。……是故聖人與時變而不化，從物遷而不移，（遷字從許維遹校增。）能正能靜，然後能定。定心在中，耳目聰明，四肢堅固，可以爲精舍。精也者，氣之精者也。

此用精字義，承襲老子。其曰定心在中，可以爲精舍，畧與莊子所謂是純氣之守也相似。惟莊子僅用氣字，而老子始改用精字，故知管子內業，尤出老子後也。又曰：

　凡心之形，過知失生。一物能化謂之神，一事能變謂之智。化不易氣，變不易智，惟執一之君子能爲此。形不正，德不來。中不靜，心不治。正形攝德，天仁地義，則淫然而自至。神明之極，照知萬物。……

此亦以神屬氣，與莊子之以神屬心者異矣。又曰：形不正，德不來，此又引德而外之，與老子之言德亦異。老莊之謂成家之言，此之謂雜引之說，此治先秦思想者所必當明辨也。又曰：

　不以物亂官，不以官亂心，……神自在身。

孟子曰：心之官，則思，是心亦官也。荀子始以耳目爲天官，心爲天君。此云不以官亂心，顯見出荀卿後。至神自在身之語，則神仍指心知言。又曰：

　敬除其舍，精將自來。精想思之，寧念治之，嚴容畏敬，精將自定。……定心在中（定字從陶鴻慶校改，本作正。）萬物得度。

精存自生，其外安榮。內藏以爲泉源，浩然和平，以爲氣淵。

此處又改用精字，可見其混幷老莊以立說。此即見家言與雜說之不同也。學者若不深究老莊，明其本原，而即據本文以爲解，則鮮不有歧途忘羊之苦矣。又曰：

心全於中，形全於外……謂之聖人。人能正靜，皮膚裕寬，耳目聰明。……鑑於大淸，視於大明，敬愼無忒，日新其德，徧知天下，窮於四極。

摶氣如神，萬物備存。……思之思之，又重思之，思之而不通，鬼神將通之。非鬼神之力也，精氣之極也。四體旣正，血氣旣靜，一意摶心，耳目不淫，雖遠若近，思索生知。

觀此知內業作者仍重思，則是會通儒義，而非專本之於道家言也。心術篇亦云：

意以先言，意然後形，形然後思，思然後知。

此亦言思索生知也。是其重思之義，與內業畧似，此皆會通儒道以爲言也。內業又曰：

凡人之生也，天出其精，地出其形，合此以爲人，和乃生。

充攝之間，此謂和成。精之所舍，而知之所生。

此二精字則明承老子義。今試總述上引之要旨，則大體不越三端。一曰形本生於精，此老子義。二曰敬守此氣之精而弗失，則心知自神明，此近莊周內篇義。三曰心知神明，則物理天則皆於以見，此則旁采荀子儒家義耳。

心術篇亦云：

世人之所職者精也。去欲則宣，宣則靜矣。靜則精，精則獨立矣。獨則明，明則神矣。

此處尚是精神分言。人生由於稟懷此天地之精氣，此承老子義，故曰世人之所職者精也。職，守也。得而守之之謂也。由精見獨，由獨生明，由明達神，此皆莊周內篇義。是此條精字義可兩歧，一指精氣言，一指精心言。要之則精在先，神在後。精屬天，神屬人。沿及後世，尚言精明神明，可見所謂精神者，皆言人心之明知。而心神之用本由形體而立，形體則由精氣而生，心術篇此條，可謂會通老莊，猶未失道家之本義也。

（七）呂氏春秋言精神義

晚周之季，呂不韋入秦，招賓客著書，薈萃百家，故其書亦多道家精義。其知人篇有曰：

無以害其天，則知精。知精則知神。知神之謂得一。凡彼萬形，得一後成。

此亦以精屬天，神屬人。凡人能無害其天，則知其精矣。此處知精，畧猶如莊子之所謂見獨。是精字亦可謂屬人。凡此皆混并老莊，故有歧義存在也。知精然後知神，知神者，心知神明，亦猶莊子之所謂朝徹也。朝徹而見獨則得一，一指道言。萬形得道以成也。

呂氏又特有精通精諭兩篇，其言精字，皆襲道家義。精通之言曰：

人或謂兔絲無根，非無根也，其根不屬，伏苓是也。慈石引鐵，或引之也。……聖人……以愛利民爲心，號令未出，而天下皆延頸舉踵矣，則精通乎民也。攻者砥厲五兵，……發有日矣，所被攻者不樂，非或聞之也，神者先告也。身在乎秦，所親愛在乎齊，死而志氣不安，精或往來也。

此處用精神字，皆顯指心知言。心知屬於氣，有氣之精者爲之根，故雖心知之見於人者有分隔，而仍可以相通。此精氣則知根也。此知根之呈見於心知之分別體者曰神。故精神字雖時可互用，而遇分舉，則涵義各別，必當明辨，不可相移易。如神者先告也，精或往來也，若精神字互易用之，云精者先告，神或往來，雖若亦未嘗不可，而究不如原語之恰當貼切也。

精通篇又曰：

養由基射兕中石，矢乃飲羽，誠乎先也。伯樂學相馬，所見無非馬者，誠乎馬也。

此言養由基之射，伯樂之相馬，皆藝也。此猶夫莊子書中言庖丁之解牛，痀瘻丈人之承蜩也。凡用心專一者，精之至，即誠之至也。莊子始用精字，中庸承其意而轉用誠字。中庸曰：誠者天之道，即猶之老子書之以精屬天也。是知中庸成書，當已出老子後，故亦混幷老莊而爲說。精一誠一，若指人事言，則皆指用心專一也。故後人亦合言精誠。然則中庸之言誠與明，猶之老莊道家之言精與神。精則神矣，神則精矣，此猶中庸之所謂誠則明，明則誠也。呂氏賓客深知儒道兩家在此之相通，故乃以誠說精。誠乎馬，即精心一意於馬也。誠之能盡性，即精之能通天也。誠之能成物，即精之能生化也。則中庸之書，乃由道家轉手而來，更何疑乎？觀乎呂氏賓客精通之篇，而可悟中庸之言誠明。凡治先秦雜說者，必一一明其辭語來原，而會通以說之，此亦治先秦思想一要術也。

精通篇又曰：

君子誠乎此而諭乎彼，感乎己而發乎人，豈必彊說哉？……故父母之於子也，子之於父母也，一體而分形，同氣而異息。若草莽之有華實也，若樹木之有根心也。雖異處而相通。隱志相及，痛疾相救，憂思相感，生則相歡，死則相哀，此之謂骨肉之親。神出於忠，而應乎心，兩精相得，豈待言哉？

此謂神出於忠，忠猶中也，衷也。則忠猶誠也。心之忠誠爲神之所出，則神之指心知，復亦何疑？又曰：兩精相得，此不得謂兩神相得也。其曰神出於忠，又不得謂精出於忠也。可見精先在，屬氣，而禀乎天，神後見，屬心，而存乎人，呂氏之書，顯猶守老莊原義也。

又其精諭篇則曰：

聖人相諭不待言，有先言者言也。海上之人，有好蜻者，每居海上，從蜻游。蜻之至者百數而不止，前後左右盡蜻也。終日玩之而不去。其父告之曰：聞蜻皆從女居，取而來，吾將玩之。明日之海上，而蜻無至者矣。

此言人與蜻之精誠相通也。蓋人與蜻亦皆由天地間之一氣相化而成者。形屬粗，故外若相異。氣有至精，故內實相通。謂蜻亦有得於此氣之精而生，可也。然若謂蜻亦有神，則失實矣。蓋神者，惟人之心有之，物不能有。故心屬氣，而氣不即是心，精生神，而精不遽是神也。此精與神之辨，呂氏賓客著書，蓋猶知之。故謂其不失老莊原義也。

以上闡釋先秦道家言精神義，大體畧備。此其說，蓋至漢人而變。先秦之與前漢，其間非無思想之相承續，謂中國古代學術思想，至先秦而絕，此乃言之過甚其辭者。然謂先秦思想，已登峯造極，至漢代而轉歧，此則較爲得其眞際，請姑舉此精神之說以爲之例。

(八)淮南王書言精神義

西漢淮南王劉安，亦召賓客著書，曾專爲精神篇，其言曰：

煩氣爲蟲，精氣爲人。是故，精神天之有也，而骨骸者，地之有也。精神入其門，骨骸反其根，我尚何存？

此乃以精神連文，若爲一實有之辭。又以精神屬之天，骨骸屬之地，此實大違於莊老之原意。若如老子說，則精氣屬於天，由此生形。是形亦可屬天矣。若如莊周說，則神明生於心，心知屬人，則神亦可屬人矣。此義已詳闡在前。老莊原書俱在，明證顯白，豈有如淮南之所分別哉？果如淮南說，天地又有分別，精神屬天，即猶謂精氣屬天也。形骸屬地，是精神之與形骸，猶如易繫傳所謂形上形下之分矣。故又曰：

> 夫精神者，所受於天也。而形體者，所稟於地也。
>
> 夫天地之道，至紘以大，尚猶節其章光，愛其神明，人之耳目，曷能久薰勞而不息乎？精神何能久馳騁而不既乎？

此處用精神字又轉屬人，謂人之精神受於天，則不如先秦舊誼，謂形由精生，神由精出之允愜。此雖若用精神字與用精字畧異，而涵義之相違實遠，所不得不深辨也。又曰：

> 是故，血氣者，人之華也，五藏者，人之精也。夫血氣能專於五藏而不外越，則胸腹充而嗜欲省矣。胸腹充而嗜欲省，則耳目淸，視聽達矣。耳目淸，視聽達，謂之明。五藏能屬於心而無乖，則勃志勝而行不辟矣。勃志勝而行不辟，則精神盛而氣不散矣。精神盛而氣不散則理，理則均，均則通，通則神。

此言心氣之得其修養而臻乎神明，用神明字本莊子義。惟以精神連文以言人之心氣，則是後起義也。

又曰：

> 夫孔竅者，精神之戶牖也。而氣志者，五藏之使候也。耳目淫於聲色之樂，則五藏搖動而不定，……血氣滔

蕩而不休，……精神馳騁於外而不守矣。精神馳騁於外而不守，則禍福之至，雖如丘山，無由識之矣。使……精神內守形骸而不外越，則望於往世之前，而視於來事之後，猶未足爲也。

此亦精神連文，以言人之心知，又以精神與形骸對舉，則仍是精神屬天形骸屬地一貫之義也。又曰：

精神澹然無極，不與物散，而天下自服。故心者，形之主也。神者，心之寶也。形勞而不休則蹶，精用而不已則竭。……夫精神之可寶也，非直夏后氏之璜也。……魂魄處其宅，而精神守其根，死生無變於己，故曰至神。

此仍以精神混言人之心氣也。在先秦舊藉，精與神有辨，心與氣有辨，皆不相混。至淮南乃始幷言之。此由中國文字，每易由單字增成複語，而始有此歧。如魂魄字本有辨，而此處所云魂魄，則實指魂，不指魄也。

又曰：

有精而不使，有神而不行。……是故其寢不夢，其智不萌，其魄不抑，其魂不騰。……此精神之所以能登假於道也。

夫癩者趨不變，狂者形不虧，神將有所遠徙，孰暇知其所爲。故形有摩而神不化。……輕天下則神無累矣。生不足以掛志，死不足以幽神，……若此人者，抱素守精，蟬蛻蛇解，游於太淸。

又曰：

棄聰明而反太素，休精神而棄知，故覺而若昧，生而若死。終則反本，未生之時，而與化爲一體。

凡此用精神字，皆有歧義。如云：神將有所遠徙，此若謂神之實有矣。又曰：休精神而棄知，此將敎人若塊也。惟莊子外雜篇偶亦有此等語，要之皆非莊老本義。蓋老莊各成一家之言，而淮南賓客，亦復是雜集諸家而爲說也。今綜觀淮南此文，有當特別指出者兩端：一爲精神二字之連用，此在莊子外雜篇，如天道天運知北遊徐無鬼諸篇始有之，而此諸篇者皆晚出，或當與淮南王書約略相先後，此顯然爲道家後起之歧義。而淮南王書之連用此二字，其違失老莊原義者更甚。如謂精神天之有，骨骸地之有。又曰：精神受於天，形體稟於地。又曰：精神澹然無極，不與物散。尋此諸語，若精神成爲宇宙間一實有，而又與形體判然劃分而爲二。並又以精神屬天，形體屬地，此等分法，在先秦道家固絕無之，蓋似受易大傳之影響也。易大傳成書，則由儒家受老莊影響而起。淮南賓客，本多治易，乃又援引易傳，以發揮道家義，此本無足怪，而不悟其與道家初義之絕相背也。就老子書言之，則精屬於氣，就莊子內篇言之，則神屬於知，即在莊子外雜篇，猶多守此舊誼而弗失。則精當屬於天地自然，而神則屬於人文心知，若謂人文化成，亦當推本於自然，則神由精生，此在管子內業，亦尚能承此宗旨，無大違越也。而淮南王書顧獨不然。觀其每混同精神爲一辭，此已不辨莊老著書之原義矣。至其以精神屬天，形體屬地，則形體似屬形而下，精神似屬形而上，而精神又若爲天地間之一種實有，而繼此乃不得不謂由精神引生出形體。此一變，遂以精神字轉換了莊老所用之道字。今若謂道生萬物，則道者即此萬物大化之自體，故實無有生萬物者。如謂精神生形體，一屬形而上，一屬形而下，則宇宙分成兩重，此實非先秦老莊言道之本義也。後漢許愼用心淮南王書，特爲作訓注，而其所著說文解字，遂謂神，天神，引出萬物者也。此一訓釋，不僅先秦道家無之，即先秦儒家初亦無此說，必求其原始，則淮南王書要爲其顯然之根據矣。此實考論中國古代思想演進史一極關重大之題目，所當深細研討者，故特備明先後，而詳引之如此。近人遂謂中國爲精神文明，不悟其說之無異於爲專據淮南也。又既謂是精神文明，以與物質相對立，而又並不確守淮南神生萬物之說，是則近人之言精神，亦復是陷於雜說，非能成爲家言也。

謂淮南王書主神生萬物，其證即在精神篇。其開首即曰：

古未有天地之時，惟像無形。窈窈冥冥，芒芠漠閔，澒濛鴻洞，莫知其門。有二神混生，經天營地，孔乎莫知其所終極，滔乎莫知其所止息。於是乃別爲陰陽，離爲八極。剛柔相成，萬物乃形。

高誘注：

二神，陰陽之神也。混生，俱生也。

謂萬物形於一氣之化，一氣自判爲陰陽，謂陰陽之氣有其精，此先秦道家舊誼也。在莊周老聃，均不謂神生萬物。即易大傳亦僅謂陰陽不測之謂神，是陰陽二氣乃宇宙之實有，非謂神是實有也。神者，僅以形容此二氣變化不測之一種謂辭耳。說卦傳亦云：神者，妙萬物而爲言者也。此妙字亦襲自老子，同謂之玄，玄之又玄，衆妙之門。則神者乃衆妙之謂辭，仍非宇宙間所實有也。大戴記曾子天圓篇有云：陽之精氣曰神。此神字仍屬謂辭。其形生萬物者，乃陽之精氣也。故知先秦思想界，均不主神生萬物之說。今淮南叙二神在先，別陰陽在後，則是先有神，而後有陰陽矣。此一轉變，乃適成其爲漢人之思想，而所由大異於先秦者。而且自王充以下，迄於王弼郭象，亦不遵守此說也。

(九)司馬談劉向言精神義

然淮南王書言精神，雖至東漢以下，魏晉治老莊者，如王弼郭象，皆不遵守。而其在前漢一代，則確有其影響。上文所引，莊子外雜篇，有語意近淮南者，其相互影響之眞實情况，已無可考。然如司馬談論六家要旨，亦曰：

凡人所生者，神也。所託者，形也。神大用則竭，形大勞則弊。形神離則死。由是觀之，神者，生之本也。形者，生之具也。

此與荀子天論所謂形具而神生，恰成先後倒置。人必先具形，後生神，此屬先秦舊誼。形何以具？則曰形本生於精。精是氣。則形氣在先，神知在後也。而司馬談之說顧反之。謂神者生之本，形者生之具。則形生於神，而且形神可以兩離。尋司馬談之說，乃若與淮南王書如符節之相合。談固治道家言，然先秦道家實無此等義，有之，則始自淮南王書耳。司馬談著論，其果有聞於淮南賓客之說乎，今雖無確證。要之此乃成其爲前漢一代人之共同思想，則實不得不特爲指出者。或是劉安司馬談以前，已有此等思想之流布，要之成爲文章，見之篇籍，爲今之所可備引而確指者，則必舉劉安司馬談兩家之說矣。

司馬談之後有劉向，其說苑修文篇謂：

積恩爲愛，積愛爲仁，積仁爲靈，靈臺之所以爲靈者，積仁也。

神靈者，天地之本，而爲萬物之始也。

向修儒業，湛深經術，然其早年，亦深愛淮南王書，則其受淮南賓客思想之影響，事無足怪。此文以靈歸之心，其稱靈臺，語本莊周，而曰積仁以爲靈，則是混并儒道以爲說也。其曰神靈者天地之本，萬物之始，則顯近淮南矣。又反質篇引楊王孫倮葬遺令，曰：

精神者，天之有也。形骸者，地之有也。精神離形，而各歸其眞，故謂之鬼，鬼之爲言歸也。

楊王孫此二語，直襲自淮南，而向特引之以入說苑，則向之同情此說亦可知，此可見淮南新說在當時之影響也。

（一〇）春秋繁露白虎通言精神義

然此亦非謂兩漢人皆已昧失先秦精神二字之原義也。即如董仲舒春秋繁露，其書用精神字，頗承莊老舊誼，異乎劉司馬之說。玆再畧引，以申上文之所釋。

立元神云：

天積衆精以自剛，……序日月星辰以自光。……天所以剛者，非一精之力。……故天道務盛其精。……盛其精而壹其陽，……然後可以致其神。……陰道尚形而露情，陽道無端而貴神。

此以精屬天，積精盛而後可以致其神，則精先神後矣。又曰：陰道尚形，陽道貴神，若以通之周易，易曰陰陽，亦先陰而後陽，是亦先形而後神也。且苟既不離陰陽之氣以言神，則亦不能離精以致神矣。

通國身又云：

氣之淸者爲精，……治身者以積精爲寶，……精積於其本，則血氣相承。……夫欲致精者，必虛靜其形。……形靜志虛者，氣精之所趣也。……能致精，則合明而壽。

此以精屬氣，能致精則明，亦猶云致精而神也。

循天之道又云：

是故身精，明難衰，而堅固壽考無忒，此天地之道也。天氣先盛牡而後施精，故其精固。……故惟天地之氣而精，出入無形，而物莫不應。是故物生皆貴氣。……故養生之大者，乃在愛氣。氣從神而成，神從意而出。心之所之謂意。意勞者神擾，神擾者氣少，氣少者難久矣。故君子閑欲止惡以平意，平意以靜神，靜神以養氣，氣多而治，則養身之大者得矣。古之道士有言曰：將欲無陵，固守一德，此言神無離形，則氣多內充。……和樂者，生之外泰也。精神者，生之內充也。外泰不若內充。

此謂物生貴氣，因生由氣化，所謂形本生於精也。又謂神從意而出，意勞擾神，此以神屬心志也。神擾氣少，神靜氣多，此猶之孟子之所謂志動氣。其曰精神者，生之內充。雖亦精神連文，而顯然二字各有所指，異乎如淮南之言精神矣。

同類相動又云：

氣同則會，聲比則應，……非有神，其數然也。……明於此者，欲致雨則動陰以起陰，欲止雨則動陽以起陽，故致雨非神也。而疑於神者，其理微妙也。……相動無形，則謂之自然，其實非自然也。有使之然者矣。

此於宇宙間一切變化，以同類相動之理說之，既不認其有神，亦不認爲一切皆出於自然。彼曰其數然，又曰理微妙。既變化中有數理可求，可見變化必有致此之理。既有致此變化之理可求，則變化不得謂之自然矣。以此較之淮南神生萬物之說，所勝實遠。此後王弼以理說易，其說殆可謂實啓於江都也。近人多譏仲舒治陰陽家言，至斥之爲大巫，又謂漢儒學術皆壞於仲舒，然如此等處，乃議論大節目，仲舒又何可輕議者？

越至東漢，有白虎通，此乃當時朝廷儒者，集體撰述，亦漢代儒學一經典也。其書亦言及精神字，而大義仍守先秦舊誼，無大走作。玆再舉其說。

白虎通天地篇有云：

> 始起之天，先有太初，後有太始。形兆既成，名曰太素。混沌相連，視之不見，聽之不聞。然後剖判，清濁既分，精出曜布，度物施生。精者爲三光，號者爲五行。五行生情，情生汁中，汁中生神明，神明生道德，道德生文章。故乾鑿度曰：太初者，氣之始也。太始者，形兆之始也。太素者，質之始也。

此謂天地始於氣，氣有形而始有質，於是始有精。有精然後有物，物生始有情，由是而始有神。此以神屬情知可知。有情知始有道德，有道德始有文章，此所謂人文化成也。此亦以精屬天，神屬人，精先而神後，亦不謂神生萬物也。

其情性篇又云：

> 精神者，何謂也？精者靜也，太陰施化之氣也。……神者，恍惚太陽之氣也。

此又以精神分屬陰陽，言易者，必先陰而後陽，故言精神，亦必先精而後神。是白虎通說精神字，猶未失先秦道家初義也。然其曰精神者何謂也，則知其時精神字連用並稱，已爲流行習熟之語矣。

(十一)王充論衡言精神義

春秋繁露與白虎通二書，皆出儒家，然言精神字，尚與先秦道家本誼無大違失，而王充著論衡，其立論號爲一本道家，而其書中言及精神字，轉多歧義，茲再畧舉其要。

論衡論死篇有云：

人之所以生者精氣也。……能爲精氣者血脈也。人死，血脈竭，竭而精氣滅。……人死，精神升天，骨骸歸土，故謂之鬼，鬼者歸也。……或說鬼神，陰陽之名也。陰氣逆物而歸，故謂之鬼。陽氣導物而生，故謂之神。神者伸也，申復無已，終而復始。人用神氣生，其死復歸神氣。……氣之生人，猶水之爲冰。水凝爲冰，氣凝爲人，冰釋爲水，人死復神。其名爲神也，猶冰釋更名水也。人見名異，則謂有知，能爲形，而害人，無據以論之也。人見鬼若生人之形，……故知非死人之精也。

充之此論，殆可謂甚近淮南，非先秦莊老道家言精神之本義矣。充雖謂人之所以生者精氣，然又謂能爲精氣者血脈，此充之所謂精氣，顯與老子書其中有精之精異。若就老子書原義，則當云能爲血脈者精氣也。至云陽氣導物而生，故謂之神，是以神屬氣，既非老子義，亦非莊子義。至謂人死復神，其名爲神，猶冰釋更名水，是謂神是氣名，此顯屬援據後起義引而外之，老莊又何嘗謂人死復神乎？又曰：

爲鬼者，人謂死人之精神，……則人見之，宜徒見裸袒之形。……何則，衣服無精神，人死與形體俱朽，何以得貫穿之乎？精神本以血氣爲主，血氣常附形體，形體雖朽，精神尚能爲鬼，可也。今衣服，絲絮布帛也。……自無血氣，敗朽遂已，與形體等。……由此言之，見鬼衣服，象之。則形體亦象之矣。象之，則知非死人之精神也。

充之此議，僅是駁正人所見鬼，非死人之精神，然已謂形體雖朽，精神尚能爲鬼矣。充之謂人死，精神能爲鬼者，縱謂是據流俗人之見。然此等意見，亦近淮南，古人只謂人死，其魂氣歸天，或謂其魂氣尚能爲鬼，而用魂氣字與用精神字涵義有不同。因用魂氣字，顯屬後天，而用精神字，則可歧誤如淮南之說，移指先天也。且先秦莊老舊誼，皆不指神爲天地自然之氣也。而充又云：

今人死，皮毛朽敗，雖精氣尚在，神安能復假此形而以行見乎？

是明明混神與精氣而一之也。又曰：

人之未死也智慧，精神定矣。病則惛亂，精神擾也，夫死，病之甚者。病猶惛亂，况其甚乎？精神擾，自無所知，况其散也？

此一節亦以精神連文，混并爲一而說之。若細就精神二字本義分析言之，當云病則神惛亂，死則無神知。又當云人死則精散，精散因無神，不得云人病精神擾，人死精神散也。又曰：

蟬之未蛻也，爲復育。已蛻也，去復育之體，更爲蟬之形。使死人精神去形體，若蟬之去復育乎？則夫爲蟬者，不能害爲復育者。……死人之精神，何能害生人之身？

又曰：

夢用精神，精神，死之精神也。夢之精神不能害人，死之精神安能爲害。

此亦皆精神連文。凡充之所加駁正者，正見其時人多已如此云云也。而凡此云云，則顯從淮南來，不從老莊來。凡後世言精神，其義顯近淮南論衡，而與老莊遠歧。然則吾人讀充之所駁正，正可見淮南新說之影響於當時後世者爲何如矣。

又論衡訂鬼篇有云：

凡天地之間有鬼，非人死精神爲之也。皆人思念存想之所致也。……伯樂學相馬，顧玩所見，無非馬者。宋之庖丁學解牛，三年不見生牛，……二者用精至矣。思念存想，自見異物也。人病見鬼，猶伯樂之見馬，庖丁之見牛也。……覺見臥聞，俱用精神。畏懼存想，同一實也。

此文以思念存想畏懼爲精神，後世言精神，多與充之此義近。此精神二字之用法，雖不盡同於淮南，然明是仍從淮南歧義來。故可謂後世用精神字，實始起於淮南，而成立於論衡也。

又其順鼓篇，駁董仲舒說春秋，其言曰：

傳又言，共工與顓頊爭爲天子，不勝，怒而觸不周之山，使天柱折，地維絕，女媧消煉五色石，以補蒼天。斷鼇之足，以立四極。仲舒之祭女媧，殆見此傳也。本有補蒼天立四極之神，天氣不和，陽道不勝，儻女媧以精神助聖王止雨湛乎？

此可謂楚固失之，齊亦未得。仲舒說陰陽五行，誠多附會，然其說精神二字，如我此篇上之所稱舉，則似遠較王充論衡爲得。故可謂使用精神二字之歧義，實生起於道家之內部也。

又其道虛篇有云：

世或以老子之道爲可以度世，恬淡無欲，養精愛氣。夫人以精神爲壽命，精神不傷，則壽命長而不死。

此謂以養精愛氣爲道家長生之術，是也。若曰人以精神爲壽命，此則仍是後起之說，若依道家初義，殆無可有此語也。

又感虛篇有云：

以至孝與父母同氣，體有疾病，精神輒感，曰：此虛也。夫孝悌之至，通於神明，乃謂德化至天地。俗人緣此而說，言孝悌之至，精氣相動。……考曾母先死，曾子不死矣。此精氣能小相動，不能大相感也。

此文以神明歸於天地，又若以精氣相動與精神輒感二辭爲同義語，以此較之本篇上引呂覽精通篇云云，則知兩漢時人用精神字，多混弁無別，不如先秦時人用此兩字，義各有指，常不混弁爲說也。今果細爲推求，則可謂其源出於淮南，縱莊子外雜諸篇亦間有此等歧義語之使用，而大源盛於淮南，流趨濫及論衡，則例證顯然，更無可疑者。

繼此以下，不再細舉，僅就本文上所稱引，已可見此精神二字涵義演變之大致矣。蓋後世之用精神字，則大體不能越出於上舉之所分別也。

漢書補注辨正

施之勉

卷四

秦無楚郡

陳勝傳，攻陳，陳守令皆不在。

師古曰，守，郡守也。令，縣令也。劉攽曰，按秦不以陳爲郡，何庸有守乎。疑衍皆字。又守者，非正官，權守者耳。王先謙曰，胡三省云，秦分天下爲郡縣，郡置守尉監，縣置令丞尉。原文以此守爲權守之守，良是。遷固二史，作守令皆不在，通鑑作守尉皆不在。蓋二史令下缺尉字，而通鑑尉上缺令也。先謙按，陳是秦楚郡治，故有守有令。顏說是也。

按，全謝山據楚世家王翦滅楚，名曰楚郡，以爲秦有楚郡。然王翦傳云，平荆爲郡縣。翦傳不云爲楚郡，是未可獨據世家，而謂秦有楚郡也。且秦滅楚後，不止置一郡。如全說，是秦以楚地，但置一郡矣，復與事實不合也。又莊襄王名楚，故秦諱楚之字曰荆。始皇爲莊襄王子，旣諱楚字，豈有滅楚，名爲楚郡乎。世家云云，當從集解引孫檢說，名字連上讀。蓋謂滅去楚名，以楚地爲秦郡也。而楚郡之楚，則爲衍文耳。

五諸侯

項羽傳，漢王刧五諸侯兵。

服虔曰，時有十八諸侯，漢得其五。師古曰，常山，河南，魏，韓，殷也。解在高紀。十八諸侯，漢時又先已得塞翟矣，服說非也。王先謙曰，顏說亦非，詳在高紀。

按，五諸侯，塞、翟、韓、殷、魏也，辨見高紀。

張耳爲趙王在三年夏

張耳傳四年夏，立耳爲王。

沈欽韓曰，史表在十月，班表則在十一月。

按，史記張耳傳，漢三年，韓信已定魏地，遣張耳與韓信擊破趙井陘，斬陳餘泜水上，追殺趙王歇襄國。漢立張耳爲趙王。淮陰侯傳，漢二年，八月，漢王遣張耳與信俱，引兵東北擊趙代。後九月，破代兵，禽夏說閼與，信與張耳，以兵數萬，東下井陘擊趙。漢兵大破虜趙軍，斬成安君泜水上，禽趙王歇。乃遣使報漢，因請立張耳爲趙王。漢王許之，乃立張耳爲趙王。楚數使奇兵渡河擊趙，趙王耳韓信往來救趙，因行定趙城邑。六月，漢王出成皋，東渡河，從張耳軍脩武。馳入趙壁，漢王奪兩人軍。即令張耳備守趙地，拜韓信爲相國。（周壽昌曰，韓信爲趙相國。）灌嬰傳，送漢王到雒陽。使北迎相國韓信軍於邯鄲。還至敖倉。受詔將兵東屬相國韓信，擊破齊軍於歷下。據本書高帝紀，韓信張耳擊趙，斬陳餘，獲趙王歇，在三年十月。項羽圍成皋，漢王逃，北渡河，奪張耳韓信軍，使張耳北收兵趙地，在三年六月。據此，則漢立張耳爲趙王，當在三年十月或十一月，破趙後。而其時楚數擊趙，趙地尚未定。三年夏六月，張耳備守趙地，始眞爲趙王，都邯鄲，韓信爲相國。故灌嬰傳云北迎相國韓信軍於邯鄲也。此云四年夏，四當是三之譌。

又，史月表，耳爲趙王，在三年十月，又在四年十一月。年表在四年，紀亦在四年。漢表以正月爲歲首，耳爲趙王，在三年十一月，即史表之四年十一月。紀以十月爲歲首，則在四年十一月。史漢紀表，作四年，均誤，四當是三之譌也。

彭越北走穀城

英布傳，十一年，高后誅淮陰侯，布因心恐。夏漢誅梁王彭越。王念孫曰，高紀十一年三月，梁王彭越謀反，夷三族，（原注漢紀同。）則不得言夏也。且上下文皆不紀時，而此獨紀時，亦爲不類。史記作夏，亦誤也。夏漢誅梁王彭越，當作漢復誅梁王彭越。復者承上之詞。蓋布見淮陰侯誅而心恐，復見醢彭越之事，遂大恐也。復字右邊與夏相似，因誤而爲夏，又倒在漢字上耳。羣書治要引作復誅彭越，是其證。

按，史記高祖紀，十一年夏，梁王彭越謀反，夷三族。黥布傳，十一年夏，漢誅梁王彭越。傳與紀合，當無譌誤。盧綰傳，十二年，綰謂其幸臣曰，往年春，漢族淮陰，夏誅彭越，皆呂后計。是夏誅梁王彭越，尤信而有據矣。本書高紀作三月者，蓋彭越反，廢遷蜀在三月。立恢爲梁王，友爲淮陽王，均在三月，可證也。彭越道見呂后，人告其復反，遂族誅之，當已在夏。史記高紀是紀其實，本書高紀係統詞，皆是也。王據唐人類書，疑夏誅彭越爲誤，非矣。

荆都吳楚都彭城

英布傳，薛公對曰，東取吳，西取楚。

王先謙曰，正義，荆王劉賈都吳。又曰，正義，楚王劉交，都徐州下邳。

按年表，荆都吳。又，集解，年表云，都吳也。又按年表，楚都彭城。又，正義，年表云，都彭城。又太史公自序，封弟交爲楚王，爰都彭城。

燕王定國二十四年

燕王劉澤傳，定國自殺，立四十二年，國除。

宋祁曰，四十二年，當作二十四年。周壽昌曰，表作二十四年。錢大昭曰，高后七年至元朔二年，凡五十四年，表傳俱誤。

按，史記漢諸侯年表，景帝六年，燕王定國元年。武帝元朔元年，二十四年，自殺。是表作二十四年是也。錢以高后七年，劉澤封琅邪王，至元朔中燕王定國自殺，通計爲五十四年，非。

極

吳王濞傳，乃以全制其極。

王先謙曰，史記作以全彊制其罷極，語較晰。

按，極即罷極。罷讀曰疲。極，困也。疲困義同。故史記作罷極，此作極耳。辨見後趙充國傳徼極條下。

郢客

楚元王傳，高后時，浮丘伯在長安，元王遣子郢客，與申公俱卒業。

王先謙曰，郢客，史記作郢，本表作郢客，而儒林傳又作郢。

按，古人二名，止用一字。（顧亭林說。）故史記作郢，本書作郢客，又作郢也。

十月霜降

劉向傳，李梅冬實，七月霜降，草木不死。

師古曰，僖三十三年，經書冬隕霜不殺草，李梅實，未知在何月也。而此，言李梅冬實，又云七月霜降，草木不死，與今春秋不同，未見義所出。齊召南曰，按以下文八月殺菽例之，用夏時紀月，則此文七月，疑是十月之譌。周十二月，夏之十月也。又應倒其文云，十月霜降，草木不死，李梅實，則文義俱顯矣。

按，七月，是十月之譌，齊說是也。五行志，僖公三十三年十二月，隕霜不殺草。劉向以爲今十月，周十二月。今十月隕霜而不能殺草，此君誅不行舒緩之應也。又，僖公三十三年十二月，李梅實。劉向以爲周十二月，今十月也。李梅當剝落，今反華實，近草妖也。是其證。

畢在鎬東南杜中

劉向傳，文武周公葬於畢。

李奇曰，在岐州之間。臣瓚曰，汲郡古文，畢西於豐三十里。師古曰，二說皆非也。畢陌，在長安西北四十里也。宋祁曰，注文岐州，當作岐周。沈欽韓曰，元和志，畢原，即咸陽縣所理也。原南北數十里，東西二三百里，無山川波湖，井深數十丈，亦謂之畢陌，周公墓在縣北十三里。一統志，文王武王陵，俱在咸陽縣北十五里，文王陵在南，武王陵在北。按畢有二，故文武周公葬處，說亦互異，元和志云，畢原在京兆萬年縣西南二十八里。書云，周公薨，成王葬于畢，其說已兩歧。括地志，文王武王墓，在萬年縣西南二十八里畢原上。然同時畢原，應在長安之西，近酆宮。似當以在咸陽者爲是。

按，臣瓚說是，李顏宋沈說非也。史記魯世家，葬周公於畢，從文王。周本紀，所謂周公葬畢，畢在鎬東南杜中。書序，周公薨，成王葬於畢。傳曰，不敢臣周公，故使近文武之墓。皇覽曰，文王武王周公冢，皆在京兆長安鎬聚東杜中。帝王世紀云，文武葬於畢，畢在杜南。晉書地道記云，畢在杜南，與畢陌別。括地志曰，文王武王墓，在雍州萬年縣西南二十八里畢原上。是文武周公所葬之畢，在渭水之南，杜縣之中，甚明，不得謂在咸陽也。（據顧亭林說，見日知錄卷七。）

向奏對日蝕星孛在元延元年

劉向傳，元延中，星孛東井，蜀郡岷山崩雍江。向惡此異，語在五行志。懷不能已，復上奏。其辭曰云云。王先謙曰，通鑑載此疏於元延元年。攷異云，向傳云，星孛東井岷山崩，向懷不能已，上此奏。按岷山崩在三年。此奏云，自建始以來二十歲間而食八，率二歲六月而一發。則上此奏，當在今年也。胡旦亦載之三年。胡三省云，按劉向傳，若以星孛東井爲據，則上奏當在今年。若以岷山崩爲據，則上奏當在三年。若以二十歲間日八食爲據，則上奏當在去年。然向言日食之變，率二歲六月而一發。以班書攷之，自建始三年十二月，至河平元年四月，則一年五月而食。至四年三月癸丑朔，則纔一年而食。又至陽朔元年二月丁未晦，則又朞年而食。永始元年九月丁巳晦，志書食，而紀不書。至二年二月乙酉晦，則凡九朞，而志所書永始元年九月丁巳晦不計也。又至永始三年正月己卯晦，則未及一朞而食。又至四年七月辛未晦，則一年六月而食。向所謂率二歲六月而一發，亦通二十歲而約言之耳。自建始三年至今年，以紀考之，則九食。以志考之，則十食，此其差異，又未有所折衷也。

余按，向上此奏。應在元延元年，當以星孛東井爲據，參校此奏與五行志元延元年星孛東井之文可知也。向奏中云，臣向前數言日當食，今連三年比食。自建始以來，二十歲間而八食，率二歲六月而一發，古今罕有。又云，易曰，觀乎天文以察時變。昔孔子對魯哀公，並言及夏桀殷紂，暴虐天下，故歷失則攝提失方，孟陬無紀，此皆易姓之變也。又云，秦始皇之末，至二世時，星孛大角，大角以亡。及項籍之敗，亦孛大角。又云，今日食尤屢，星孛東井，攝提炎及紫宮。有識長老，莫不震動，此變之大者也。據此，則知奏中所言變異，是指日食與星孛二者。按成紀，永始二年二月，乙酉晦，日有蝕之。三年正月，乙卯晦，日有蝕之。四年七月辛未晦，日有蝕之。明年元延元年正月己亥朔，日有蝕之。七月，星孛東井。奏中所云今連三年比食，日食尤屢，星孛東井，即指此也。則此奏上於元延元年，塙然無疑。而奏中並未及岷山崩，可知此奏決非上於三年也。元延元年七月，星孛東井，變異尤大，成帝至於下詔求直言極諫。成紀，元延元年秋七月，有星孛於東井。詔曰，迺者日蝕星隕，謫見於天，大變重仍，在位默然罕有忠言。今星孛見于東井，朕甚懼焉。公卿大夫議郎，其各悉心，惟思變意，明以經對，無有所諱。與內郡國舉方正能直言極諫者各一人。五行志，載此變更詳悉，云，元延元年，七月辛未，有星孛于東井，踐五諸侯，出河戍北，率行軒轅太微。後日六度有餘，晨出東方，十三日，夕見西方，犯次妃長秋斗塡，蠭炎再貫紫宮中，大夫當後，達天河，除於妃后之域，南逝度，犯大角攝提，至天市，而按節徐行，炎入市中，旬而後去，五十六日，與倉龍俱伏。按奏中所云星孛東井攝提炎及紫宮，與志所云蠭炎貫紫宮中，南逝度犯大角攝提正合。又，志載谷永之對，云，上古以來，大亂之極，所希有也，亦與奏中向所云有識長老，莫不震動，此變之大者也相合。志又載向對云，三代之亡，攝提易方，秦項之滅，星孛大角。疑此即元延元年向所上奏，因奏中並言及夏桀殷紂攝提失方，秦項滅亡，星孛大角也。據此，則向此奏在元延元年審矣。又按，五行志，元延三年，正月丙寅，蜀郡岷山崩，壅江，江水逆流，三日迺通。向以爲周時岐山崩，三川竭，而幽王亡。岐山者，周所興也。漢家本起於蜀漢，今所起之地，山崩川竭。星孛又及攝提大角，從參至辰，殆必亡矣。是向於岷山崩，亦有所推，惟班氏以此記於志中，但於向傳敘及其事，而不載其文耳。

劉向卒於成帝綏和元年

劉向傳，居列大夫官，前後三十餘年。年七十二卒。卒後十三歲而王氏代漢。

錢大昕曰，依此推檢，向當卒於成帝綏和元年。葉德輝曰，漢紀云，前後四十餘年。按傳言卒後十三年，王氏代漢，則向卒於哀帝建平元年。由建平元年上推，向生於昭帝元鳳四年。自既冠擢爲諫大夫，至此實四十餘年，當以漢紀爲是。吳修續疑年錄，亦推向生元鳳四年，卒建平元年。蓋莽代漢，在孺子嬰初始元年十二月，是年上距向卒，正十三歲之後。錢氏誤推，不足據。

按，禮樂志，成帝時，犍爲郡於水濱，得古磬十六枚，議者以爲善祥。劉向因是說上，宜興辟雍，設庠序，陳禮樂，隆雅頌之聲，盛揖讓之容。成帝以向言，下公卿議。會向病卒。丞相大司空奏請立辟雍。案行長安城南，營表未作，遭成帝崩，羣臣引以定謚。何武傳，綏和元年，（元作三年，依朱一新王先謙說改。）武爲御史大夫。成帝欲修辟雍，通三公官，即改御史大夫爲司空。成帝紀，綏和元年，夏四月，以御史大夫爲大司空，封爲列侯，益大司馬大司空奉，如丞相。公卿表，御史大夫，成帝綏和元年，更名大司空，金印紫綬，祿比丞相。據此，則向當卒於成帝綏和元年，其生在昭帝元鳳二年。錢氏所推不誤。（通鑑以向卒於綏和元年。）蓋成帝欲修辟雍，丞相大司空奏請立辟雍，皆在綏和元年，而向說上，興辟雍，設庠序，尤在於前，則向卒於綏和元年，確然無疑。續疑年錄以向卒於哀帝建平元年，實誤，郋園從之，非也。續疑年錄之誤，蓋以莽之代漢，在孺子嬰初始元年，不知莽居攝踐阼，即改元稱制（見元后傳。）居攝元年，上距向卒，正十三歲之後。至向居列大夫官，前後止三十餘年，漢紀云四十餘，亦非。宣帝神爵五鳳之間，向既冠擢爲諫大夫，至元帝初元二年，因外親上封事，免爲庶人，遂廢十餘年。（見向本傳。）成帝即位，乃復進用，以護三輔都水，光祿大夫，中壘校尉，領校中五經秘書，以至終老。是向仕於宣元兩朝，不過十二三年，中間復屢屢繫獄。仕於成帝，則二十四五年。通前後計之，止三十七八年，不得四十餘年也。郋園不辨析而依從之，疎矣。

附劉向習穀梁不得有十餘年

劉歆傳，宣帝時，詔向受穀梁春秋，十餘年，大明習。按此誤，向習穀梁，不得有十餘年也。向傳，本名更生，年十二，以父總任爲輦郎。既冠，擢爲諫大夫，獻淮南枕中鴻寶苑秘書，令尚方鑄作，方不驗，更生坐論繫當死。更生兄陽城侯安民上書，入國戶半，贖更生罪，上亦奇其材，得踰冬減死論。會初立穀梁春秋，徵更生受穀梁，講論五經於石渠。儒林傳，向以故諫大夫，通達，待詔受穀梁。據此，則向習穀梁，在爲諫大夫，鑄僞黃金，下吏當死之後。考劉德傳，及恩澤表，地節四年，德封陽城侯，五鳳元年薨。是歲，子向坐鑄僞黃金，當伏法。更生兄安民，五鳳二年嗣侯，以戶五百，贖弟更生罪。是向得減死，及詔受穀梁，大約在五鳳二三年間。講論五經於石渠，平公羊穀梁異同，在甘露三年。則向習穀梁，不過五六年，若在甘露元年已明習，則又不過三四年也。習穀梁十餘年者爲郎。儒林傳，宣帝選郎十人，從千秋江博士等受穀梁，自元康中始講，至甘露元年，積十餘年，皆明習。如向在元康中，亦以郎受穀梁，則不得云以故諫大夫受穀梁。且向傳，明云在鑄僞黃金下吏當死之後，詔受穀梁。則向習穀梁，安得有十餘年耶。

漢朝

劉歆傳，移讓太常博士書曰，孝文皇帝，始使掌故朝錯，從伏生受尚書。尚書初出于屋壁，朽折散絕，今其見在，時師傳讀而已。詩始萌牙。天下衆書，往往頗出，皆諸子傳說，猶廣立學官，爲置博士。在漢朝之儒，唯賈生而已。

宋祁曰，在漢朝，不容更有漢字。錢大昕曰，漢初甾川田何，濟南伏生，魯申公，齊轅固生，燕韓嬰，魯高堂生，齊胡母生，皆諸侯王國人，唯賈生洛陽人，在漢十五郡之內，故云漢朝之儒，唯賈生一人，宋未之思耳。王先謙曰，文選無漢字。

按，宋錢說，非也。公卿表，諸侯王，掌治其國，有太傅輔王，內史治國民，中尉掌武職，丞相衆官，羣卿大夫都官，如漢朝。地理志，吳有嚴助朱買臣，貴顯漢朝，文辭並發。高五王朝，以海內初定，子弟少，激秦孤立，亡藩輔，故大封同姓，以塡天下。時諸侯得自除御史大夫羣卿以下衆官，如漢朝，漢獨爲置丞相。景十三傳，河間獻王德，修學好古，實事求是，從民得善書，必爲好寫與之，留其眞，加金帛賜以招之。繇是四方道術之人，不遠千里，或有先祖舊書，多奉以奏獻王者，故得書多，與漢朝等。王吉傳，昌邑羣臣，坐在國時，不舉奏王罪過，令漢朝不聞知，又不能輔道，陷王大惡，皆下獄誅。翟義傳，予惟趙傳丁董之亂，遏絕繼嗣，變剝適庶，危亂漢朝，以成三阨，隊極厥命。後書儒林傳，楚人止孫卿之去國，漢朝追匡衡於平原，尊儒貴學，惜失賢也。據此，則漢朝，是指朝廷，或本朝而言。公卿表，羣卿大夫如漢朝，後志作漢初諸侯，王百官，皆如朝廷。梅福傳，衆賢聚於本朝。師古曰，本朝，漢朝也。是其證。文選無漢字，或係淺人妄改。宋說不容更有漢字，是不知漢朝所以別於諸侯王國。錢說賈生洛陽人，故云漢朝之儒，失之鑿矣。

內史士

高五王傳，內史士曰。

王先謙曰，史記作內史勳。

按，史記齊悼惠王世家作內史勳。呂后紀作內史士。集解，徐廣曰，一作出。

尊公主爲王太后

高五王傳，於是齊王獻城陽郡，以尊公主爲王太后。

齊召南曰，按史記無此句，但曰獻城陽郡，以爲魯元公主湯沐邑而已。

按，史記齊悼惠王世家，無此句。呂后紀，於是齊王廼上城陽之郡，尊公主爲王太后，與此同。

城陽都莒年表無

高五王傳，城陽景王章。

王先謙曰，王齊城陽郡。年表云，都莒。

按城陽都莒，年表無。（年表都莒見齊悼惠王世家正義引。）

淮南都陳年表無

高五王傳，城陽景王章，孝文二年，以朱虛侯與東牟侯興居俱立，二年，薨。子共王喜嗣，孝文十二年，徙王淮南。

王先謙曰，年表云，都陳。

按淮南都陳，年表無。（年表，都陳，見齊悼惠王世家正義引。）

膠西都宛

高五王傳，文帝憐悼惠王適嗣之絕，於是乃分齊爲六國，盡立前所封悼惠王子列侯見在者六人爲王。齊孝王將閭，以楊虛侯立。濟北王志，以安都侯立。菑川王賢，以武成侯立。膠東王雄渠，以白石侯立。膠西王卬，以平昌侯立。濟南王辟光，以扐侯立。

王先謙曰，菑川王，都劇。膠東王，都即墨。膠西王，都高苑。並見年表。

按，年表，膠西，都宛。（年表，膠西，都高苑，見齊悼惠王世家正義引。）

如齊故俗與故齊諸儒不同

曹參傳，參之相齊，齊七十城。天下初定，悼惠王富於春秋。參盡召長老諸先生，問所以安集百姓，而故齊諸儒以百數，言人人殊。

王先謙曰，史記故下衍俗字，當依此訂。

按，史記曹相國世家，參盡召長老諸生，問所以安集百姓，如齊故俗。諸儒以百數，言人人殊。與班意不同，俗字非衍。（按補注采王念孫說，今不取。）

張良壽六十六七

張良傳，良從入關，性多疾，即道引不食穀，閉門不出。

周壽昌曰，計秦滅韓時，良年少。越十年，從高帝。事帝十三年。後六年卒。壽不過五十。

按，周說非也。本傳，父平，相釐王悼惠王。悼惠王二十三年，平卒。卒二十歲，秦滅韓。韓破，良家僮三百人，弟死不葬。良父卒於韓亡前二十年，而良又有弟。是韓亡時，良當已二十二三歲矣。據始皇紀，良與客狙擊秦皇帝，在二十九年。此在韓亡後十二年。是時良已三十四五歲。後十年，二世二年，良聚少年百餘人從高帝，當已四十四五歲矣。事帝十四年，帝崩時，良年五十七八。後八年，至高后二年而卒，良壽當六十六七也。

安國侯王陵與襄侯王陵是二人

王陵傳，高祖微時，兄事陵。及高祖起沛，入咸陽，陵亦聚黨數千人，居南陽，不肯從沛公。及漢王之還擊項籍，陵廼以兵屬漢。

齊召南曰，陵之初從，傳與表，判然不同。據此傳，則在漢王還定三秦，率五諸侯伐楚之後，故下文云，陵本無從漢之意也。但張蒼傳，言陵解張蒼之危，乃在沛公初定南陽，未入武關以前，何耶。王先謙曰，據高紀，帝入南陽時陵降，特來從入關耳。救張蒼在南陽，於事理固無礙也。

按，襄侯王陵降於丹水，在沛公攻降南陽守齮之後，高紀載之甚明，何得以安國侯王陵，即是襄侯王陵，王說非也。史記高祖功臣表，安國侯王陵以客從，起豐。以廐將，別定東郡南陽，從至霸上，入漢。守豐。上東，因從戰不利，奉孝惠魯元入淮中。張丞相傳，蒼以客從，攻南陽，蒼坐法當斬，解衣伏質，身長大，白如瓠，時王陵見而怪其美士，乃言沛公赦弗斬。張蒼德王陵，王陵，安國侯也。及蒼貴，常父事王陵。據此，則知陵之初起，即從沛公，當與沛公共定南陽，故得見張蒼而救之。此傳云，陵居南陽，不肯從沛公，及漢王還擊項籍，始以兵屬漢，大抵因襄侯王陵而致有此誤耳。如安國侯王陵，即是襄侯王陵，則沛公已定南陽，至丹水，陵乃降，陵又何得在南陽救蒼之厄，史表及蒼傳，正可以糾此傳之失也。

周將軍不是周殷

樊噲傳，從高祖擊項籍，下陽夏，虜楚周將軍卒四千人。

顏師古曰，周殷。王先謙曰，高祖五年十一月，遣人誘周殷畔楚，當即其時。全祖望曰，周殷是時守九江，已以軍降漢，會擊陽夏，則此別是一人矣。項氏諸將，尙有周蘭。按全說是也，顏周說非。

酈寄圍趙城七月不下

酈商傳，孝景時，吳楚齊趙反，上以寄爲將軍，圍趙城，七月不能下。

王先謙曰，史記作十月。

史記，吳王濞傳，作十月，楚元王世家，作七月。按作七月，是也。十當爲七之譌。吳楚反，先於三年十二月起兵膠西，此當從十二月起，至六月而下趙城，爲七月也。惠景閒侯者表，竇嬰以大將軍屯滎陽，扞吳楚，七國反已破，三年六月，封魏其侯。魏其侯傳，七國兵已盡破，封嬰爲魏其侯。據此，則吳楚七國反，至六月而盡破矣，圍趙邯鄲，不能十月而不下也。詳枚乘諫吳王書非出後人假托辨。

信武侯食邑三千三百戶

周緤傳，上以緤爲信武侯，食邑三千三百戶。

王先謙曰，表云二千二百戶。

按，史表，正作三千三百戶。

王陵在南陽救張蒼

張蒼傳，蒼以客從，攻南陽。蒼當斬，解衣伏質，身長大，肥白如瓠，時王陵見而怪其美士，迺言沛公赦弗斬。

周壽昌曰，王陵傳，高祖起沛，陵亦聚數千人，居南陽。是雖未從沛公，實同在南陽，亦未與沛公爲敵也。或偶遇沛公，適見蒼被罪，愛而爲言，以救之耳。

按，史表，安國侯王陵，以客從，起豐。以廄將，別定東郡南陽。從至霸上。據此，則陵初起，即從沛公，當與沛公共定南陽，故得見蒼而救之。而陵傳，居南陽，不肯從沛公云云，疑有誤，當以史表及此傳爲正。辨見前。

張蒼爲淮南相十四年

張蒼傳，燕王臧荼反，蒼以代相從攻荼，有功。六年，封爲北平侯。遷爲計相，一月，更以列侯爲主計四歲。黥布反，漢立皇子長爲淮南王，而蒼相之，十四年，遷爲御史大夫。

王先謙曰，淮南厲王傳，黥布反，上自將擊滅布，即立長爲王。合證高紀，長王當在十二年。公卿表，高后八年，淮南丞相張蒼爲御史大夫。自高帝十二年，至高后八年，計十六年，此四字當作六。

按淮南王傳，高祖十一年，十月，淮南王黥布反，立子長爲淮南王。

史表，十一年十二月庚午，淮南厲王長元年。（本書功臣表作十月）自高祖十一年至高后八年，十七年。此云十四年，謂蒼相淮南，十四年耳。非謂十一年淮南王立，蒼即爲相也。功臣表，蒼以代相侯，爲計相四歲。淮南相十四歲。此與傳合，四歲與十四歲相對爲文，尤足證蒼爲淮南丞相十四年，非十六年也。王說非。

漢初五德取相尅

張蒼傳，蒼爲丞相十餘年，魯人公孫臣上書，陳終始五德傳，言漢土德時，其符黃龍見，當改正朔，易服色。事下蒼，蒼以爲非是，罷之。其後黃龍見成紀。於是文帝召公孫臣，以爲博士，草立土德時歷制度。更元年。蒼由此自絀，謝病稱老。

張晏曰，以秦水德，漢土勝之。王鳴盛曰，賈誼傳，誼以爲漢宜改正朔，數用五，色上黃。贊曰，誼欲改定制度，以漢爲土德，其術已疏矣。按，秦人用水德，本自譌舛，不可承。况五德取相生，不取相尅。即欲承秦，爲何以土勝之。張蒼固非，而公孫臣賈誼，亦非也，漢當爲火德，亦見荀悅漢紀第一卷。

按，張說是，王說非也。五德從所不勝，虞土夏木殷金周火，其說盛行於秦及漢初。蒼以漢爲水德，以周爲火，漢勝火以水也。賈誼公孫臣言漢土德，則以秦爲水，漢勝水以土也。皆不可謂非。五德相生，漢爲火德，其說始於劉向父子。至光武中興，始正火德，色尚赤。漢初則五德取相尅，不取相生，漢當土德耳。

藝文志張蒼十六篇

張蒼傳，蒼年百餘歲廼卒。著書十八篇，言陰陽律歷事。

周壽昌曰，藝文志不載。

按，藝文志陰陽家，有張蒼十六篇。注云，丞相北平侯也。

景帝二年鼂錯爲內史

申屠嘉傳，孝景帝即位二年，鼂錯爲內史，貴幸用事。至朝，嘉謂長史曰，吾悔不先斬錯，乃請之，爲錯所賣。至舍，因歐血而死。

王先謙曰，據公卿表，景帝元年，錯爲內史。此云即位二年者，通即位時數之。

按，此記嘉疾錯，至於歐血而死，事在景帝二年（公卿表孝景二年六月，丞相嘉薨。）時錯爲內史，貴幸用事也。王說非。

秦末陳留爲縣

酈食其傳，酈食其，陳留高陽人也。

錢大昕曰，地理志，陳留郡，無高陽縣，蓋鄉名，非縣名。涿郡琅邪郡，皆有高陽縣，然非食其所居之高陽也。高紀，沛公西過高陽。文穎曰，聚邑名，屬陳留圉。沈欽韓曰，金史，地理志，杞縣有圉城縣。明志，開封府杞縣西，有故高陽城，南有廢圉縣。王先謙曰，索隱引故耆舊傳，食其，圉高陽鄉人。圉，後漢陳留縣，前漢淮陽縣，今開封府杞縣南五十里。

按，秦末陳留爲縣。史記酈生傳，夫陳留，天下之衝，四通五達之郊也。臣善其令。又，酈生夜見陳留令。又，陳留令曰，秦法至重也。又，斬陳留令首。又，縣令首於長竿以示城上人。又，令頭已斷矣，陳留人見令已死，遂相率而下沛公。是其證。然則高陽爲陳留縣之鄉，食其，乃陳留縣高陽鄉人也。

酈生形格勢禁之說

酈食其傳，願足下急復進兵，收取滎陽，據敖倉之粟，塞成皋之險，杜太行之道，距飛狐之口，守白馬之津，以示諸侯形制之勢，則天下知所歸矣。

何焯曰，此似後人依託之語。杜太行之道，乃秦人規取韓趙舊意。當時漢已虜魏豹，禽趙歇，河東河內河北皆歸漢，何庸復杜太行之道，以示形勢乎。燕趙已定，即代郡飛狐，亦非楚人所能北窺，何庸杜此兼距彼乎。與當時事實闊遠。

胡三省曰，酈生之說，形格勢禁之說也。蓋據敖倉，塞成皋，則項羽不能西。守白馬，杜太行，距飛狐，則河北燕趙之地盡爲漢有。齊楚將安歸乎。按胡說是也，何說非。

淮南道訓二篇淮南王賦八十二篇

淮南王安傳，招致賓客方術之士數千人，作爲內書二十一篇，外書甚衆。

王先謙曰，官本考證云，按藝文志，雜家淮南內二十一篇，外二十三篇，又詩賦有淮南王二十九篇，羣臣賦四十四篇，淮南歌詩四篇，天文有淮南雜子星十九卷。

按藝文志，易家有淮南道訓二篇。注，淮南王安，聘明易者九人，號九師法。又，賦家有淮南王賦八十二篇，官本考證作二十九篇。誤也。

淮南王呼伍被爲將軍

伍被傳，被以材能稱，爲淮南中郎。淮南王陰有邪謀被數微諫。後王坐東宮，召被欲與計事，呼之曰，將軍上。

周壽昌曰，漢制，諸侯王國，止有中尉，掌武職，無將軍。將軍，天子之官也。淮南王僭呼五被，故被以亡國爲言。衡山王傳，號其子孝曰，將軍，時王有逆謀也。

按，田蚡傳，籍福說武安侯曰，今將軍初興。又曰，上即以將軍爲丞相。又曰，將軍必爲太尉。時蚡封武安侯，尚未爲太尉，又未嘗統領戎兵，籍福稱其爲將軍者，蓋是當時之尊稱。淮南王呼伍被爲將軍，當亦如此，並非僭稱耳。（按漢人以將軍爲重。故彭寵爲奴所縛，呼其妻曰，趣爲諸將軍辦裝。後漢書注云呼奴爲將軍，欲其赦己也。）

廢太子在七年

衞綰傳，吳楚，反，詔綰爲將，將河間兵，擊吳楚，有功拜爲中尉。三歲，以軍功，封綰爲建陵侯。明年，上廢太子，誅栗卿之屬。

王先謙曰，按表，綰以六年四月封，距擊吳楚三歲，而廢太子在四年，則明年者，擊吳楚之明年也。

按，公卿表，景帝三年，綰爲中尉。功臣表，六年，綰以擊吳楚，用中尉，侯。景紀，七年，廢太子。此傳明言爲中尉三歲後封侯，綰侯之明年而太子廢。則此明年，爲景帝七年也。王說四年，爲擊吳楚之明年，誤。

直不疑稍遷至太中大夫

直不疑傳，爲郎，事文帝，稍遷至中大夫。

錢大昕曰，公卿表，景帝中六年，中大夫令直不疑，更爲衞尉。此傳脫令字。中大夫令本衞尉也，景帝初改後復。王先謙曰，錢說非也。據史記，稍遷上，有文帝稱舉四字，是文帝時遷官，不得據景帝中六年之中大夫令實之。郎比三百石四百石至六百石，中大夫比二千石，皆無員。由郎稍遷，合是中大夫，不應遽躐九卿也。

按中大夫，當從史記作太中大夫。公卿表，太中大夫，秩比千石。由郎三百石四百石至六百石，稍遷至太中大夫，比千石較為得實。

景帝二字在入上

周仁傳，以是得幸，入臥內，於後宮秘戲。

王先謙曰，於上，史記有景帝二字，是也，此奪。

按，史記，景帝二字，不在於上，在入上，屬上讀，王偶有不照。

代都中都並見孝文紀陳豨傳

文三王傳，梁孝王武以孝文二年，與太原王參梁王揖同日立，武為代王。

王先謙曰，史表，都中都。

按，代都中都，並見史記孝文紀陳豨傳。

淮陽王武七年未入朝

文三王傳，孝王十四年入朝，十七年十八年，比年入朝，留。

王先謙曰，十八年留也。據史表，七年八年十年入朝，傳不言者，自王梁後數之。

按史表，六年入朝，七年未入朝。

濟川王明殺其中傳

文三王傳，濟川王明，七年，坐殺其中尉。

劉攽曰，武紀，坐殺太傅中傳。王先謙曰，中傅是。此中尉，盖後人少見中傅而妄改。

按，諸侯王表，正作中傅。

文帝七年單閼之歲

賈誼傳，單閼之歲，四日孟夏，庚子日斜，服集余舍。

應劭曰，太歲在卯爲單閼。王先謙曰，文選注引徐廣曰，文帝六年，歲在丁卯。談泰云，依三統術超辰法推之，孝文六年，太歲在丙寅，單閼之歲，是七年也。徐說誤，先謙按，汪中云，按史記歷書，太初元年，焉逢攝提格，上推孝文五年，是爲昭陽單閼。賈生以孝文元年爲博士，歲中超遷至太中大夫，旋出爲長沙王傅，至是，適得三年。按汪說是。

按徐汪說非，談說是也。淮南天文訓，淮南元年，太一在丙子。高誘注，淮南王安即位之元年也。史記漢諸侯年表，淮南王安元年，文帝十六年。上推文帝七年，太歲在丁卯，單閼之歲也。又，本書律歷志，高祖元年，漢志曰，歲在大棣，名曰敦牂，太歲在午。武帝太初元年，漢志曰，歲名困敦，以是推之，單閼之歲，當是文帝七年也。太初元年，歲在丙子，困敦之歲，當以漢志爲是。蓋史記歷書歷術甲子篇，爲太史公受詔改歷時所定之本，其後詔用鄧平八十一分之法，其歷並未施行。（據張文虎說。）故太初元年，非焉逢攝提格。汪依此推定文帝五年爲昭陽單閼，誤也。

附高平子先生覆書論賈誼傳單閼之歲

一、欲確定賈賦單閼之歲，合漢何年，自須先定太初元年（西前一〇四。）屬何歲名。

二、甲，依漢書律歷志，太初元年年前（歷家習慣都是從年前冬至起算。）中冬十一月朔旦冬至，日月在建星太歲在子。

乙，律歷志錄三統歷歲術節曰，欲知太歲，以六十除積次（平子算從三統上元至太初元年，積次得一千四百四十。）餘不盈者數從丙子起，算盡之外，則太歲所在也。

丙，三統歷世經，故漢志曰，漢歷太初元年，歲名困敦，正月歲星婺女。

丁，三統歷世經，漢高皇帝著紀，（元年爲西前二〇六）故漢志曰，歲在大棣，名曰敦牂，太歲在午。

戊，淮南子，淮南元年冬，太一在丙子，（當指漢文十六年，即西前一六四，即紹封劉安之年。）

據上引甲條，則明言在子。據乙條，則不但在子，而且是丙子。丙條之困敦，依爾雅亦爲子。據丁戊二條排列之，則太初元年，亦應在丙子，至少是子。此五條歲名，均較通鑑目錄，提前一位。

三、但劉歆三統歷，有超辰之法，（姑且不論是劉所創，或出太初歷。）亦即在歲術節見其原文。依其法推之，則上元及太初元年，均爲丙子，以後滿一百四十四年，歲星（即木星。）超行一次，（周天十二分之一爲一次。）歲名亦應跟着超一辰，即是到光武帝建武十七年（西紀四一。）順序應得庚子，而依超辰法應作辛丑。此已與通鑑目錄相符。如此依三統歷，每歷一百四十四年，應超一辰。但自後漢改用四分歷後即廢超辰法。故此後直至現在均與通鑑目錄之紀年法符合。依後漢歷上推，則太初元年爲丁丑，而單閼歲移至文帝六年，然此非史實也。

四、最困惑之一點，爲

己，史紀歷書，於改歷詔末，稱，其更以（元封）七年爲太初元年，年名焉逢攝提格。其歷術甲子篇開首，又大書太初元年，歲名焉逢攝提格。

庚，漢書律歷志敍改歷事，（不在三統歷文內。）亦有廼以前歷上元泰初四千六百一十七歲，至於元封七年，（即太初元年。）復得閼逢攝提格之歲一語。依爾雅焉閼逢攝提格，合爲甲寅。依淮南，史記，漢書，攝提應爲寅。此與太初元年歲在丙子之說，完全不同，以致後世異說紛歧，莫衷一是。依平子鄙見，則當時改歷發動之際，司馬遷一派，諒有擬定方案，欲沿用古四分歷之率數，而直改太初元年爲焉逢攝提格（甲寅）之歲作爲歷元，不顧以前紀年順序。但結果則由武帝決定用鄧平八十一分方案，而此案不行。此說似初見於淸儒張文虎，並非平子所創，但嘗頗加援據證明，見拙作漢歷因革異同及其完成時期的新研究一文。據此，則王氏補注，欲從汪容甫說，應從太初元年焉逢攝提格上推單閼在文帝五年者，殊覺未妥。按王氏之意，以爲賈生以孝文元年爲博士，歲中超遷至太中大夫，旋出爲長沙王傅，至是適得三年，故謂汪說爲是。然平子按賈誼本傳，文帝初立，聞河南守吳公治平爲天下第一，徵爲廷尉。（王先謙曰公卿表在元年。）廷尉廼言誼，文帝召以爲博士。又曰，文帝說之，超遷，歲中，至太中大夫。又曰，天子後亦疏之，以誼爲長沙王太傅。又曰，誼爲長沙傅三年，有服飛入誼舍。服鳥賦開首則曰，單閼之歲，四月孟夏，庚子日斜，服集余舍。以此細考之，倘吳公爲廷尉，而誼爲博士，及被毀而出爲長沙傅，同在元年，則至孝文五年四月，約爲四年，而非適得三年。然自廷尉言誼，在召以爲博士，未必定在同年內。又自爲博士，至被毀而適去，亦未必在同年內。則誼之初任長沙傅，未嘗不可遲至孝文四年，而作賦遲至孝文七年也。况且汪氏欲合史記以太初元年爲甲寅，則上推孝文五年當爲癸卯，此以前引淮南元年（文十六年。）丙子，亦全不能合，因如五年爲癸卯，則十六年將爲甲寅，而非丙子，故汪說必不然矣。

五、最近查日本新城新藏氏東洋天文學史研究，曾用顓頊歷推算得文帝七年四月壬申朔，二十九日庚子。是賈生見服之日，應在文七年四月廿九日也。平子尚未覆算。新城考年，又有另一種可能，（歲皇紀年法。）則爲文帝八年。但該年四月，新城算無庚子，故認爲可能性更小，新城以爲太初歷，係以太初元年爲歷元之歷，史記歷術甲子篇以及八十一分法之三統，俱爲太初歷，甲子篇可能因實施上幾同新歷而載之，亦可能係後人因反對新歷而插入云云。

六、綜合以上諸件，平子認爲單閼之歲爲文帝七年一說最近事理。

馮敬

賈誼傳，陛下之臣，雖有悍如馮敬者。

如淳曰，馮無擇子，名忠直，爲御史大夫，奏淮南厲王，誅之，宋祁曰，按功臣表，非馮無擇子，孝文七年，自典客爲御史大夫。王先謙曰，敬是無擇子，見高紀，宋說謬也。

按，馮無擇有二人。見於高紀者，爲秦將，敬其子也。見於功臣表者，以悼武王郎中，從高祖，起豐。高后元年，封博成侯。又，敬以典客行御史大夫事，奏淮南厲王，誅之，見淮南王傳。

殷傳三十王

賈誼傳，殷爲天子，二十餘世，而周受之。

周壽昌曰，自殷爲天子，至此時務也，千餘言，皆載大戴記保傅篇，惟字句小異。二十餘世，彼作三十餘世。注云，三十一世。考世表，殷傳二十八王，從此爲止。

按，史記世表，湯，外丙，仲壬，太甲，沃丁。太庚，小甲，雍己，太戊，中丁，外壬，河亶甲，祖乙，祖辛，沃甲，祖丁，南庚，陽甲，盤庚，小辛，小乙，武丁，祖庚，甲，廩辛，庚丁，武乙，太丁，乙，辛，三十王。（按人表，與世表同。殷本紀，三十一王，除太丁，三十王。國語三十一王。紀年，二十九王。）

梁懷王死在文帝十一年

賈誼傳，梁王勝墜馬死，誼自傷爲傅無狀，常哭泣，後歲餘亦死。賈生之死，年三十三矣

王先謙曰，汪中云，梁懷王死，本紀在十一年，表云十年。參其前後，以紀爲正。則賈生之卒，在十二年，其生在高帝七年也。

按，梁懷王傳，立十年薨。史表，懷王十年，爲文帝十一年。漢初諸侯王各自紀年。紀與表並無不合。汪說誤。

後十年

賈誼傳，後四歲，齊文王薨，亡子，文帝思賈生言，迺分齊爲六國，盡立悼惠王子六人爲王。又遷淮南王喜於城陽。而分淮南爲三國，盡立厲王三子以王之。後十年，文帝崩，景帝立三年，而吳楚趙與四齊王合從舉兵，西鄉

京師，梁王扞之，卒破七國。

王先謙曰，據史記，十當爲七。

按，後十年者，立悼惠王子爲王後之十年也。文紀十六年，立齊悼惠王子六人爲王。自文帝十六年，至景帝三年，吳楚與四齊王反，恰爲十年，王說非是。

史記賈生傳末二句

賈誼傳，孝武初立，舉賈生之孫二人，至郡守。賈嘉最好學，世其家。

王先謙曰，史記傳末褚先生補云，至孝昭時，列爲九卿。

按史記傳末云，賈嘉至孝昭時，列爲九卿。淩稚隆疑此句爲後人所增，然不得竟謂褚先生補也。王說殊嫌無據。

鼂錯以文學爲太常掌故

鼂錯傳，錯以文學，爲太常掌故。

王先謙曰，索隱，漢舊儀云，太常博士弟子試射策，中甲科，補郎中，中乙科，補掌故也。

按此是武帝元朔三年博士置弟子員（說見後。）以後之制。錯在文帝時、以文學爲太常掌故，非由射策也。

鼂錯對策當在十六年歲首

鼂錯傳，詔舉賢良文學。詔策云，惟十有五年九月壬子。而錯對，乃云臨制天下，至今十有六年。

王先謙曰，對在十五年，云十六年者，并即位之年數也。

按王說非也。太初未改歷前，漢以十月爲歲首。詔策在十五年九月，必對策在十六年歲首，故錯對云十六年也。不則對策所云年數，豈得與詔策相違耶。

黯對在元光元年

汲黯傳，是時太后弟武安侯田蚡爲丞相，中二千石拜謁，蚡弗爲禮，黯見蚡，未嘗拜謁之。上方招文學儒者。上曰，吾欲云云。黯對曰，陛下內多欲而外施仁義，奈何欲效唐虞之治乎。上怒，變色而罷朝。公卿皆爲黯懼。張晏曰，所言欲施仁義也。周壽昌，言欲上希堯舜耳。觀黯對語，知張注誤會黯對爲帝語也。元朔元年詔云，朕嘉唐虞而樂殷周，即帝所云云之語。王先謙曰，周說是也。漢紀作上曰、吾欲興政治，法堯舜，何如。

按、公卿表，田蚡爲丞相，在建元六年。明年元光元年。武紀，是年五月，詔賢良曰，朕聞昔在唐虞畫象而民不犯。此傳所云，上方招文學儒者，殆指此也。元朔元年，詔赦天下，不得謂招文學儒者。又按，公卿表，建元六年，黯爲主爵都尉，列於九卿。是黯對宜在元光元年。

枚乘諫書非後人假託

枚乘傳，枚乘復說吳王曰，昔者秦西舉胡戎之難，北備榆中之關，南距羌筰之塞。又曰，梁王飭車騎，習戰射，積粟固守，以備滎陽，待吳之飢，又曰，齊王殺身以滅其跡，四國不得出兵其郡，趙囚邯鄲。師古曰，齊王傳曰，吳楚已平，齊王乃自殺。今此枚乘諫書，即已稱之。二傳不同，當有誤者。劉攽曰，此枚乘說，吳王後，是後人以吳事寓言爾，故言齊王殺身等事不同。又卬筰，武帝始通。此已云南距羌筰之塞，益知其非。劉奉世曰，按諸傳，吳王正月先起兵，二月敗走，中間五十日爾。三國圍齊，三月不能下，漢兵至，乃引歸解圍，而後齊王自殺，則當在吳走後一月外事，又乘此書云，梁固守以待吳飢，則是未飢以前，安得已知齊王殺身，與四國不得出兵，及趙囚之詳。疑乘書非眞，事後追加之，或傳之者增之也。王念孫曰，史記西南夷傳云，秦時，常頞畧通五尺道。此諸國，頗置吏焉。十餘歲，秦滅，及漢興，皆棄此國，而關蜀故徼，是秦已通西南夷，而於諸國置吏，及漢初復棄之，而關蜀故徼也。司馬相如傳，載相如之言，亦云邛筰冉駹，秦時嘗通爲郡縣，至漢興而罷。此言秦南距羌筰，正與二傳合。貢父云，邛筰，武帝始通，此云秦南距羌筰之塞非，特未之考耳。王先謙曰，顧炎武云，上云吳王不納，乘等去而之梁，此云復說吳王，蓋吳王舉兵之時，乘已家居，而復與之書。不然，無緣復說也。何焯云，前篇儒者之文，此作迥別高下，劉氏以爲後人以吳事寓言，是也。先謙按，據說苑言，梁孝王中郎枚乘爲書諫吳王，稱君王之外臣乘云云。是乘在梁寓書吳王，實有其事，特所錄書異耳。

按，師古二劉屺瞻之說，非也。邛筰，秦時已通，王所駁極是。考景帝三年十二月有甲子，正月則無甲子。（按劉羲叟長歷，是年正月癸未朔，而丙午乃二十四日也。此月無甲子。）史記以吳王起兵膠西，在正月丙午，起兵廣陵在正月甲子，誤也。實則吳王起兵膠西，在十二月甲子，起兵廣陵，在正月丙午。故吳楚反，當從十二月起兵膠西起。吳王濞傳云，二月中，吳王兵既破，敗走。則其破亡，又在二月也。謂正月起兵，三月破滅者，史公又誤也。吳王起兵膠西後，齊王狐疑，城守不聽，膠西膠東，菑川三國共圍齊，其事亦當在十二月。觀吳王起兵廣陵，遺諸侯書，但問膠西王，膠東王，菑川王，濟南王，趙王，楚王，淮南王，衡山王，廬江王，故長沙王子，而不及齊王，可知此時齊王已畔約，膠西膠東菑川三國兵已圍臨菑矣。公卿表，正月壬子，錯要斬。五行志，二月壬午晦，日有食之。壬子至壬午，三十一日，是壬子爲正月晦日也。正月丙午，吳王起兵廣陵，景帝遣周亞夫擊吳楚，酈寄擊趙，欒布擊齊，竇嬰屯滎陽，監齊趙兵。正月丙午，越七日，即入二月。周亞夫擊吳楚，酈寄擊趙，欒布擊齊，蓋皆二月初事也。吳王濞傳，三王之圍齊臨菑也，三月不能下。漢兵至，膠西膠東菑川王各引兵歸。齊悼惠王世家，齊初圍急，陰與三國。聞路中大夫從漢來，其大臣乃復勸王，毋下三國。居無何，欒布至齊，擊破三國兵，解齊圍。因聞齊與三國有謀，欲移兵伐齊。齊孝王懼，飲藥自殺。云居無何，欒布至齊，及漢兵至，三王各引兵歸，則欒布解齊圍，及齊王自殺，其事亦當在二月，當在吳王兵敗破滅之前也。梁孝王世家，吳楚先擊梁壁，殺數萬人。梁孝王城守睢陽，而使韓安國張羽爲大將軍，以距吳楚。吳楚以梁爲限，不敢過而西。據此，則欒布至齊，即解齊圍。吳楚則先攻梁壁，後又爲梁所拒，相持於睢陽城下。是齊王自殺，必在吳王破亡之前矣。乘書蓋正在吳楚爲張韓所拒，不敢過梁而西，其時齊王已自殺，吳王則尚未敗走也。濞傳云，三國圍齊臨菑，三月不能下者，亦自十二月至二月，非正月至三月也。（酈寄圍趙，七月而下，亦自十二月至六月。辨見前。）自誤以吳楚正月起兵，於是於三國圍齊三月不下，遂致誤解，而疑乘書非眞矣。詳枚乘諫吳王書非出後人假託辨。

楚漢之際即見羽林

枚乘傳，枚乘後復說吳王曰，赫然加怒，遣羽林黃頭，循江而下，襲大王之都。

蘇林曰，羽林黃頭郎，習水戰者也。師古曰，鄧通以櫂船爲黃頭郎，是也。沈欽韓曰，羽林騎，自太初以後始有。此篇蓋出後人假託。

按，史記高祖功臣表，宋子侯許瘛，漢三年，以趙羽林將，初從，擊定諸侯。是楚漢之際，即有羽林，蓋六國官也。羽林黃頭郎，習水戰者也。文帝時，鄧通以櫂船爲黃頭郎。此在景帝吳楚反時，復有羽林黃頭，則羽林在漢初，爲舟師。至武帝，始改爲騎，屬光祿勳。沈說太初以後始有，即疑此書出後人假託，殆未之考耳。

竇嬰盛時田蚡未貴

田蚡傳，田蚡，孝景王皇后同母弟也，生長陵。竇嬰已爲大將軍，方盛，蚡爲諸曹郎，未貴，往來侍酒嬰所，跪起如子姓。

王先謙曰，按史記方盛上有後字，則以竇嬰七字，與上生長陵相屬爲義。王皇后生武帝，在景帝元年，其前尚有三公主。嬰爲大將軍，在景帝四年。豈有臧兒晚嫁，至是方生田蚡之理。且蚡以是時生，至孝景末年，甫及十餘歲，何能以材辯稱。漢書刪後字，以竇嬰已爲大將軍方盛爲句，連下爲文，是也。疑史文失實。

按竇嬰爲梁王事，爲竇太后所憎，除其門籍，不得朝請。則嬰未爲大將軍之前，其不得志，可想而見矣。及吳楚反，拜爲大將軍。（嬰爲大將軍在三年，王說在四年，非。）七國破，封爲魏其侯，游士賓客爭歸之。每朝議大事，列侯莫敢與亢禮。則其爲大將軍後之隆貴，又可想而見也。魏其之貴，在爲大將軍之後，其時蚡則爲諸郎，尚未貴。史文極明白，葵園何以如此誤解耶。

田蚡稱將軍

灌夫傳，夫曰，將軍迺肯幸臨况魏其侯。

沈欽韓曰，蚡爲丞相，而稱之將軍，史駁文。

按，蚡封爲武安侯，即稱將軍。上文云，籍福說蚡曰，今將軍初興，上即以將軍爲相，必讓魏其。魏其爲相，將軍必爲太尉，是也。既爲丞相，仍稱將軍。下文云，將軍旦日蚤臨。又云，將軍昨日幸許過魏其。又云，老僕雖棄，將軍雖貴，寧可勢相奪乎。又云，將軍，貴人也。是也。一篇之中，前後稱蚡將軍者凡八見，豈皆駁文乎。蓋將軍爲當時之尊稱耳。沈說非。（錢大昕曰，公孫賀李，蔡，皆官至丞相，而以將軍目之。蓋漢人以將軍爲重。見廿二史考異。）

元光四年冬魏其侯棄市

竇嬰傳，五年十月，悉論灌夫支屬。嬰良久，迺聞有劾，即陽病痱，不食欲死。或聞上無意殺嬰，復食治病。議定不死矣。迺有飛語爲惡言聞上，故以十二月晦，論棄市渭城。春，蚡病，一身盡痛，若有所擊者，謼服謝罪。上使視鬼者瞻之，曰，魏其與灌夫共守笞欲殺之。竟死。

王先謙曰，史記亦在五年。正義曰，漢書云，元光四年冬，魏其侯嬰有罪棄市。春三月乙卯，丞相蚡薨。按五年者，誤也。先謙按，據此，是正義所見漢書本五年，並作四年。此五年，乃後人所改。前三年之爲四年，亦後人沿史記之誤改之。若紀傳歧出，師古不得無注，足證漢書本，元不誤也。

按，史表恩澤表，魏其侯竇嬰，孝景三年封，二十三年，元光四年，有罪，國深。與武紀四年冬，魏其侯棄市合。此足證本傳與將相表五年十月族灌夫家棄魏其侯市之誤。又按，如漢書本元不誤，則正義當引傳文，不應據武紀之文，以正史傳之失。可知漢書本亦誤也。王說非。

闕于

景十三王傳，臨江哀王閼。

王先謙曰，史記閼于兩見。

按，古人二名，止用一字。故史記作閼于，此傳止作閼也。（據顧亭林說。）

魯恭王二十八年

景十三王傳，魯恭王餘，二十八年，薨。

王先謙曰，表同。史表世家，並作二十六年。據表，安王元朔元年嗣。是恭王止二十六年，史表是，此誤。

按，史表及世家，並作淮陽王二年，魯王二十六年。二十八年，是連淮陽二年通數之。淮陽二年，即魯元年，在位實二十七年。

江都王非二十八年

景十三王傳，江都易王非，二十七年薨。

王先謙曰，表作二十八年。史表世家，並作二十六年。據表，王建，元朔二年嗣，是易王以元年薨，正二十六年。此傳表並誤。

按，史表，非爲汝南王三年，江都王二十六年，合二十九年。汝南三年，即江都元年，在位實二十八年。表是，此誤。

蓋侯王信

景十三王傳，建女弟徵臣，爲蓋侯子婦，以易王喪來歸，建後與姦。

王先謙曰，據表，是時蓋侯王充也。

按，史表，蓋侯王信，景帝中五年封，武帝元狩二年薨。江都易王，元朔元年薨，則是時蓋侯當爲王信也。

江都王建七年

景十三王傳，建自殺，后成光等皆棄市，六年，國除。

劉攽曰，當云建立六年。

按，史表，元朔二年，王建元年。元狩二年。七年，反，自殺，國除。世家，建立爲王，七年，自殺。武紀，元狩二年，江都王建，有罪自殺。是建立七年無疑。此作六年，誤。

中山靖王四十二年

景十三王傳，中山靖王勝，四十三年薨。

王先謙曰，表作四十二年。據哀王元鼎五年嗣。是靖王以四年薨，正四十二年，三字誤也。史記表傳並作四十三年，薨。

按，史表世家，並作四十二年。（史表，四十二，薨。下云四十三，哀王昌元年，即年薨。薨後何得有四十三。三字，誤衍。）

康王昆侈

景十三王傳，子康王昆侈嗣。

宋祁曰，康，越本作糠。糠，惡謚也。好學怠政曰糠。學本去米，蓋誤也。

王先謙曰，越本是也。史漢表並作糠。

按，史表作康。（漢表作穅。）說文，康，穅或省作。

憲王弟孫雲客

景十三王傳，成帝鴻嘉二年，復立憲王弟孫，利鄉侯子雲客。

王先謙曰，據表，利鄉孝侯安，中山頃王子，是憲王弟，即安也。下云，戴侯遂嗣。又云，侯固嗣免。固蓋安孫。雲客，即固子也。

按，據表傳，利鄉孝侯安與憲王，中山頃王子，則昆弟也。懷王與戴侯遂，則爲從父昆弟。又據表，雲客爲懷王，從父弟子，是雲客與固爲兄弟行，非是固之子。故傳云憲王弟孫，表云懷王從父弟子也。王說誤。

元鼎四年置眞定泗水三國

景十三王傳，其封憲王子平三萬戶爲眞定王，子商三萬戶爲泗水王。

王先謙曰，按表，勃廢，平商封，並在元鼎三年。紀漏書平爲眞定王。

按，漢諸侯年表，五宗世家，眞定王平，泗水王商，元鼎四年立。又，地理志，眞定國，泗水國武帝元鼎四年置。諸侯王表在元鼎三年，誤也，不可爲據。

泗水思王商十一年

景十三王傳，泗水思王商，立十年薨。子哀王安世嗣，一年薨。

王先謙曰，官本十年，作十二年，一年，作十一年。引宋祁曰，浙本上作十年，下作一年，去二字及十字。先謙按，十年，表作十五年。按，哀王，太初二年嗣，是思王元年薨。自元鼎三年，至太初元年，計十一年，表傳並誤。史記作十一年卒，是也。哀王一年薨，不當作十一年。史記云，商以元鼎四年立，又誤也。史表亦以元鼎四年爲商元年，以太初二年爲哀王元年，則商止十年，與傳十一年卒之文，自相遺戾。且哀王止一年薨，史表於太初三四年書哀王二年三年，而傳云安世立十一年卒。果爾，卒年已在史公身後，何由知而書之乎。史表譌誤，不可悉舉，讀者以其無關文義，未細加讎校耳。

按，世家，泗水思王商，元鼎四年立，十一年，卒。史表，太初二年，思王商薨。子哀王安世元年，即戴王賀（賀，安世弟表以爲子，誤。）元年。自元鼎四年至太初二年，凡十一年。思王在位，世家作十一年，是連薨之年數在內。史表作十年，則未計其薨之年。史記之文甚明也。史表於太初三四年，書戴王二年三年，王何以誤爲哀王。世家以哀王爲十一年，誠有未合。但自太初二年，下推十一年，爲太始四年。其時史公正爲中書令。尊寵任職，報任安書，即在是年（據王國維說。）何得謂其已死耶。

公孫昆邪

李廣傳，典屬國公孫昆邪爲上泣曰。

服虔曰，昆邪，中國人也。錢大昕曰，即平曲侯公孫昆邪，丞相賀之大父也。

按，史記衛將軍傳，公孫賀，其先胡種。賀父渾邪，（本書賀傳作昆邪。）景帝時，爲平曲侯。是昆邪爲胡種，丞相賀之父也。服錢說非。

代郡非漏書

李廣傳，後徙爲隴西北地雁門雲中太守。

王先謙曰，史記敍此文於匈奴大入上郡前，云嘗爲隴西北地雁門代郡太守，皆以力戰爲名，此漏書代郡也。

按，廣陵傳，歷七郡太守。七郡者，上谷上郡隴西北地雁門雲中右北平也，均見本傳。如數代郡，是有八郡矣。

代郡疑非漏書。

李陵出居延北在天漢二年冬

李陵傳，令軍士持二升糒，一半冰。

師古曰，半讀曰判。判，大片也。時冬寒有冰，持之以備渴也。周壽昌曰，時天漢二年五月，故有冰以備渴。顏說誤。

按，本傳上文云，路博德奏言方秋匈奴馬肥，未可與戰。又，詔陵以九月發，出遮虜鄣。又，史記李將軍傳，天漢二年秋，貳師將軍李廣利將三萬騎擊匈奴右賢王於祁連山，而使陵將其射士步兵五千人，出居延北，可千餘里。據此，則陵將步卒五千人，出居延北。在天漢三年秋。武紀在二年夏五月，誤也。陵以九月出兵，行三十日，至浚稽山，與單于相値，連戰十餘日，當在二年冬十月，或十一月。則師古說冬寒有冰爲是，周以爲在五月，謬耳。

元平昭帝年號

李陵傳，陵在匈奴二十餘年，元平元年病死。

王先謙曰，天漢二年，至宣帝元平元年，二十六年。

按，元平，昭帝年號，王偶有不檢也。

蘇武使匈奴二十年

蘇武傳，桀安與大將軍霍光爭權，數疏光過失，予燕王，令上書告之。又言蘇武使匈奴二十年，不降還，迺爲典屬國。

師古曰，實十九年，而言二十年，欲久其事，以見寃屈，故多言也。朱一新曰，二十年者舉成數耳。顏注非。

按，顏朱說，皆非也。據本傳，武以天漢元年使匈奴，以始元六年春還。天漢元年至始元六年，爲二十年，則上官桀父子言武使匈奴二十年，並不誤。傳又云，武留匈奴十九歲。據匈奴傳，壺衍鞮單于立十七年薨，在宣帝地節二年。由是上推，則其立當在昭帝始元三年，傳作二年，誤也。傳又云，謀歸漢使不降者蘇武等，是時單于立三歲矣。則壺衍鞮單于謀歸蘇武，在始元五年。是武留匈奴十九年也，還至漢，在始元六年春，則二十年矣。

蘇武使匈奴時年四十餘歲。

蘇武傳，武年八十餘，神爵八年，卒。

王先謙曰，天漢元年，至神爵二年，共四十一年，武使匈奴時，年方四十。

按，傳云八十餘，不言八十一，則不得謂年方四十，當云四十餘耳。

于定國以廷尉著稱於世

蘇武傳，自丞相黃霸廷尉于定國大司農朱邑京兆尹張敞右扶風尹翁歸及儒者夏侯勝等，皆以善終，著名宣帝之世，然不得列於名臣之圖。

王先謙曰，定國於甘露三年，由廷尉爲御史大夫，三年，代霸爲丞相，廷尉二字，史駁文。

按，定國傳云，爲廷尉十八歲，朝庭稱之曰，張釋之爲廷尉，天下無寃民，于定國爲廷尉，民自以不寃。贊又云，于定國父子，哀鰥哲獄，爲任職臣。可知定國之功業，在廷尉，不在丞相。則此廷尉二字，並非駁文，王說非也。

皇太后崩在元朔三年六月

衛青傳，張次公以校尉，從大將軍，封岸頭侯。其後太后崩，爲將軍，軍北軍。

王先謙曰，據武紀及功臣表，元朔二年五月，封侯。六月皇太后崩。

按，武紀，皇太后崩，在元朔三年，六月庚午。

元朔中趙食其尚未爲主爵都尉

衛青傳，趙食其，武帝立十八年，以主爵都尉，從大將軍。

王先謙曰，事在元朔六年。公卿表於元狩三年，書主爵都尉趙食其，是元朔中，食其尚未爲主爵。未知孰誤。

按，本傳，元朔六年，大將軍衛青，將六將軍，出定襄並無主爵都尉趙食其。元狩四年，大將軍衛青，將四將軍出定襄，趙食其以主爵都尉爲右將軍。是此傳武帝十八年，即元朔六年，食其以主爵都尉從大將軍爲不合。當依史記趙食其傳，武帝立二十二歲，以主爵爲右將軍，從大將軍出定襄。武帝二十二歲，元狩四年也，即食其爲主爵都尉之明歲。此與公卿表元朔三年，主爵都尉趙食其，其二年爲將軍合。則元朔中，食其尚未爲主爵都尉，其爲主爵都尉，在元狩三年也，表是，此誤。

趙破奴爲匈奴所得在太初二年

霍去病傳，後六歲，以浚稽將軍，將二萬騎，擊匈奴左王，左王與戰，兵八萬騎，圍破奴，破奴爲虜所得，遂沒其軍。

王先謙曰，事在太初三年，詳匈奴傳。按，武紀及匈奴傳，在太初二年。

建元五年未徵賢良

董仲舒傳，今臨政而願治，七十餘歲矣。

齊召南曰，按，仲舒對策之年，先儒疑而未定，漢書武紀載於元光元年，與公孫弘並列，旣失之太後。通鑑據史記，武帝即位爲江都相之文，載於建元元年，與嚴助並列，亦失之太前。若以仲舒此文推之，則在建元五年也。計漢元年至建元三年，爲七十歲，而五年始置五經博士，即傳所謂推明孔氏抑黜百家立學校之官也。至元光元年，初令郡國舉孝廉各一人，即傳所謂州郡舉茂才孝廉也。若在建元元年，豈得云七十餘歲乎。王先謙曰，仲舒對策有夜郎康居，殊方萬里，說德歸誼之語。西南夷傳，夜郎之通，在建元六年，大行王恢擊東粤後，次年即爲元光元年。是漢書載仲舒對策於元光元年，並不失之太後。齊說非也，建元五年，始置五經博士，元光元年，初令郡國舉孝廉各一人，其時武帝崇儒，已有此盛舉，傳所稱立學校之官州郡舉茂才孝廉二事，文與武紀不盡符合，或因仲舒對策，推廣規模，抑或後世緣時事相當，傳疑附令，班氏未審，因而歸美，未可知也。康居歸誼，於史無徵。蓋武帝初立，欲事滅胡，遣人往通西域，而康居或於其時，一至中國，史官失載。若張騫之道康居，又後十數歲矣。武紀載賢良一詔於元光元年五月，又云，於是董仲舒公孫弘等出焉，特史家綜述此舉，得人之盛，非謂董與公孫皆出是年。而詔書之在是歲，不可易也。至通鑑之誤，更不足辨。

按，王說是，齊說非也。建元五年，置五經博士，非立學校之官。元朔三年，爲博士置弟子員，漢始立學校之官。武紀贊所謂孝武初立興太學，宣紀本始二年詔所謂孝武皇帝建太學者也。元光元年，仲舒對策，迄於元朔三年，爲博士置弟子員（說見後。）其間相去已十餘歲，所以本傳云推明孔氏，抑黜百家，立學校之官，自仲舒發之也。又，元光元年，十一月，令郡國舉孝廉，未能切實施行，至闔郡不薦一人。所以元朔元年十一月，重復下詔，切責二千石，不舉孝廉。則州郡舉孝廉，謂爲始於元朔元年，亦未嘗不可。此班氏所以歸美仲舒歟。按武紀，建元元年元光元年，皆徵賢良。元光五年徵賢良，見公孫弘傳。建元五年，則未詔舉賢良也。齊說仲舒賢良對策，在建元五年，殊未之考。仲舒對策，不在建元元年，而在元光元年，詳董仲舒對策在元光元年考。

行韓非之說

董仲舒傳，至秦則不然，師申商之法，行韓非之說。

王先謙曰，韓非至秦即死，秦未嘗行其說。秦所行，與非說合耳。

按史記始皇紀，二世曰，吾聞之韓子曰云云。李斯傳，二世責問李斯曰，吾有私議，而有所聞於韓子也云云。李斯以書對，引韓子慈母有敗子而嚴家無格虜。又引韓子布帛尋常庸人不釋，鑠金百鎰盜跖不搏。夫賢主，必能行督責之術者也。能明申韓之術修商君之法，法修術明，而天下亂者，未之聞也。書奏，二世悅，於是行督責益嚴。稅民深者爲明吏，殺人衆者爲忠臣。二世曰，若此，則可謂能督責矣。按是，則秦不但師申商之法，並行韓非之說矣。

郎選不止六途

董仲舒傳，夫長吏，多出於郎中中郎，吏二千石子弟。選郎吏，又以富訾，未必賢也。

王鳴盛曰。中郎句絕。郎吏句絕。其上文專言郡守，縣令之重。長吏即守令。郎吏，即郎中中郎也。據其義，當云長吏多出於郎中中郎。選郎吏多出二千石子弟，又以富訾。蓋選郎，大約出任子算貲二途者尤多，故未必賢。

王應麟玉海論此事云，郎選，其途非一。有以父兄任子弟爲郎者，如張安世爰盎楊惲霍光是也。有以富訾爲郎者，張釋之傳如淳注引漢儀注謂訾五百萬得爲常侍郎，如釋之及司馬相如，是也。有以獻策上書爲郎者，婁敬主父偃，是也。有以孝著爲郎者，馮唐是也。余謂唐傳，但言以孝著，非因孝行得爲郎，王說獨此條不確。（按王先謙云，集解引應劭曰，此云孝子郎也。據應說。漢代自有以孝舉爲郎者。王鳴盛以爲誤解，實不然也。見馮唐傳補注。）漢有以舉孝廉爲郎者，王吉京房孟喜，是也。有以射策甲科爲郎者，儒林傳云，歲課甲科爲郎中，如馬宮翟方進何武召信臣，是也。有以六郡良家子爲郎者，如馮奉世是也。大約漢之郎選，盡於此六途。王氏所舉任子富訾兩家，即仲舒之所病。至於算訾爲郎，始於漢初，事見景紀，並非入粟拜爵，而今人往往誤解。竊謂後世薦舉人有身家殷實一條，乃其遺制耳。食貨志云，入財者得補郎，郎選衰矣。郎選二字，與此同。但入財補郎，乃武帝晚年事。仲舒對策，當武帝即位初，時尚無此，不牽以當之。

按，漢之郎選，有以制禮而爲郎者，叔孫通諸弟子，以與通共定朝儀，高帝以爲郎，是也。（叔孫通傳。）有以技能而爲郎者，衞綰以戲車爲郎，甘延壽以投石超距爲郎，（各見本傳。）龍德（王褒傳作龔德。）以鼓琴拜爲侍郎，（劉向別錄。）是也。有以奏賦而爲郎者，司馬相如以奏上林賦爲郎。枚臯以賦平樂館爲郎。楊雄奏羽獵賦，除爲郎。（各見本傳。）是也，有以奏事而爲郎者，陳步樂爲李陵奏所過山川地形圖，幷道陵將得士死力，拜爲郎，（李陵傳。）是也。有以經術而爲郎者，吾丘壽王詔使從中大夫董仲舒受春秋，高材通明，遷中郎，劉更生詔受穀梁，講論五經於石渠，拜爲郎中。眭弘以明經爲議郎。梁丘賀從京房受易，賀入說，上善之，以賀爲郎。孔光明經學，舉爲議郎。（各見本傳。）費直高康皆以易爲郎。（儒林傳。）汝南桓寬次公，治公羊春秋，舉爲郎。（公孫劉田王楊蔡陳鄭傳贊。）李業習魯詩，元始中，舉明經，除爲郎。（後書獨行傳。）耿況以明經爲郎。（後書耿弇傳。）卓茂以儒術舉爲侍郎。（後書茂本傳）是也。有以赦而爲郎者，高帝赦季布拜爲郎中，是也。（本傳。）有以薦而爲者郎，匡衡以史高薦爲郎中。甘延壽爲遼東太守，免官，車騎將軍許嘉薦延壽爲郎中。陳湯爲太官獻食丞，父死不犇喪，湯下獄論，後復以薦爲郎。大司馬衞將軍王商，辟鮑宣，薦爲議郎。御史大夫張忠上書薦孫寶經明質直，宜備近臣，爲議郎。是也。(各見本傳。)有以對策而爲郎者，班斿舉賢良方正，以對策爲議郎。（敍傳。）譙玄舉惇樸遜讓，對策高弟，拜議郎。（後書獨行傳。）是也。有以神僊方術而爲郎者，公孫卿言黃帝得寶鼎神策，僊登于天，拜爲郎。（郊祀志。）許楊少好術數，王莽輔政，召爲郎。（後書方術傳。）是也。有以從軍擊胡立功西域而爲郎者。李廣以擊胡，用善射，殺首虜多爲郎。趙充國從貳師將軍擊匈奴，潰圍陷陳，身被二十餘創，拜爲中郎。鄭吉以卒伍從軍，數出西域爲郎。傅介子從大宛，還到龜茲，誅斬匈奴使者，拜爲郎中。介子與士卒齎金幣，至樓蘭，刺殺樓蘭王，士刺王者，皆補侍郎。田仁以壯勇，爲衞將軍舍人，數從擊匈奴，衞將軍進言仁，爲郎中。辛慶忌隨長信侯常惠屯田烏孫赤谷城，與歙侯戰，陷陳卻敵，惠奏其功，拜爲侍郎。(各見本傳。)常惠徐聖趙終根，以隨蘇武，留匈奴十九年，歸而爲中郎。(蘇武傳。)是也。有以老病致仕而以其子爲郎者，光祿大夫龔勝，太中大夫邴漢，以老病罷，所上子男，皆除爲郎，是也。(兩龔傳。)有以年老不能爲官，而以其子爲郎者，武帝求賢良，舉馮唐。唐時年九十餘，不能爲官，迺以子遂爲郎，是也。（馮唐傳。）有以苦節老臣，而以其外國婦子爲郎者。蘇武年老，子坐事死，其胡婦子通國隨使者至，即以爲郎，是也。(蘇武傳。)有以言事伏誅而以其子爲郎者。昭帝時，眭孟以爲石陰類，下民之象。泰山，岱宗之嶽，王者易姓告代之處。當有庶人爲天子者。孟坐伏誅。後宣帝即位，徵孟子爲郎，是也。（五行志及眭弘傳。）有以故九卿而爲郎者，劉向以故九卿，召拜爲中郎，是也。（本傳。）有以宗家而爲郎者，周陽由以宗家任爲郎，是也。（酷吏傳。）有以姊幸於太后而爲郎者，義縱以姊姁，以醫幸於王太后，拜爲中郎，是也。（酷吏傳。）有以隨太子而爲郎者，董賢以隨太子官爲郎，是也。（佞幸傳。）有以助貧民及入錢而爲郎者，卜式以助貧民，爲中郎。（本傳。）黃霸以待詔入錢賞官，補侍郎，（循吏傳。）是也。又，武帝時，軍功多用超等，大者封侯，卿大夫，小者郎，見食貨志。成帝時，以義收食貧民，入穀物助縣官振贍，其三十萬以上，民補郎，見成帝紀。是漢之郎選，有不盡出於二王所舉之六途矣。鄧曄于匡，兵起南鄉。莽率羣臣至南郊，搏心大哭，諸生甚悲哀，及能誦策文，除以爲郎。（王莽傳。）此又新莽之郎選，以善哭爲郎，其事至可笑而又可悲者也。

大行王恢誘擊匈奴在元光二年

司馬相如傳，喻巴蜀檄，北征匈奴，單于怖駭，交臂受事，屈膝請和。

王先謙曰，元光三年，從大行王恢議，誘匈奴，擊之無功。然匈奴貪漢財物，漢亦通關市不絕以中之，詳匈奴傳。屈膝請和，蓋飾言之。

按，武紀，王恢建議擊匈奴，及恢坐首謀不進，下獄死，均在元光二年。

武帝初年康居實來中國

司馬相如傳，喻巴蜀檄，康居西域，重譯納貢，稽首來享。

王先謙曰，西域傳，漢興至于孝武，事征四夷，廣威德，而張騫始開西域之跡。據史記騫傳，騫使西域以元朔三年歸。喻巴蜀時。西域康居，疑尚未通中國，乃相如夸飾之辭，或其時偶有通貢之事，史無明文耶。

按元光元年，董仲舒對策，已云夜郎康居，殊方萬里，說德歸誼。而相如此檄，尤在其後。（按當在元光四年。）則武帝初年，康居實來中國，並非相如夸飾之辭，特史文不載耳。

元朔三年公孫弘代薛澤爲丞相

公孫弘傳，元朔中，代薛澤爲丞相。

王先謙曰，通鑑考異云，史記將相名臣表，漢書百官公卿表，弘爲相，皆在元朔五年。建元以來侯者表，恩澤侯表，皆云元朔三年封侯。按三年，弘始爲御史大夫。蓋誤書五爲三，因置於三年耳。

按，史表，平棘侯薛澤，孝景中五年封，元朔三年薨。本書功臣表同。是弘代澤爲丞相，當在元朔三年。將相表公卿表，誤，建元以來侯者表恩澤侯表，是也。又，儒林傳，弘爲學官，悼道之鬱滯，迺請曰，丞相御史言，制曰，蓋聞導民以禮，風之以樂，今禮壞樂崩，朕甚閔焉。故詳延天下方聞之士，咸薦諸朝。其令禮官勸學，講議洽聞，舉遺興禮，以爲天下先。太常議，予博士弟子，崇鄉里之化，以厲賢材焉。謹與太常臧博士平等議曰云云。師古曰，臧孔臧也。公卿表，元朔二年，蓼侯孔臧爲太常。三年，坐南陵橋壞，衣冠道絕，免。功臣表，蓼，孝文九年侯，臧嗣，四十五年，元朔三年，坐爲太常，衣冠道橋壞，不得度，免。史表同。據此，則丞相弘請爲博士置弟子員，太常臧等議爲博士官置弟子五十人，當在元朔三年。武紀繫於五年，誤。此亦弘爲丞相，當在元朔三年，不在五年之證也。又按，武紀，元朔二年，春，收河南地，置朔方郡。主父偃傳，偃盛言朔方地肥饒，外阻河，蒙恬城之，以逐匈奴。上下公卿議。公孫弘曰云云。朱買臣難詘弘，遂置朔方。弘本傳，弘爲御史大夫。是時北築朔方之郡，弘數諫，願罷之。爲朱買臣等所詘。據史主父傳，元朔二年，偃爲齊相，不久被誅。則偃言朔方之便，上下公卿議，當在元朔二年，偃未出爲齊相時也。議立朔方時，弘已爲御史大夫。是弘爲御史大夫，當在元朔二年，不在三年，審矣。將相表公卿表，弘爲御史大夫在三年，亦誤。

公孫弘年七十九

公孫弘傳，年八十，終丞相位。

王先謙曰，陳鵬年云，按史記，弘以建元元年，徵爲博士，罷歸，年六十。至元光五年，凡十一年，年七十一，是年即以博士爲左內史。元朔三年，爲御史大夫，年七十五。五年爲丞相，年七十七。元狩二年，三月薨。在相位二年餘，年八十。

按，建元元年，弘年六十，則元光五年，年七十。元朔三年，年七十四。五年，年七十六。元狩二年，年七十九。史言八十者，舉成數耳。至弘，爲御史大夫，在元朔二年，不在三年。爲丞相，在元朔三年，不在五年。辨已見前。

杜緩爲太常年數

杜周傳，緩少爲郎，本始中，以校尉從蒲類將軍擊匈奴。還爲諫大夫。遷上谷都尉，雁門太守。父延年薨，徵視喪事，拜爲太常，治諸陵縣。

王先謙曰，公卿表，緩以甘露三年爲太常，七年坐盜賊多，免。七年，當元帝初元三年。

按，甘露三年至初元三年，祗六年。

戊未土

杜欽傳，日以戊申蝕，時加未。戊夫土也。

錢大昭曰，夫當作未。南監本閩本，皆不誤。王先謙曰，官本作未。

按，五行志作未。

杜業爲太常三年

杜業傳，業由是徵，復爲太常，歲餘，左遷上黨都尉。

王先謙曰，據公卿表哀帝建平四年，業爲太常，三年，貶，與下元壽三年丙昌爲太常合。此云歲餘，誤也。

按，此與張騫爲太行，傳云歲餘，表作三年，同。蓋業爲太常，從建平四年至元壽二年，雖跨有三年，實則歲餘也。楊惲傳，惲失爵位家居歲餘。報會宗書，臣之得罪，已三年矣。此歲餘爲三年之證。

元朔三年罷西夷

張騫傳，及騫言可以通大夏，迺復事西南夷。

王先謙曰，胡三省云，三朔四年，罷西夷。元狩元年，復通。

按，武紀，元朔三年，罷西南夷。是罷西夷。在三年也。胡注誤。（按通鑑，罷西夷繫於元朔三年。）

元狩四年河西地尙未置郡

張騫傳，今單于新困於漢，而昆莫地空。蠻夷戀故地，又貪漢物，誠以此時厚賂烏孫，招以東，居故地。漢遣公主爲夫人，結昆弟。其勢宜聽。則是斷匈奴右臂也。

王先謙曰，昆莫空，史記作渾邪地空無人。招以東居故地，史記作招以益東居故渾邪之地。郭嵩燾云，西域大月氏傳，遠去，過宛西，其餘小衆不能去者，保南山羌，號小月氏。據此，則月氏烏孫，在祁連敦煌間，月氏當近南，而烏孫稍北。月氏既併烏孫，又爲匈奴所破，乃西踞塞地，昆莫攻破月氏而踞其地，號烏孫。則所謂故地者，正指敦煌間地言之。武紀，元狩二年，匈奴渾邪王殺休屠王來降，以其地置武威酒泉郡。昆莫故地，當在敦煌，時尚未置郡，故騫以昆莫地空，可以招烏孫使居故地。史記作渾邪者是也。漢書推原昆莫故地，徑據昆莫地爲言。此所言今烏孫地，恐未達班意。渾邪王正治昆莫故地，其後十餘年，始置敦煌郡。此云金城西傍南山至鹽澤，亦與地勢未合。又按地理志，張掖郡注，應劭曰，張國臂掖，故云張掖。武帝猶感於張騫之言，取斷匈奴右臂爲義，因有此名耳。

按，史記大宛傳云，張騫言昆莫之父，匈奴西邊小國也。而此傳云，騫言昆莫父難兜靡，本與大月氏在祁連敦煌間。又云，騫又言烏孫本與大月氏共在敦煌間。是烏孫，本爲敦煌間一小國，王說昆莫故地在敦煌，是也。惟謂元狩二年，置武威酒泉，獨空昆莫地，未曾置郡，則非。考河西四郡，酒泉最先置，在元鼎六年。騫建言招烏孫東居故地，在元狩四年，其時河西地皆未開，寧得謂已開武威酒泉郡，獨昆莫地空，敦煌尚未置郡，以招烏孫，使居故地耶。元鼎六年，酒泉最先開，詳河西四郡建置考。

張騫卒於元鼎四年

張騫傳，騫還，拜爲大行，歲餘，騫卒。

王先謙曰，公卿表，元鼎二年，騫爲大行，三年，卒，與此異。

按，傳云歲餘，表作三年，文雖有異，實則一也。李陵傳，陵在匈奴，歲餘，上遣公孫敖，將兵入匈奴，迎陵。據，武紀，陵降匈奴，在天漢二年，敖軍入匈奴，在天漢四年，則所稱歲餘，爲跨有三年也。（按李陵將步兵五千人，出居延北，在天漢二年秋九月。公孫敖將萬騎步兵三萬人出雁門，在天漢四年，春正月。計二年九月至四年正月，凡十有七月，不足二年，故陵傳云，歲餘也。）此云騫爲大行歲餘卒，亦猶陵傳中所云歲餘，連元鼎二年至四年而數之，則爲三年，是騫卒於元鼎四年也。傳又云，騫卒後歲餘，其所遣副使通大夏之屬者，皆頗與人俱來，於是西北國始通於漢矣。而漢始築令居以西，初置酒泉郡以通西北國。據武紀，趙破奴出令居，在元鼎六年，是西北諸國始通於漢，當在元鼎五六年，正是騫卒後歲餘耳。（元鼎六年，置酒泉郡，爲西北諸國始通於漢也。）

少梁更名夏陽

司馬遷傳，少梁更名夏陽。

沈欽韓曰，秦紀，惠文王十二年，更名少梁曰夏陽。張儀傳，說魏王入上郡少梁以謝秦，是入秦即名夏陽。

按，秦紀，惠文王十一年，更名少梁曰夏陽。張儀傳，說魏王入上郡少梁，秦惠王乃以張儀爲相。更名少梁曰夏陽。秦紀，惠文王十年，張儀相秦。魏納上郡。六國表同。是少梁入於秦，在惠文王十年，更名夏陽，則在十一年也。

司馬遷碑

司馬遷傳，靳與武安君阬趙長平軍，還而與之俱賜死杜郵，葬於華池。

王先謙曰，正義，括地志，華池，在同州韓城縣西南七十里，在夏陽故城西北四里，有司馬遷碑。

按，司馬遷碑，在夏陽西北四里，是素隱文也。

司馬遷生於建元六年

司馬遷傳，年十歲，則誦古文。

周壽昌曰，索隱云，遷及事伏生，是學誦古文尚書，劉氏以爲左傳國語系本等書，是亦名之古文也。按，遷生於景帝後元平，距鼂錯之死十一年。錯，孝文時，受書伏生，生已九十餘。孝文在位二十三年，計伏生當遷生時，應百三十餘歲。遷十歲誦古文及事伏生，伏生不已百四十餘耶。伏生不聞有此大年，揆之情事，亦不合。史公從安國問故，索隱蓋誤以孔爲伏。

按，周說遷生於景帝後元年，誤也。自序索隱，博物志，太史令，茂陵顯武里大夫司馬，年二十八，三年六月乙卯，除六百石也。按，三年者，元封三年，其時遷年二十八，依此上推，則當生於建元六年。詳太史公行年考辨誤。

有省不省

司馬遷傳，夫陰陽儒墨名法道德，此務爲治者也，直所從言之異路，有省不省耳。

師古曰，言發迹雖殊，同歸於治，但學者不能省察，昧其端緒耳。郭嵩燾曰，言六家同務爲治，而所施異宜，則亦無所不省也。顏注誤。

按，錢大昕廿二史考異卷五曰，按，爾雅，省，善也。有省不省，猶言有善有不善。

少卿石測之罪

司馬遷傳，書辭宜答，會東從上來，又迫賤事，相見日淺，卒卒無須臾之間，得竭指意。今少卿抱不測之罪，涉旬月，迫季冬，僕又薄從上上雍。

何焯曰，謂恐行法也。時安爲北軍使者，坐受戾太子節，當要斬。沈欽韓曰，戾太子事，在征和二年七月。武紀，三年正月，上行幸雍。安以懷貳心要斬，而猶繫至冬盡，則漢法之異於後也。

按，王靜安太史公行年考云，按，公報益州刺史任安書，在太始四年十一月。漢書武帝紀，是歲春三月，行幸泰山。夏四月，幸不其。五月，還幸建章宮。書所云會從上東來者也。又冬十二月行幸雍，祠五時。書所云今少卿抱不測之罪，涉旬月，迫季冬，僕又薄從上上雍者也。是報書作於是冬十一月無疑。或以任安下獄，坐受衞太子節，當在征和六年。然是年無東巡事。又行幸雍，在次年正月，均與報書不合。田叔列傳後載褚先生所述武帝語曰，任安有當死之罪甚衆，吾嘗活之。是安於征和二年前，曾坐他事。公書自在太始末，審矣。按，行年考，是也。據武帝紀，衞太子事，在征和二年七月。御史大夫暴勝之，司直田仁，均以此事，即在七月事變之際，或自殺或要斬。任安有當死之罪甚衆，豈能獨寬，而繫至冬盡而行刑乎，（據武紀劉屈氂傳，任安與田仁，同在七月要斬。）又本傳明云益州刺史任安予遷書，是遷報書時，安尚未爲北軍使者。則書所云抱不測之罪，決非坐衞太子事矣。

漢人稱左氏傳爲左氏

司馬遷傳贊，故司馬遷據左氏國語。

王念孫曰，左氏下脫春秋二字，則文義不全。漢紀孝武紀引此贊，正作據左氏春秋國語。

按，後書班彪傳，左丘明作左氏傳三十篇，又撰異同，號曰國語二十篇，由是乘檮杌之事遂闇，而左氏國語獨章。孝武之世，太史令司馬遷，採左氏國語，刪世本戰國策，據楚漢列國時事。文中兩稱左氏，是彪稱左氏傳爲左氏也。而此贊，蓋孟堅取父彪之語耳。又本書五行志，左氏，劉歆以爲正月二日，燕越之分野也。劉歆傳，魯恭王壞孔子宅，得古文於壞壁之中，逸禮有三十九，書十六篇及春秋左氏，丘明所修，皆古文舊書。梅福傳，推迹古文，以左氏穀梁世本禮記相明。翟方進傳，方進雖受穀梁，然好左氏傳，天文星歷。其左氏，則國師劉歆。星歷，則長安令田終術師也。儒林傳清河胡常，又傳左氏。又，歆數見丞相孔光，爲言左氏。又，禹與蕭望之同時爲御史，數爲望之言左氏。又，蒼梧陳欽子佚，以左氏授王莽。又，由是言左氏者，本之賈護劉歆。是漢人多稱左氏傳爲左氏也。則左氏下，並未脫春秋二字。王說非是。

大雅

司馬遷傳贊，夫爲大雅，旣明且哲，能保其身難矣哉。

師古曰，尹吉甫作烝民之詩，美宣王而論仲山甫之德曰，旣明且哲，以保其身。其詩列於大雅，故贊云然。蘇輿曰，班氏西都，賦云，大雅宏達。文選注，大雅，謂有大雅之才者。詩有大雅，故以立稱焉。此大雅義與彼同，不因引詩。景十三王傳贊，夫惟大雅，卓爾不羣，亦是通贊其才。顏注稍泥。此言惟大雅，乃能保身，因爲遷惜。後書范論，稱固傷遷博物洽聞，不能以智免極刑，然亦身陷大戮云云，因此贊而發也。

按，蘇說非，師古說亦未盡也。左傳，季札聞歌大雅，曰，廣哉，熙熙乎，其文王之德乎。史記司馬相如傳贊，大雅言王公大人，而德逮黎庶。孟荀傳，騶衍睹有國者蓋淫侈，不能尙德，若大雅整之於身，施及黎庶矣。趙歧孟子題辭，或有温故知新，雅德君子。劉劭人物志，具體而微，謂之德行，德行也者，大雅之稱也。（九徵第一。）

據此則大雅一詞，本出於周雅，而爲德行君子之稱矣。

蘇武使匈奴年數

武五子燕剌王旦傳，臣聞武帝使中郞將蘇武使匈奴，見留二十年，不降，還，亶爲典屬國。

王先謙曰，武在匈奴十九年，曰二十年，舉成數也。

按，蘇武傳，武以天漢元年使匈奴，以始元六年還，實二十年也。王說失之。

燕王旦伏誅在元鳳元年九月

武五子燕剌王旦傳，旦立三十八年而誅。

王先謙曰，元鳳元年十月。

按，昭紀，在元鳳元年九月。

嚴次卿神爵中爲涿郡太守

武五子昌邑王賀傳，臣敞閱至子女持轡。故王跪曰，持轡母，嚴長孫女也。臣敞故知執金吾嚴延年，字長孫。

周壽昌曰，嚴次卿同時正爲涿郡太守，故稱字長孫以別之。

按，酷吏傳，嚴延年爲涿郡太守，在神爵中，敗西羌還時。此在地節四年九月中，其時嚴延年字次卿者，尚未爲涿郡太守。周說同時，可也，謂正爲涿郡太守，誤矣。

三王不得數南越東越在內

嚴助傳，閩王以八月舉兵於冶南，士卒罷倦，三王之衆，相與攻之，因其弱弟餘善，以成其謀。

郭嵩燾曰，前云，閩王率兩國擊南越，是並刼東越兵以行。南越上言以聞而發兵守邊，則非擅發兵也。三王之衆，並南越，東越及閩越言之。（原注，據閩越傳，建元三年，東越內徙江淮間其地當遂爲閩越所併，故此云率兩國。）

按，閩越傳，漢五年，立無諸爲閩越王。惠帝三年，又立搖爲東海王，世俗號爲東甌王。建元六年，閩越王爲其弟餘善所鏦殺，漢立繇君丑爲越繇王，餘善爲東越王。是東甌與東越，二而非一。郭云閩王刼東越。又建元三年，東越內徙江淮間。混東甌與東越爲一，非也。又按史記越世家，楚威王大敗越，殺王無疆，而越以此散，諸族子弟爭立，或爲王，或爲君，濱於江南海上。是閩越之地，當非止一二國矣。前云閩王率兩國擊南越，此言三王之衆相與攻之。所稱兩國及三王，當別有所指，不得數南越東越。且其時東越未立，又何得數在內耶。郭說非也。

朱買臣難詘公孫弘在元朔二年

朱買臣傳，嚴助貴幸，薦買臣，拜買臣爲中大夫，與嚴助俱侍中。是時方築朔方，公孫弘諫，以爲罷敝中國，上使買臣難詘弘。

王先謙曰，元朔三年，築朔方時，助自會稽入侍中也。

按，史主父偃傳云，偃盛言朔方，地肥饒，外阻河。上用主父計，立朔方郡。本書偃傳云，朱買臣難詘弘，遂置朔方，本偃計也。公孫弘傳云，時東置蒼海，北置朔之郡，弘數諫。上使朱買臣等難弘，置朔方之便。弘廼謝曰，若是，願罷西南夷蒼海，專奉朔方。據武紀，置朔方郡，在元朔二年。城朔方城，則在三年。此爲議置朔方郡，當在二年，王以爲在三年，誤。

東越不得都東甌

朱買臣傳，買臣言故東越王居保泉山。今聞東越王更徙處，南行，去泉山五百里，居大澤中。

郭嵩燾曰，東甌故城在今永嘉縣西南。東越始立國時，實都東甌。此云居保泉山，則是其後南徙泉州。

按，東甌在建元三年，內徙江淮間。東越之立，則在建元六年。此是二國，不得相混。東越王與繇王並處，皆在閩越。東越始立國時，其都不得在東甌。郭說非也。

主父偃誅之年

主父偃傳，公孫弘爭曰，齊王自殺無後，國除爲郡入漢，偃本首惡，非誅偃，無以謝天下。迺遂族偃。

王先謙曰，據表，齊厲王元光四年嗣封，五年，薨，無後。按，元光四年至元朔二年，共五年。燕王自殺事，在元朔二年秋。厲王自殺，亦在二年。偃誅蓋元朔二三年之交矣。計偃上書貴幸，至誅死，先後不及三年。通鑑載偃誅於元朔二年。史記偃傳，言偃誅時，公孫弘爲御史大夫。考弘傳及百官表，弘爲御史大夫，在元朔三年，則偃誅以三年矣。通鑑係於二年，誤。

按，史平津侯傳，元朔三年，張歐免，以弘爲御史大夫。公卿表，元光四年，歐爲御史大夫，五年免。元光四年，至元朔二年，爲五年。是弘爲御史大夫，當在二年，傳及公卿表在三年，誤也。又按，建元以來侯者表恩澤侯表，弘爲丞相封侯，在元朔三年十一月。本書弘傳，元朔中，代薛澤爲丞相。功臣表，澤薨於元朔三年，是弘爲丞相，當在三年。將相表公卿表在五年，又誤也。（武紀，丞相弘請爲博士置弟子員。儒林傳，謹與太常臧等議，爲博士官置弟子五十人。師古曰，臧，孔臧也。功臣表，蓼侯孔臧元朔三年，爲太常，坐南陵橋壞，衣冠道絕，免。此亦弘爲丞相當在三年，不在五年之證。博士置弟子員，紀係於五年，亦誤也。）

史記偃傳，言偃誅時，弘爲御史大夫。則偃誅當在元朔二年，遲則在三年十月，必在十一月弘爲丞相之前也。偃之誅，通鑑在二年，王說在三年，並不誤。但王據弘爲御史大夫，在三年而爲說，則非也。又其說在二三年之交，則最塙耳。

終軍上對在元狩五年

終軍傳，大將軍秉鉞，單子犇幕，票騎抗旌，昆邪右衽。

齊召南曰，按此對，在元狩元年冬十月，行幸雍祠五時獲白麟時也。昆邪來降，其事在二年秋，終軍此時，何以能預言耶。當指元朔二年衞青率六將軍絕幕克獲，而霍去病以票姚校尉立功，封冠軍侯耳。况去病元狩三年，始爲將軍，在元年何以豫言票騎。疑票騎抗旌二語，後人所改竄，而班氏誤承用也。王先謙曰，齊說是也。惟去病爲票騎，在元狩二年，非三年。言票騎抗旌尚可，昆邪右衽，則不可通矣。

按，齊王說，非也。軍此對，在元狩五年，不在元年。史記封禪書，天子苑白鹿，以其皮爲幣，以發瑞應。造白金焉。其明年郊雍，獲一角獸，若麟然。據武紀以銀錫造白金，及皮幣，在元狩四年，則明年郊雍獲白麟，在五年。軍對在上幸雍獲白麟時，實在五年，不在元年，故涉及二年，票騎降昆邪，及四年，大將軍絕幕擊匈奴，北至寘顏山事，自不足怪。元朔六年，衞青率六將軍擊匈奴，前將軍趙信降匈奴，右將軍蘇建盡亡其軍。趙信教單于益北絕幕以誘罷漢兵，不可謂有大克獲，而單于犇幕也。詳終軍上對在元狩五年考。

武帝因獲麟改元

終軍傳，今郊祀未見於神祇，而獲獸以饋，此天之所以示饗而上通之符合也。亦宜昭時令日，改定告元。

張晏曰，改元年，以告神祇也。劉奉世曰，軍此對，頗可疑。按，紀，獲麟在元狩元年，昆邪降在二年，其上對己大綏。又史記封禪書，元鼎三年有司始言元，不宜以一二數，乃云三元爲狩，蓋於此年，追述三元也。而軍此云宜改元，史又云由是改元，有來降者，皆可疑。軍對非眞，史誤因之。王先謙曰，封禪書孝武紀，皆作後三年，有司言元，不宜以一二數，三元郊得一角獸曰狩云。郊祀志作今郊得一角獸曰狩云。按既云今，則非元鼎中語。後三年，三字蓋誤，當是後一年。故漢紀於獲麟之下，書由是改元朔爲元狩。通鑑亦於獲麟下，書久之有司又言云。莫能定爲何年。以此傳證之，則獲麟未久，改元不疑，故下文匈奴未降，止後數月事也。

按，劉王說非也。元狩五年獲麟之歲，即武帝即位之二十三年，即位以來，未嘗改元，今覩此符瑞，軍對所以云宜改元。軍對後數月，越地及匈奴，有來降者，以終軍之言，得瑞應之實，故在元鼎三年，即武帝即位之二十七年，有司議改元，宜以天瑞命，一元曰建，二元以長星曰光，三元以郊得一角獸曰狩，所以史又云，由是改元爲元狩。劉不明此意，乃疑軍對非眞也。王疑後三年，當是後一年。不知封禪書後三年，確指元鼎三年，並非獲麟後一年。王又據郊祀志，今郊得一角獸，以爲此非元鼎中語，殊不知今者，是指獲麟以來之歲數，不但指獲麟時也。漢紀通鑑，亦因不知獲麟在元狩五年，致有此誤。詳終軍上對在元狩五考年。

獲麟後數月越地及匈奴名王來降

終軍傳，後數月，越地及匈奴名王，有率衆來降者。皆以軍言爲中。

王先謙曰，元狩二年，匈奴昆邪王殺休屠王，並將其衆合四萬人來降，見武紀。越地來降者，表傳無考。武紀及南越傳，所載故歸義粵侯嚴甲二人，當是也。

論衡指瑞篇，孝武皇帝，西巡狩，得白麟，一角而五趾，又有木枝，出復合於本。武帝議問羣臣。謁者終軍曰，野禽並角，明同本也。衆枝內附，示無外也。如此瑞者，外國宜有降者。若此之應，殆將有解編髮，削左衽，襲冠帶，要衣裳，而蒙化者焉。其後數月，越地有降者，匈奴名王，亦將數千人來降，竟如終軍之言，得瑞應之實矣。按論衡之文，即終軍之對，在元狩五年也。考功臣表，昆邪王及其裨王大當戶來降，封漯陰侯，下摩侯，煇渠侯，河綦侯，常樂侯，在元守二年六月及三年七月。此匈奴名王來降，則在五年軍對後數月。越地降者，亦必在五年軍對之後。）王以昆邪王及歸義粵侯嚴甲當之，非是。

元封元年置儋耳珠厓郡

賈捐之傳，初武帝征南越，元封元年，立儋耳珠厓郡。

錢大昭曰，按，本紀，二郡立於元鼎六年。

按，地理志，自合浦徐聞南入海，得大州，東西南北方千里。武帝元封元年，畧以爲儋耳珠厓郡。此與本傳，均可證儋耳珠厓開郡，實在元封元年。紀繫於元鼎六年是總言之也。

南海八郡

賈捐之傳，元帝初元元年，珠厓又反，發兵擊之，連年不定。上與有司議大發軍。捐之建議，以爲不當擊。上使駙馬都尉樂昌侯王商詰問捐之。捐之對曰，制南海以爲八郡云云。上廼從之，珠厓由是罷。

王念孫曰，漢紀孝元紀，作南制南海以爲八郡。念孫按，上文言西連諸國，東過碣石，北卻匈奴，則此亦當南制南海。今本制上無南字者，因兩南字相亂，而脫其一耳。八郡當爲九郡。南粵傳，遂以其地爲儋耳珠厓南海蒼梧鬱林合浦交阯九眞日南九郡。（原注，漢紀孝武紀同，孝元紀亦誤作八郡。）五行志，元鼎五年，四將軍衆十萬，征南越，開九郡，皆其證矣。通典邊防四，正作制南海，以爲九郡（原注，按，通典制上亦脫南字。）又韋玄成傳，南滅百粵，起七郡，七亦當爲九。

按，王說制上當有南字，是也。謂八郡當爲九郡，玄成傳，七郡，七亦當爲九，則非。武紀南粵傳，五行志云，定越地，開九郡，乃總言之也。實則南海蒼梧鬱林合浦交阯九眞日南七郡，元鼎六年開，儋耳珠厓二郡，元封元年開。（本傳及地理志皆云元封元年立儋耳珠厓可證。）昭帝始元五年，罷儋耳郡，並屬珠厓。捐之之對，在元帝初元三年，是其時南海只有八郡，故其對如此也。今年又因捐之之對，罷珠厓郡，則武帝所開九郡，僅有南海蒼梧，鬱林合浦．交阯九眞日南七郡矣。玄成傳，太僕王舜中壘校尉劉歆之議，在哀帝時，云武帝滅百粵起七郡，亦據當時南方實在之郡數而言之也。王誤改八郡爲九郡，七爲九，非。

地節元年斷獄四萬七千餘人

賈捐之傳，至孝武皇帝，則天下斷獄萬數。

沈欽韓曰，風俗通云。太宗時，民重犯法，治理不能過中宗之世。地節元年，天下斷獄四萬七千餘人。如捐之言，復不類。前世斷獄，皆以萬數。按，捐之言，文帝斷數百，武帝斷萬數，皆謂死刑也。宣帝斷獄四萬七千餘人，蓋通計髡鉗以上，若如應劭之言，豈宣帝時，反酷於武帝數倍，必不然矣。

按，沈說是也。刑法志，考自昭宣元成哀平，六世之間，斷獄殊死，率歲千餘口而一人。耐罪上至右止，三倍有餘。地理志，訖於孝平，民戶千二百二十三萬三千六十二，口五千九百五十九萬四千九百七十八，漢極盛矣。據此，則昭宣元成，哀平，六世之間，一歲死刑幾六千人，耐罪以上近二萬人，通計二者，亦不過三萬人。地節元年，斷獄四萬七千餘人，蓋是歲犯罪者特多耳。（宣帝即位，路溫舒上書，亦云大辟之計，歲以萬數。）

珠厓郡凡立六十五年

賈捐之傳，珠厓由是罷。

齊召南曰，珠厓始爲郡，在武帝元鼎六年，至元帝初元三年，而罷，凡立六十五歲。

按，珠厓開郡，實在元封元年，（說見前。）至元帝初元三年而罷，凡立六十五歲。齊從武紀，以珠厓爲郡，在元鼎六年，誤。元鼎六年至初元三年，爲六十六歲，以爲六十五歲，亦誤。

京兆尹缺

賈捐之傳，謂興曰，京兆尹缺。

王先謙曰，胡注，按百官表，初元四年，京兆尹成。永光四年光祿大夫琅邪張譚爲京兆尹，四年，不勝任，免，蓋是時，成已去，而譚未除，是以缺官也。

按，本傳下文云，上廼下興捐之獄，令皇后父陽平侯禁，與顯共雜治。捐之竟坐棄市。恩澤侯表，陽平頃侯王禁，初元元年封，六年，薨。初元元年，下推六年，爲永光元年禁薨於是年。則捐之棄市，不得後於永光元年。其謂京兆尹缺，亦不得在永光元年後也。胡注未是。

靈棊經

東方朔傳，朔自贊曰，臣嘗受易，請射之。

沈欽韓曰，東方朔有靈棊經，見藝文志。按，管輅射覆，亦以易卦。

按，漢志無靈棊經。隋志有十二靈棊卜經一卷也。

右輔都尉中尉屬官

東方朔傳，丞相御史知指，乃使右輔都尉，徼循長楊以東。右內史，發小民共待會所。

錢大昕曰，是時但分內史爲左右，初無三輔之名也。而先有右輔都尉，有右輔，必有左輔矣。京兆馮翊扶風爲三輔，始於太初元年，而百官表云，元鼎四年更置三輔都尉，則三輔之名，在太初以前矣。王太后以元朔三年，崩，又在元鼎之前。此傳先言迫於太后，未敢遠出。下言使右輔都尉徼循，則左右輔都尉，亦不始於元鼎。表所言，恐尙有誤。

按，左右京輔都尉，本屬中尉。元鼎四年，更置左右輔於左右內史。（表作二輔都尉是，錢說三輔都尉，誤。）京輔都尉，改屬京兆，殆在太初元年也。武帝微行在建元中，則此右輔都尉，尙屬中尉。錢未審其先後所屬，乃有此誤耳。

卷五

公孫賀父昆邪

公孫賀傳，賀祖父昆邪。

錢大昭曰，考功臣表，賀是昆邪之子。祖字衍。

按，錢說是也。史衞將軍傳，公孫賀，其先胡種，賀父渾邪，景帝時，爲平曲侯，可證。

敞爲長史見霍光傳

楊敞傳，給事大將軍幕府，爲軍司馬。

王先謙曰，又爲長史，見昭紀及燕王旦傳。

按敞爲長史　並見霍光傳，昭紀無也。

宣帝七月即位

楊敞傳，宣帝即位，月餘，敞薨。

周壽昌曰，帝六月即位，敞以八月薨。

按，宣紀，帝以七月庚申即位。周說誤。

鄭弘免爲庶人

鄭弘傳，代韋玄成爲御史大夫，六歲，坐與京房論議，免。

齊召南曰，按，公卿表，弘以永光二年爲御史大夫，五年，有罪自殺。據京房傳，但言房見道幽厲事，出爲弘言之，弘坐免爲庶人，與此傳合，表云自殺，誤也。

按，史記將相表，張丞相補傳，本書五行志，皆云弘坐免爲庶人。

胡建試守軍正

胡建傳，孝武天漢中，守軍正丞。

師古云，南北軍各有正，正又置丞，而建未得眞官，兼守之。劉敞曰，南北軍各有正，正又置丞，而建未得眞官，兼守之。建之所守，軍正之丞耳，未嘗兼守正也，故兼奏云丞於用法疑。若兼守正，何疑之有。自是其時無正耳。齊召南曰，按，後文御史穿北軍壘垣，則建北軍正丞也。何焯曰，以軍正之丞，故以正言之，猶上卷言廬江太守丞。

按，劉齊說是，顏何說非也。守者，試守也。建試守軍正丞，猶下朱雲傳，言華陰守丞嘉。漢制，諸官初加，試守一歲，遷爲眞，食全奉耳。

梅福上書爲王氏浸盛

梅福傳，是時成帝委任大將軍王鳳。鳳專勢擅朝，而京兆尹王章，素忠直，譏刺鳳，爲所誅。王氏浸盛，災異數見，羣下莫敢正言，福復上書曰云云。

周壽昌曰，百官表，鳳死於陽朔三年八月。成紀，鴻嘉三年，廣漢男子鄭躬反。永始三年，山陽鐵官蘇令等反。福上書中有此二事，則必在永始二三年矣。距鳳死已八九年，則是時以下云云，疑有舛誤。

按，陽朔三年，鳳死，弟音代之。永始二年，音死，弟商代之。福上此書，蓋爲王氏浸盛也，不專爲鳳而發，周說未確。

蘇武留匈奴十九年

霍光傳，蘇武前使匈奴，拘留二十年不降。

王先謙曰，實十九年，而言二十年者，舉成數也。

按，王說非也。武傳云，武以天漢元年使匈奴，始元六年還，則是二十年。又云，武留匈奴十九年。據匈奴傳，壺衍鞮單于以始元五年謀歸武。（說見前，是爲十九年。當分別言之耳。

霍光封邑不在河東

霍光傳，其以河北東武陽，益封光萬七千戶。

王先謙曰，河北，河東縣，在今解州芮城縣東北一里。

按，王說非也。河水注，河水自范來，東北逕委粟津，大河之北，即東武陽縣也。是河北東武陽，在大河之北者耳，非河東郡之河北縣也。又，恩澤侯表，博陸侯霍光。北海河間東郡。師古曰，光初封，食北海河間。後益封，又食東郡。按，地理志，東武陽，屬東郡也。

賜徐福帛十匹

霍光傳，上廼賜福帛十匹。

王念孫曰，告霍氏者皆封侯，而徐福僅賜帛十匹，則輕重相去太遠。十匹當爲千匹。通鑑作十匹，則所見漢書本已誤。御覽居處部十四治道部十四引此，並作千匹，漢紀同。

按，說苑卷十三，亦作十匹。

金賞太僕不在霍氏謀反時。

金日磾傳，宣帝即位，賞爲太僕。霍氏有事萌芽，上書其妻，上亦自哀之，獨得不坐。

錢大昕曰，按，公卿表，宣帝甘露四年，秺侯金賞爲侍中太僕，距霍氏之亡，已十六年矣。霍氏有事之始，賞祇爲侍中，未任太僕也。王文彬曰，賞去妻，乃特筆，不必與上爲太僕，連文，錢說過泥。

按，王說是，錢說非也。宣帝即位賞爲太僕句絕，與下霍氏有事萌芽云云不相連者。據公卿表，昭帝元鳳元年，杜延年爲太僕，十五年。元鳳元年，下推至宣帝地節四年，十五年。霍氏反在地節四年，其時太僕爲杜延年也。元康元年，張延壽爲太僕，四年。神爵元年，戴長樂爲太僕，五年。五鳳元年，陳萬年爲太僕，五年。甘露三年，丙顯爲太僕，一年。至甘露四年，金賞始爲太僕，七年而遷。此皆著於公卿表者。是賞爲太僕，並非在霍氏謀反時也。

征和五年

趙充國傳，至征和五年。

王先愼曰，五當爲三。貳師將軍降匈奴，在征和三年，見武紀李廣利傳匈奴傳。貳師降匈奴歲餘，衞律害其寵，收貳師屠以祠。玩匈奴告諸羌語，當在初降時，不得在貳師死後。且征和無五年，五爲三譌，尤爲明證。

按，王說非也。此征和五年，即後元年。武帝後元年未立年號，故充國乃稱征和五年。後字則爲史官追書耳。

辨見前武紀後元非年號條。

徼極

趙充國傳，充國計欲以威信，招降罕幵及刧畧者，解散虜謀，徼極乃擊之。師古曰，徼，要也。要其倦極者也。王先謙曰，通鑑作徼其疲劇，乃取之。吳王濞傳，欲以全制其極。史記作以全勝制其罷極。是以極爲倦極，班書義固有之。

匈奴傳，信教單于益北絕幕，以誘罷漢兵徼極而取之。師古曰，罷讀曰疲。徼，要也。誘令疲，要其困極，然後取之。此與吳王濞傳及本傳，皆是單用一極字也。陳湯傳，兵來道遠，人畜罷極，師古曰，罷讀曰疲。匈奴傳，漢兵深入窮追二十餘年，匈奴孕重惰殰罷極，苦之。師古曰，罷讀曰疲。極，困也。此又連用罷極二字也。按，極即罷極，罷讀曰疲。困，極也。疲困義同。故史記吳王濞傳作罷極，班書則作爲極耳。

酒泉侯奉世非馮奉世

趙充國傳，酒泉侯奉世。

沈欽韓曰，侯當爲候。奉世即馮奉世。

按，沈說非也。馮奉世傳西域莎車傳，奉世爲衞候，以便宜發諸國兵，擊殺呼屠徵，更立莎車王，在元康元年。公卿表，元康四年，光祿大夫馮奉世爲水衡都尉，十四年，遷。按，擊西羌，在神爵元年，此時馮奉世已爲九卿，不得仍爲衞候。此奉世，當是別一人耳。

平樂監

傅介子傳，詔拜介子爲中郎，遷平樂監。

王先愼曰，監上脫廐字。功臣世系表，義陽侯傅介子，以平樂廐監，使誅樓蘭王，斬首，侯。是介子實監平樂廐。通鑑胡注，謂平樂監，監平樂觀。據誤文爲說。御覽二百一引有廐字，猶未脫也。

按，下文詔書中亦稱平樂監，則此文不誤，監上並未脫廐字。表云平樂廐監，此稱平樂監者，猶蘇武傳云移中廐監，昭紀常惠傳稱移中監，文有省不省，義則無二也。胡說平樂監爲平樂觀，誤。

常惠七十餘歲

常惠傳，惠事元帝三歲，薨。

周壽昌曰，惠隨蘇武在匈奴十九年，歸四十五歲而卒，計出使時年二十，至卒時，亦當八十餘歲。

按，蘇武以昭帝始元六年還，至元帝初元三年，爲三十五歲。周說四十五歲，誤也。惠出使時年二十，則其壽七十餘歲。

段會宗爲烏孫所圍在建始四年或河平元年

陳湯傳，西域都護段會宗，爲烏孫兵所圍，驛騎上書，願發城郭敦煌兵以自救。丞相王商大將軍王鳳及百僚議，數日不決。

錢大昕曰，按會宗傳，竟寧陽朔中，再爲西域都護，不云爲烏孫所圍，惟元延中嘗被圍，其時又非都護，且不與丞相王商大將軍王鳳同時。此傳云會宗爲烏孫所圍。似當在陽朔中。又考公卿表，王商於河平四年罷相，以張禹代之，其明年始改元陽朔。使會宗果於陽朔中被圍，則丞相乃張禹，非王商矣。以二傳參互考之，當有一誤。或會宗傳陽朔字，當爲河平。或此傳王商，當爲張禹也。

按，成紀，河平四年正月，單于來朝。王商傳，河平四年，單于來朝，引見白虎殿，丞相商坐未央廷中。段會宗傳，竟寧中，舉爲西域都護，西域敬其威信。三歲更盡還，拜爲沛郡太守。以單于當朝，徙爲雁門太守。據此，會宗在西域爲烏孫所圍，當在河平四年單于來朝前，王商爲丞相時，不得在陽朔中也。又，三歲更盡還者，如淳曰，邊吏三歲一更，下言終更皆是也。疑會初爲西域都護，終二更而還，在西域六年。則其爲烏孫兵所圍，在建始四年，或在河平元年。（通鑑繫此事於建始四年。）

都護將軍

陳湯傳，天子哀閔單于，棄大國，屈意康居，故使都護將軍來迎單于妻子。

齊召南曰，按，都護，不稱將軍，延壽，湯，自稱以耀遠人耳。下文見將軍受事者同。

按，將軍，漢人所重。（錢大昕說。）故田蚡，丞相也，稱將軍。伍被，中郎也，亦稱將軍。（各見本傳。）此都護，稱將軍，蓋亦猶是耳。

王曼始封新都侯

陳湯傳，湯爲騎都尉，王莽上書，言父早死，獨不封，母明君，共養皇太后尤勞苦，宜封竟爲新都侯。

沈欽韓曰，竟當作莽。

按，元后傳云，太后憐弟曼蚤死，獨不封。曼寡婦渠，供養東宮。子莽幼孤，不及等比。常以爲語。平阿侯譚，成都侯商，及在位多稱莽者。久之，上復下詔，追封曼爲新都哀侯，而子莽，嗣爵爲新都侯。據此，則始封新都侯者爲曼，非莽也。竟當作曼，形近而誤，不當作莽，沈說非。（外戚定陶丁姬傳，太后以爲旣已之事，不須復發，莽固爭之。按，莽當作莽。葬莽二字，形近而譌也。竟與莽二字，則易區別，不得相混。）

博士位大夫

龔勝傳，劾奏勝吏二千石，常（博士夏侯常。）位大夫，皆得幸給事中。

劉奉世曰，前云博士，後云位大夫。然博士，非中朝臣。疑言博士者，誤也。錢大昕曰，常前稱博士，此稱大夫，劉疑之，是也。至以博士非中朝臣，疑稱博士爲誤，則失之未考。漢時博士，多加給事中，如韋賢申咸炔欽之倫，皆是也。

按，宣紀，黃龍元年，詔曰，吏六百石，位大夫。司馬遷傳，鄉者僕亦嘗厠下大夫之列。朱博傳，刺史，位下大夫。遷爲太史令，而太史令與刺史，秩皆六百石，位大夫也。博士，秩比六百石。常爲博士，故此云位大夫耳。

貶黜十年

韋玄成傳，及元帝即位，以玄成爲少府，遷太子太傅至御史大夫，永光中，代于定國爲丞相，貶黜十年之間。

周壽昌曰，據百官表，玄成以太常免官，在五鳳三年，至永光二年爲丞相，十五年。此云十年之間，約辭也。

按，據褚補史表，楊惲死在五鳳四年。玄成免官，亦當在是年。五鳳四年至永光二年，爲十三年。

南滅百粤起七郡

韋玄成傳，哀帝即位，太僕王舜中壘校尉劉歆，議曰，孝武皇帝，南滅百粤，起七郡云云。

王先謙曰，七當爲九，詳賈捐之傳。

按，武帝平南粤，元鼎六年，開南海蒼梧鬱林，合浦交阯九眞日南七郡。元封元年，又開儋耳珠厓二郡。（見賈捐之傳及地理志。）昭帝始元五年，罷儋耳郡，並屬珠厓，故賈捐之在元帝初元三年之對，云制南海以爲八郡。因捐之對，又罷珠厓郡，故哀帝時王舜劉歆之議，又云起七郡。八郡七郡，皆據當時郡數而言，非有誤也。七不當爲九，王說非。

起朔方

韋玄成傳，起朔方，以奪其肥饒之地。

何焯曰，此指朔方及開河西四郡。

按，上云，降昆邪十萬之衆，置五屬國。下云敦起敦煌酒泉張掖以鬲婼羌。則此僅指朔方而言，並不及河西四郡。

四垂無事

韋玄成傳，四垂無事。

宋祁曰，四疑作西。

按，依上下文義，四垂無事，是統擧四境而言，並非專指西邊。四不當作西。宋猷疑未當。

兩夏侯爲始昌及勝

眭兩夏侯京翼李傳第四十五。

錢大昕曰，始昌習尚書，名已見儒林傳。其說災異，祇有言柏梁臺災事，附見勝傳可矣，乃以兩夏侯題其篇目，何也。朱一新曰，班以兩夏侯標題，蓋謂勝及建大小夏侯氏學，故以此題其篇，並未數始昌也。今本提行，皆後人分併，非復班舊，錢議過矣。王先謙曰，朱說祖班，然失其叙次列傳微意。且下文勝上，冠以夏侯，建上不冠夏侯。明本書勝傳提行，與始昌別傳，而建係帶叙，而不當謂兩夏侯勝建也。

按，錢朱說非，王說是也。本傳所敍六人，皆說陰陽災異者。而贊云，漢興，推陰陽言災異者。孝武時，有董仲舒，夏侯始昌。昭宣時，則眭孟，夏侯勝。元成，則京房，翼奉，劉向，谷永。哀平，則李尋，田終術。贊不及夏侯建，亦可明兩夏侯爲始昌及勝，以二人皆明於陰陽五行，說災異也。又五行志云，孝武時，夏侯始昌通五經，善五行傳，以傳族子夏侯勝。此尤兩夏侯爲始昌及勝之證。

眭弘習公羊

眭弘傳，先師董仲舒有言，漢家堯後。

齊召南曰，按，以漢爲堯後，始見此文。然則弘雖習公羊，亦兼通左氏矣。其後劉向父子，申明其義，而新莽亦因以爲篡竊之本。

按，據儒林傳，董仲舒治公羊春秋，傳東平嬴公。嬴公守學，不失師法，授眭弘。是弘爲仲舒再傳弟子也。又漢家堯後，此傳明云爲其先師仲舒之言，並非出於左氏。齊說弘習公羊，亦兼通左氏，失之不考矣。

論語家有夏侯說二十篇

夏侯勝傳，勝復爲長信少府，遷太子太傅，受詔撰尚書論語說。

葉德輝曰，藝文志尚書家，有大小夏侯章句，大小夏侯解故。論語家無夏侯說。

按，藝文志論語家有魯夏侯說二十篇。

后蒼不傳左氏學

翼奉傳，春秋有災異，皆列終始，推得失，考天心以言王道之安危。

葉德輝曰，列終始，謂列其事之終始。推得失，謂推其事之得失。五行志言春秋，某災應某事，皆是，則又左氏家說也。奉諸奏言春秋或主左傳，以其師后蒼傳左氏學故也。

按，葉說誤也。儒林傳，董仲舒治公羊春秋，傳東平嬴公。嬴公授東海孟卿。卿善爲禮春秋，授后蒼疏廣。是后蒼當習公羊，不傳左氏學也。奉奏中言春秋宋伯姬，亦本公羊家說。

張子儒稱張孺

李尋傳，治尚書，與張孺鄭寬中同師。

齊召南曰，按，孺字誤也。據儒林傳，張山拊事小夏侯建，授同縣李尋，鄭寬中少君，山陽張無故子儒。此文張孺，即無故，而舉其字，當云張子儒。傳寫之誤，遂合兩字爲孺字耳。

按，史記仲尼弟子列傳，顏回字子淵，冉求字子有，宰予字子我，言偃字子游，原憲字子思，司馬耕字子牛，樊須字子遲，公西赤字子華，巫馬施字子旗(論語作期。)而論語稱此九人皆省去子字，是古人於字有不全舉者矣。此稱張孺，蓋亦猶論語稱顏淵冉有宰我言游（見子張第十九。）原思（見雍也第六。）司馬牛樊遲公西華巫馬期也。項籍，字子羽，（自序，項梁業之，子羽接之。又，子羽暴虐，漢行功德。又，卒破子羽於垓下。又，諸侯畔項王，唯齊連子羽城陽。故索隱云，序傳籍字子羽也。)稱曰項羽，見高帝紀及籍本傳，蕭何曹參張良，陳平韓信周勃張耳陳餘各傳。王吉，字子陽，稱曰王陽，見吉本傳，蕭育王尊張禹各傳，及藝文志，亦與此同。儒稱孺者，云敞傳，敞字幼儒。景祐本儒作孺，官本同。又說文，孺，一曰輸孺也。方言，作儒輸。輸孺即儒輸。（段玉裁說。）是儒孺古字通。齊說合子儒兩字爲孺字，未免失之鑿矣。

司直蕭望之劾奏趙廣漢

趙廣漢傳，司直蕭望之，劾奏廣漢，摧辱大臣。

沈欽韓曰，史記丞相傳云，丞相司直繁君奏京兆尹趙君脅迫丞相。按蕭望之傳，霍光薨，地節三年夏，望之上疏，拜爲謁者，累遷諫大夫丞相司直，歲中三遷。是望之爲司直，即在地節三年。趙廣漢以元康二年冬腰斬，則望之已遷官。百官表，元康二年，少府蕭望之爲左馮翊。是其去司直久矣。作繁延壽者是。

按，蕭望之傳，繁延壽爲司直，奏望之傲慢不遜，遇丞相無禮，在五鳳元年，其時丞相爲丙吉。褚少孫誤以爲此是廣漢脅迫丞相魏相，不可據也。廣漢死在地節四年，不在元康二年，周壽昌辨之甚悉，見宣紀元康二年補注。百官表，地節三年六月，魏相爲丞相。據本傳，廣漢脅迫丞相，在是年七月後，其時望之正爲司直。則劾奏廣漢摧辱大臣者，自爲望之無疑。

趙廣漢死在地節四年

趙廣漢傳，廣漢竟坐要斬。

王先謙曰，公卿表，元康元年，書京兆尹彭城太守遺，是廣漢死在元年，通鑑據書之，宣紀作二年，誤。

按，廣漢之死，周壽昌說在地節四年，是也。王據通鑑在元康元年非。

繇使

韓延壽傳，私假繇使吏。

師古曰，假，謂顧賃也。繇讀與傜同。宋祁曰，繇字下疑有役字。王念孫曰，使當爲役。役，古文作伇，與使形近而誤。漢紀作私假傜役吏民。是其證。

按，蓋寬饒傳，衞司馬在部，常爲衞官繇使市買。又，郡國吏繇使至長安。是自有繇使一詞，（賈子新書，屬遠篇，繇使一詞，凡五見。）並不誤也。阮元校勘記，繇依說文當作䌛，隸變而爲傜，或假而爲繇。廣韻四宵，傜，使也，役也。是繇使，即繇役也。史記項羽紀，諸侯吏卒異時繇使屯戍過秦中。本書羽傳，繇使作傜役。此繇尤使即繇役之證矣。宋王說皆非。

張敞守京兆尹在元康三四年

張敞傳，其以膠東相敞守京兆尹。

王先謙曰，據公卿表，在神爵元年。

按，王說非也。公卿表，元康三年，守京兆尹潁川太守黃霸，數月，還故官。霸本傳，潁川太守黃霸，入守京兆尹，視事數月，不稱，罷歸潁川。於是制詔御史，其以膠東相敞守京兆尹，據此，則敞守享兆尹，當即在元康三年，或四年。如淳曰，諸官初加，皆試守一歲，遷爲眞，食全俸。敞守京兆尹，滿歲爲眞，則在神爵元年耳。

張敞治左氏春秋

張敞傳，敞本治春秋，以經術自輔其政，頗雜儒雅。

周壽昌曰、敞蓋治左氏春秋。前封事所引公子季友晉趙衰齊田完等事，皆與左氏合。
按，儒林傳云，京兆尹張敞，修春秋左氏傳。

張敞試守太原

張敞傳，守太原太守，滿歲爲眞，太原郡淸。
宋祁曰，當作徙守太原。
按，此守字，爲試守之意。漢制，試守一歲，而後爲眞官也。宋說非。

甄遵公卿表作甄少公

王尊傳，二卿坐黜。如淳曰，即前京兆尹王昌貶爲雁門太守，甄遵河內太守也。
王先謙曰，據公卿表，遵當爲尊。內當爲南。
按，公卿表，甄遵作甄少公，不作甄尊。

執金吾賢

蓋寬饒傳，時執金吾議。
錢大昭曰，據公卿表，名廣意。
按據宣紀，司隸校尉蓋寬饒自殺，在神爵二年九月。是年執金吾，則爲南陽太守賢也。見公卿表。

光祿大夫秩祿

諸葛豐傳，元帝擢爲司隸校尉，刺舉無所避。上嘉其節，加豐秩光祿大夫。

王先謙曰，百官表，光祿大夫，秩比二千石。司隸校尉，二千石。

按，二千石，穀月百二十斛。比二千石，穀月百斛。如王說，豐本爲二千石，今爲比二千石，非加秩，是減俸矣。西漢會要，光祿大夫，增秩者爲中二千石，實得二千石也。月穀百八十斛。加豐秩光祿大夫者，其秩中二千石也。溝洫志，王延世爲光祿大夫，秩中二千石。劉向傳，周堪爲光祿大夫，秩中二千石。褚少孫，補史記侯者年表，王遷爲光祿大夫，秩中二千石。後書楊賜傳，拜爲光祿大夫，秩中二千石。凡此，皆光祿大夫，秩中二千石之證。其他，有光祿大夫秩二千石者。貢禹拜爲光祿大夫，秩二千石，是也，見本傳。有光祿大夫侍中，秩中二千石者。張放金欽皆爲光祿大夫侍中，秩中二千石是也，見張湯金日磾傳。有光祿大夫，諸吏，給事中，秩中二千石，位次丞相者。張禹孔光皆爲光祿大夫諸吏給事中，秩中二千石，光幷位次丞相，是也，各見本傳。是則光祿大夫，其秩凡有三等矣。百官表，光祿大夫，秩比二千石，一也。貢禹爲光祿大夫，秩二千石，二也。諸葛豐王延世張放金欽張禹孔光等，爲光祿大夫，或官加侍中諸吏給事中，秩中二千石，三也。王但據百官表爲說，光祿大夫秩比二千石，未能詳考耳。

辛慶忌爲左將軍在鴻嘉三年

劉輔傳，上使侍御史收縛輔，繫掖庭祕獄。羣臣莫知其故。於是中朝左將將軍辛慶忌，右將軍廉褒，光祿勳師丹，太中大夫谷永，俱上書曰云云。

錢大昕曰，考趙倢伃父之封侯，在永始元年四月，則劉輔繫獄，亦當在是時。而公卿表，慶忌爲左將軍，師丹爲光祿勳，皆在三年。廉褒爲右將軍，則在四年。谷永爲太中大夫，依本傳推校，亦當在三年。此傳所書諸人官位，俱爲乖舛。

按，錢說慶忌爲左將軍在永始三年，誤也。公卿表，鴻嘉元年，光祿勳辛慶忌爲右將軍。而傳云，慶忌爲右將軍諸吏散騎給事中，歲餘，徙爲左將軍。慶忌爲右將軍，歲餘即徙爲左將軍，則其爲左將軍，當在鴻嘉三年，不得在永始三年也。又，朱雲傳，慶忌直諫救雲，其時已爲左將軍。是後，雲居鄠田，嘗往見丞相薛宣，考宣爲丞相，在鴻嘉元年，至永始二年免。是慶忌爲左將軍，直諫救雲，決不在永始二年後。此又慶忌爲左將軍，不得在永始三年之證也。公卿表誤，辛楣考之不審耳。

光兄子山

蕭望之傳，時大將軍光薨，子禹復爲大司馬，兄子山領尙書。

師古曰，霍山，去病之孫，今云兄子者，轉寫誤爾。王先謙曰，謂禹兄子山耳，緣上文書之。顏誤會。

按，魏相傳亦誤作光兄子山。師古說是，王說非也。

烏孫請昏在元康三年

蕭望之傳，望之爲左馮翊三年，遷大鴻臚，先是烏孫昆彌翁歸靡，因長羅侯常惠上書，願以漢外孫元貴靡爲嗣，得復尙少主。詔下公卿議。望之以爲烏孫絕域，萬里結婚，非長策也。天子不聽，神爵二年，遣長羅侯惠使送公主，配元貴靡。未出塞，翁歸靡死，其兄子狂王，背約自立。惠從塞下上書，願留少主敦煌郡。惠至烏孫，因立元貴靡，還迎少主。詔下公卿議。望之復以爲不可，天子從其議，徵少主還。

王先謙曰，通鑑考異云，烏孫傳請昏在元康二年。望之傳云神爵二年。按，元康二年，望之未爲鴻臚，蓋誤以神爵爲元康也。

按，合本傳烏孫傳觀之，則烏孫請昏，在元康二年，其時望之爲左馮翊。徵還少主，在神爵二年，望之已遷爲大鴻臚。兩事並不同在一年，極分明也。烏孫傳敍兩事，孟堅於元康二年議烏孫請昏，用望之後日官位，即書大鴻臚者，蓋爲便於行文耳。考異因此而以請昏與徵少主還，同在神爵二年，誤矣。

禮儀如諸侯王

蕭望之傳，匈奴呼韓邪單于來朝，詔公卿議其儀。丞相霸御史大夫定國議曰，匈奴單于，鄉風慕化，奉珍朝賀，自古未之有也。其禮儀，宜如諸侯王，位次在下。

宋祁曰，如疑作加。

按，如不當作加，宋獻疑未當。禮儀如諸侯王，是待以臣禮，此黃霸于定國之議也。加諸侯王，即令單于位在諸侯王上，是待以不臣之禮，而以客禮待之，此蕭望之之議也。如作加，則兩議有何別乎。

蕭咸爲大司農一年

蕭咸傳，至大司農，終官。

王先謙曰，平帝元始元年，咸爲大司農，二年，卒，見公卿表。

按，表，咸爲大司農，一年，卒。

任千秋後復爲太常

馮奉世傳，奮武將軍任千秋者，其父宮，昭帝時，以丞相徵事，捕斬反者左將軍上官桀封侯。宣帝時，爲太常，薨，千秋嗣，後復爲太常。

宋祁曰，後疑作侯。

按，宋說非也。公卿表，宣帝地節四年，宮爲太常。元帝初元四年，千秋爲太常。宮千秋父子先後爲太常，故云然也。此後字，不當作侯。

東平思王三十六年

宣元六王東平思王宇傳，立三十三年薨。

周壽昌曰，表作三十二年。

按，東平思王宇，甘露二年，立，（見宣紀諸侯王表及本傳。）陽朔四年，薨。（見成紀。）甘露二年至陽朔四年，三十二年。表是，此誤。

匡衡免相在建始三年

匡衡傳，司隸校尉駿，少府忠行廷尉事，劾奏衡監臨盜所主守直十金以上。上可其奏。丞相免爲庶人。

錢大昕曰，公卿表，衡以建始三年十二月免相，而張忠爲少府在建始四年，不應有劾衡事。衡免相時，廷尉則何壽也。洪頤煊曰，恩澤侯表，衡以建始四年免。王商傳，建始三年秋，京師民無故驚言大水。至明年，商代匡衡爲丞相。此傳是，公卿表誤也。

按，公卿表，衡免在建始三年十二月丁丑。（將相表同。）據成帝紀五行志谷永傳，是年十二月戊申朔，下推三十日丁丑，爲十二月晦日。是衡免在除夜也，明朝又是一年，所以商代匡衡爲丞相，在四年。洪以公卿表爲誤，非也。又，恩澤侯表，衡以建昭三年封，七年，建始四年，免。建昭三年至建始三年，爲七年，至四年則八年矣。明四是三之譌，恩澤侯表，不足據也。

又按，公卿表，建始二年，温順爲少府，二年，下獄論。又，四年，十一月，少府張忠爲御史大夫。（將相表同。）東平相鉅鹿張忠子贛爲少府。然則劾奏衡者，當爲由少府而爲御史大夫之張忠，而非字子贛者張忠。蓋忠代順爲少府，在建始三年十二月前，此表失書，故得行廷尉事劾衡。四年十一月，忠爲御史大夫，則字子贛者代爲少府矣。錢誤以此少府張忠劾奏衡，考之不審耳。

黃門郎給事中

張禹傳，禹小子未有官，上臨候禹，禹數視其小子，上即禹牀下，拜爲黃門郎給事中。

宋祁曰，郎字上，疑有侍字。

按，馮奉世傳，參學通尚書，少爲黃門郎給事中。則西京自有此官，宋疑郎上有侍字，非也（師丹傳，有黃門郎段猶。趙充國陳遵匈奴各傳有黃門郎揚雄。佞幸傳有黃門郎淳于長董賢，王莽傳，鳳且死，以託太后及帝，拜爲黃門郎。敍傳，班穉爲黃門郎中常侍。）

張宏爲太常二年

張禹傳，禹四子，長子宏，嗣侯，官至太常，列於九卿。

王先謙曰，宏，平帝元始二年爲太常，二月，貶爲越騎校尉，見公卿表。

按，表，宏爲太常，二年，貶爲越騎校尉。

旬歲間閱三相

孔光傳，光退閭里，杜門自守，而朱博代爲丞相。數月，坐承傅太后指，妄奏事，自殺。平當代爲丞相，數月薨。王嘉復爲丞相，數諫爭忤旨。旬歲間，閱三相。

王文彬曰，旬歲，廼三歲之誤。公卿表，建平二年四月，光免，歷建平三年四年，至元壽元年三月，王嘉下獄死，恰三歲。

按，王說誤也。公卿表，建平二年四月，光免。朱博爲丞相，八月，自殺。十二月，平當爲丞相。三年，三月，當薨。四月，王嘉爲丞相。師古曰，旬，徧也，滿也。旬歲，猶言滿歲也，若十日之一周。見翟方進傳注。然則旬歲，是指建平二年四月至三年四月。三相，謂朱博，平當，王嘉也。

成公

孔光傳，敞姓成公，東海人也。

錢大昭曰，廣韻作東郡人。

按，廣韻十四清，成，姓，出上谷東郡二望，本自周文王子成伯之後。又，漢複姓十五氏。此成公，複姓也，當爲十五氏之一未必出於東郡。錢說非也。

敬武公主

薛宣傳，初宣後封爲侯時，妻死，而敬武公主寡居，上令宣尚焉。

朱一新曰，公主本嫁營平侯趙欽。欽薨，主無子。見趙充國傳。

按，敬武公主蓋有二。一張臨尙，文穎以爲成帝姊，有子放。一趙欽尙，謂敬武長公主，則無子也。張湯傳，臨尙敬武公主。放以公主子得幸，與上(成帝。)臥起，寵愛殊絕，太后以放爲言，出放爲天水屬國都尉。永始元延間，比年日蝕，故久不還放。居歲餘，徵放歸第，視母公主疾。然則放歸第，視母公主疾，當在元延中矣。據恩澤侯表，宣後封爲侯，即在永始二年。本傳，宣免後二歲，復爵，則後封爲侯，當在永始四年。是宣尙敬武公主在永始中，而放歸第視母公主疾，已在元延中，則宣所尙者，非臨尙之敬武公主，明矣。師古張湯傳注誤以宣所尙者，此敬武公主，非也。本傳，敬武長公主寡居，上(成帝，)令宣尙焉。又，主怒曰，嫂，何以取妹而殺之。既謂元后爲嫂，則是宣帝女無疑。趙充國傳，欽尙敬武公主。主無子，主教欽良人習，詐有身，名他人子。欽薨，子岑嗣侯，習爲太夫人。按，文紀注，如淳曰，列侯之妻稱夫人。列侯死，子復爲列侯，稱太夫人。此應敬武公主稱太夫人。習爲太夫人，足證敬武長公主已歸宣。朱說公主本嫁營平侯趙欽，是也。

定陶太后

朱博傳，哀帝祖母定陶太后，欲求稱尊號。

宋祁曰，陶字下，當有傅字。

按，哀帝祖母，稱定陶太后，傅太后，見哀紀傳喜師丹孔光佞幸外戚王莽各傳。稱定陶傅太后，見孔光杜鄴外戚元后王莽各傳。是定陶太后定陶傅太后，可以互稱。陶字下，不必加傅字。宋說非。

諫大夫桓譚

翟義傳，莽依周書作大誥，遣大夫桓譚等班行諭告當反位孺子之意。還，封譚爲明告里附城。

周壽昌曰，據後漢書桓譚傳，譚爲掌樂大夫。

按，據莽傳，譚時爲諫大夫。後書云，莽時爲掌樂大夫，乃新莽建國後矣。周說誤也。（錢穆教授說。）

黑龍同姓之象

谷永傳，漢家行夏正，夏正色黑，黑龍同姓之象也。

張晏曰，夏以建寅爲正，萬物在地中，色黑。今黑龍見，同姓象也，王先謙曰，李光地云，永爲異姓游說。漢以火德王，如何更以黑龍爲同姓。按，漢以火，水滅火，異姓爲陰類，此則王氏傾國之兆。

按，董仲舒有三統之說，詳繁露三代篇。三統者，黑統白統赤統也，亦稱三正。三正遞用，循環無窮。夏正黑統，殷正白統，周正赤統。漢當黑統，宜用夏正。太初改歷，以正月爲歲首，是漢家行夏正也。故永所云黑龍爲同姓之象，不誤。晏說亦是。李以爲永爲異姓游說，則非。蓋自劉向父子，於五行用相生說，推明漢爲火德。至光武即位，案圖讖，推五運，漢爲火德。周蒼漢赤，木生火，赤代蒼，始用火德，郊祀帝堯，色尚赤。成帝之世，用五行相勝，以爲漢爲土德，固未以漢爲火德也，水滅火，爲王氏傾國之兆，用於此不合，此厚庵牽强附會之說耳。

後數月大赦

王嘉傳，其封賢爲高安侯，南陽太守寵爲方陽侯，左曹光祿大夫躬爲宜陵侯。後數月，日食，舉直言。嘉奏封事曰，宜深覽前世，以節賢寵，全安其命。會祖母傅太后薨。上因託傅太后遺詔，令王太后下丞相御史，益封賢二千戶。嘉封還詔書。初，廷尉梁相，治東平王雲獄，心疑雲寃，奏欲傳之長安，更下公卿覆治。尙書令鞫譚，僕射宗伯鳳，以爲可許。制詔免相等爲庶人。後數月，大赦，嘉奏封事，薦相等明習治獄。相計謀深沈，譚知雅文，鳳經明行修。聖王有計功除過，臣竊爲朝廷惜此三人。書奏，上不能平。後二十餘日，嘉封還益董賢戶事。上怒，召嘉詣尚書。

王先謙曰，胡注，公卿表，建平元年，相爲廷尉，二年，貶。三年，方賞爲廷尉，四年，徙。本紀，雲自殺，在建平三年。大赦天下，在元壽元年正月。當治東平時，廷尉乃賞，非相。又表言相貶，不言免爲庶人。大赦，亦不在後數月也。先謙按，此表傳寫年月之誤。惟相免與貶，則未知孰誤耳。

按，龔勝傳，徙光祿大夫，守右扶風，數月，復還光祿大夫。後歲餘，丞相王嘉上書薦故廷尉梁相等。據公卿表，勝爲右扶風，在建平四年。則嘉上書薦相等，當在元壽元年，不在相等貶後數月也。考本傳兩後數月，皆指建平四年八月辛卯董賢等封侯（見恩澤侯表。）而言。上後數月，緊接賢等封侯。所謂後數月日食舉直言，即元壽元年正月辛丑朔日食詔舉直言。（見哀紀。）此後數月，乃是遙接上文賢等封侯。後數月大赦者，即元壽元年正月辛丑朔日食，大赦天下。（見哀紀。）嘉於此時奏封事薦相等，與勝傳云守右扶風後歲餘嘉上書薦相等合也。據本紀，祖母傅太后薨，在元壽元年正月丁巳。丁巳距辛丑，十七日。辛丑日食大赦，嘉上書薦相等。丁巳，傅太后薨後，益封賢二千戶，嘉封還詔書。此又與傳云書奏上不能平，復二十餘日嘉封還益董賢戶，脗合也。建平四年八月，賢等封侯，至元壽元年正月大赦，中間不過五六月，故云後數月大赦耳。按，雲自殺，紀在建平三年。相治雲獄，其時應仍爲廷尉，表以賞爲廷尉，當係傳寫年月之誤。王說極是。

綏和二年十月師丹爲大司馬

師丹傳，哀帝即位，爲左將軍，賜爵關內侯，食邑，領尚書事，遂代王莽爲大司馬，封高樂侯。月餘，徙大司空。

宋祁曰，以外戚恩澤侯表考之，丹爲大司馬，封高樂侯，在綏和二年七月。以傅喜傳考之，徙爲大爲司空，在明年正月。恐不當云月餘。

按，公卿表，綏和二年十一月丁卯，大司馬莽免。庚午，師丹爲大司馬，四月徙。傅喜傳，明年正月。丹徙爲大司空。從正月上推四月，則丹爲大司馬，當在十月。表作十一月，誤也。十月丁卯，大司馬莽免，越二日庚午，丹爲大司馬封高樂侯。恩澤表作七月庚午封，七係十之誤。五行志，綏和二年八月庚申，鄭通里男子王褒，上前殿，入非常室中，是時王莽爲大司馬。此尤爲大司馬莽免，丹爲大司馬封高樂侯，不在七月之塙證。此云月餘者，誤以十一月爲大司馬也，表作四月是。

楊雄奏甘泉羽獵二賦在成帝永始三年

楊雄傳，孝成帝時，客有薦雄文似相如者。上方郊祀甘泉泰畤汾陰后土，以求繼嗣。召雄待詔承明之庭。正月，從上甘泉還，奏甘泉賦以風。其三月，將祭后土。上迺帥羣臣，橫大河，湊汾陰。還上河東賦以勸。其十二月，羽獵，雄從，恐後世復修前好，故聊因校獵賦以風。明年，雄從上射熊館還，上長楊賦。

宋祁曰，李善云，明年謂作羽獵賦之明年，即漢書成紀云元延二年冬幸長楊宮，從胡客大校獵，是也。七略云，羽獵賦，永始三年十二月上。然永始三年，去校獵之歲，首尾四載，謂之明年，疑班固誤也。又七略云，長楊賦，綏和元年上。綏和在校獵後四歲，無容元延二年校獵，綏和元年賦，又疑七略誤。錢大昕曰，此傳皆取子雲自序，與本紀敘事多相應。如上文云正月從上甘泉，即紀所書元延二年正月行幸甘泉郊泰畤也。云其三月將祭后土，上迺帥羣臣橫大河湊汾陰，即紀所書三月行幸河東祠后土也，云其十二月羽獵，即紀所書冬行幸長楊宮從胡客大校獵也。此年秋復幸長楊射熊館，則本紀無之。蓋行幸近郊射獵，但書最初一次，餘不盡書耳。但二年郊獵，無從胡客事，至次年乃有之，并兩事爲一，則紀失之也。戴氏震以本紀元延三年無長楊校獵事，斷爲傳誤。不知羽獵長楊二賦，元非一時所作。羽獵在元延二年之冬，長楊在三年之秋，子雲自序，必不誤也。沈欽韓曰，李善注甘泉賦引七畧曰，甘泉賦永始三年正月，待詔臣雄上。漢書三年無幸甘泉之文，疑七畧誤也。愚按，成帝紀，永始四年正月，元延二年正月，四年正月，俱有行幸甘泉事，據此傳下云，其三月，將祭后土，其十二月，羽獵，不別年頭，則爲一年以內之事。奏甘泉賦，當在元延二年，與紀文方合。又曰，文選注，七畧曰，羽獵賦，永始三年十二月上。按，帝紀，當在元延二年。又曰，羽獵長楊二賦，均是二年冬事，而傳次序，一在當年，一在明年，蓋以上賦之先後爲次也。羽獵賦序，但言苑囿之廣，泰奢以風。先聞有校獵之詔，逆作賦，在行幸長楊之前。及雄從幸長楊親覩搏獸，歸奏此賦，在明年爾。蓋雄於每篇自叙作賦之由，故須別起，班但承其文耳。非有誤也。又疑七畧篇，當時文，不當有失。或雄自叙，止據奏御之日，祕書典校，則憑寫進之年，故參差先後也。

按，宋錢沈說，皆非也。郊祀志云，永始元年三月，以未有皇孫，復甘泉河東祠。成紀在三年十月，誤也。（紀云，三年冬十月庚辰，皇太后詔有司，復甘泉泰畤汾陰后土雍五畤陳倉陳寶祠。）復甘泉汾陰等祠如在三年十月，紀豈得云二年十一月行幸雍祠五畤。二年十一月已祠雍五畤，足證志文爲是，而帝紀誤矣。雄傳云，上方郊祠甘泉泰畤汾陰后土，以求繼嗣，召雄詔承明之庭。又傳贊云，大司馬車騎將軍王音，奇其文雅，召以爲門下史。薦雄待詔。歲餘，奏羽獵賦，除爲郎。給事黃門，與王莽劉歆並。據成紀，王音薨於永始二年正月。則雄待詔承明，蓋在永始元年，復甘泉河東祠之後，遲則亦當在元年二年之交，在王音薨逝之前。雄待詔歲餘奏羽獵賦，則宋錢沈說甘泉羽獵二賦，元延二年上，爲不合。七畧云，甘泉賦，永始三年正月上，羽獵賦，永始三年十二月上，是也。永始三年，正是雄待詔歲餘之時。元延二年，則已五年，雄已爲郎，給事黃門矣。子駿與雄，並爲郎，給事黃門，親見羽獵等事，七畧又爲當時文，失誤當少，雄傳又其自序之文，更不容有失誤。七畧及雄傳，正可以糾紀文之謬，而宋錢沈三氏，信帝紀而背七畧及雄傳，可謂不知本矣。然據雄傳，長楊校獵，當在永始四年冬，上長楊賦，當在元延元年。七畧云，長楊賦，綏和元年上。永始四年，長楊校獵，何以奏賦遲至綏和元年，不能明也。不敢强解，所當闕疑。

驢騾

楊雄傳，驢騾連蹇而齊足。

周壽昌曰，驢騾字，見文中始此。

按，史記司馬相如傳，騊駼橐駞，蛩蛩驒騱，駃騠驢騾。匈奴傳，其奇畜，則橐駞驢贏駃騠驒騱。本書匈奴傳，校尉常惠，與烏孫兵至右谷蠡庭，虜馬牛羊驢贏橐駞七十餘萬。（事在宣帝本始三年。）說文通訓定聲，贏，俗字作騾。是驢騾字見文中，非始於此也。

楊雄三十八歲至京師

楊雄傳，初雄年四十餘，自蜀來至游京師。大司馬車騎將軍王音，奇其文雅，召以爲門下史。薦雄待詔。

錢大昕曰，雄以天鳳五年卒，年七十一，則成帝永始四年，年始四十有一，而王音之薨，乃在永始二年正月，使果爲音所薦，則遊京師之年，尚未盈四十也。

按，文選注，七畧曰，子雲家牒言以甘露元年生。王音薦雄待詔，則在永始元年。甘露元年至永始元年，爲三十八年。則雄遊京師，三十八歲也。

通鑑誤以薦雄者爲王根

楊雄傳，大司馬車騎將軍王音，奇其文雅，召以爲門下史。薦雄待詔。歲餘，奏羽獵賦。

宋祁曰，通鑑考異云，雄自序云，上方郊祠甘泉泰畤，召雄待詔承明之廷，奏甘泉賦。其十二月，奏羽獵賦。事在元延元年。時王音卒已久，蓋王根也。

按，王音薦雄待詔，在永始元年。奏甘泉羽獵賦，在永始三年。辨已見前。考異以爲奏賦在元延元年，因疑薦雄者爲王根，而非王音，誤。

楊雄投閣不在始建國二年

楊雄傳，王莽時，劉歆甄豐，皆爲上公。莽既以符命自立，即位之後，欲絕其原，以神前事，而豐子尋，歆子棻，復獻之。莽誅豐父子，投棻四裔。辭所連及，便收不請。時雄校書天祿閣上，治獄使者來欲收雄，雄恐不能自免，廼從閣上自投下，幾死。

周壽昌曰，莽始建國二年。

按，莽傳，定安太后更號爲黃皇室主，在始建國二年十一月。則尋作符命，言黃皇室主爲尋之妻，必在十一月以後。而莽以十二月爲正，尋作符命，或已在三年也。莽因是發怒，收捕尋。尋亡，歲餘捕得，辭連國師公歆子棻。

（見莽傳。）云歲餘捕得，則尋棻之誅，雄之投閣，其事決不在始建國二年矣。

漢官儀是舉博士狀

儒林傳，太常擇民年十八以上，儀狀端正者，補博士弟子。

司壽昌曰，漢官儀，舉博士狀，有身無金痍痼疾一條。藝文類聚御覽職官部引同。

按，漢官儀，是舉博士狀，周以之說博士弟子，不合。

王璜上省琅邪

儒林傳，孔氏有古文尚書，孔安國以今文字讀之，因以起其家逸書，得十餘篇。安國爲諫大夫，授都尉朝。朝授膠東庸生。庸生授清河胡常。常授號徐敖。敖授王璜，平陵塗惲子眞。

周壽昌曰，按，釋文本，王璜上有琅邪二字。

按，王璜又傳費氏易，其籍琅邪，其字平仲，已見上文，所以此處皆不覆出而省去耳。周說未爲當也。

客歌驪駒

儒林傳，江公心嫉式，謂歌吹諸生曰，歌驪駒。式曰，聞之於師，客歌驪駒。主人歌，客毋庸歸。

劉敞曰，尋文衍一客字。驪駒者，客將歸之歌。主人無所歸，不當歌也。

按，式爲客，諸生爲主人，驪駒，客將歸，歌之。今諸生歌之，故式自謂客，毋庸歸也。客非衍字，劉說非。

張游卿門人王扶許晏

儒林傳，張生兄子游卿，爲諫大夫，以詩授元帝。其門人，琅邪王扶，爲泗水中尉。陳留許晏，爲博士。

宋祁曰，尉字下當有授字。
按，其門人三字，統下二人而言。王扶許晏，皆是張游卿門人。宋說非也。
清河哀王乘
儒林傳，後上以固廉直，拜爲清河太傅。
王先謙曰，徐廣注，哀王嘉。
按，集解，徐廣曰，哀王乘。補注作嘉，誤也。
眭孟從嬴公受春秋
儒林傳，唯嬴公守學，不失師法，授東海孟卿，魯眭孟。
朱一新曰，後書云，授東海孟卿。孟卿授魯人眭孟。
按，眭孟傳，從嬴公受春秋。是後書誤也，不可從。
河南太守嚴彭祖
儒林傳，彭祖爲宣帝博士，至河南東郡太守，以高等入爲左馮翊，遷太子太傅。
宋祁曰，或無東字。
按，宋說是也。公卿表作河南太守嚴（原作劉，依王先謙說改。）彭祖爲左馮翊，遷太子太傅，可證。
元始五年尹咸爲大司農
儒林傳，尹更始又受左氏傳，傳子咸，咸至大司農。

朱一新曰，公卿表不載。

按，大司農尹咸，見公卿表元始五年。

五官中郎將秩比二千石

儒林傳，大司馬票騎將軍，薦鳳明經通達，擢爲光祿大夫，遷五官中郎將。

王先謙曰，百官表，中郎有五官將，秩比千石。

按，百官表，五官中郎將，秩比二千石，王說誤

王成爲膠東國相在頃王十六年前

循吏傳，王成爲膠東相，治甚有聲，宣帝最先褒之。地節三年，下詔曰，今膠東相成，治有異等之效，其賜成爵關內侯，秩中二千石。

周壽昌曰，成爲國相，在膠東頃王二十三四年間。

按，諸侯王表，膠東頃王嗣立，在昭帝始元五年，下數至宣帝地節三年，爲十六年。周說成爲膠東相，在頃王二十三四年間，未知何據。

黃霸爲丞相在五鳳三年

循吏傳，後數月，徵霸爲太子太傅，遷御史大夫。五鳳三年，代邴吉爲丞相，封建成侯。

宋祁曰，景本三作二。王文彬曰，表係三年，作二誤。

按，丙吉傳，五鳳三年，春，吉病篤。及吉薨，御史大夫黃霸爲丞相。是霸爲丞相，的在五鳳三年。

咸宣死時杜周爲廷尉

酷吏咸宣傳，宣下吏，爲大逆，當族，而杜周任用。

周壽昌曰，周傳，宣爲右內史，周爲廷尉。又云，周中廢，爲執金吾。據公卿表，宣自殺，當太初四年。又云天漢二年，故廷尉杜周爲執金吾。是宣死時，周亦中廢也。傳著此，以明武帝任用酷吏。然周爲執金吾，至御史大夫，實在宣自殺後數年，事勢不相接。

按，公卿表，元封二年杜周爲廷尉，十一年，免。數之，其免應在天漢二年。然在是年，表即書故廷尉杜周爲執金吾。則周中廢，纔數月耳，並亦在天漢二年也。是太初四年，宣死時，（宣自殺，當在太初三年。）周正爲廷尉，不得謂中廢，苻農說誤。

淮陽圉縣

酷吏田廣明傳，公孫勇衣繡衣，乘駟馬車至圉。

師古曰，陳留圉縣。周壽昌曰，圉在漢屬淮陽。後漢始屬陳留。廣明爲淮陽太守治此，事可證。顏注微誤。

按，功臣表，江喜以圉嗇夫，捕反者故城父令公孫勇，侯轑陽。師古彼注，又云，圉，淮陽縣也，前後有所不照矣。

貨殖傳有漢以前人

貨殖傳，後年衰老，聽子孫脩業而息之，遂至鉅萬，故言富者稱陶朱。

齊召南曰，按，范蠡子貢白圭猗頓烏氏巴寡婦清，其人皆在漢以前，不應與程卓諸人並列。此則沿襲史記本文，未及刊除者也。劉知幾每譏班氏失於裁斷，此亦其彰彰者。

按，司馬遷撰史記，自太初已下，闕而不錄，班彪因之，演成後記，以續前編，是彪固欲踵繼其書也。固以父彪所續前史未詳，乃潛精研思，以就其業。又以漢紹堯運，而成帝業，不欲編於百王之末，厠於秦項之列，乃斷自高祖，盡於王莽，勒成一史，目爲漢書。然特紀傳所載，限以二百三十年間漢君臣事跡耳。而十志則猶是八書，以紀制度沿革，視史記加詳焉。八表中之古今人表，上起羲農，下迄陳項，實合三代世表，十二諸侯年表，六國表，而爲一。又史表所載，惟帝王諸侯。此則歷代人物，不論忠奸賢不肖，上知與下愚，兼及佚女文母，艷妻寵姬，囊括靡遺。即百官公卿表，亦始於羲農軒轅之設官分職也。明乎此，則此傳紀敍漢以前之人，及匈奴傳有漢以前交涉，無足怪焉。即此而論，漢書又似史記。故范蔚宗謂班氏最有高名，既任情無例，不可甲乙辨。斯言實最允矣。

衞將軍進言田仁

游俠郭解傳，衞將軍爲言，郭解家貧，不中。

周壽昌曰，青素謹畏，不肯薦士。所言於上者，獨主偃郭解兩人。尚有咸宣，亦因青言上，爲廐丞。

按，田仁亦以衞將軍進言於上，爲郎中，見田叔傳。

鎭戎大尹天水太守

游俠原涉傳，王莽末，東方兵起，諸王子弟多薦涉能得士死可用，莽乃召見，責以皐惡赦貫，拜鎭戎大尹天水太守。

錢大昕曰，王莽改天水曰鎭戎，太守爲大尹。既云鎭戎大尹，不當更云天水太守。疑本注文，後人誤入正文。

沈欽韓曰，後書馬援傳，莽從弟衛將軍林，辟援及原涉爲椽，薦之於莽。莽以涉爲鎭戎大尹。鎭戎即王莽所改天水名。疑校書者注天水太守於旁，而誤入正文也。

按，莽傳云，一郡至五易名，而還復其故，吏民不能紀，每下詔書，輒繫其故名。竊意天水太守，即繫其故名，此僅存於史者。錢沈疑是注文，誤入正文，恐非是。（地理志，上谷郡，莽曰朔調。後書耿弇傳，父況，爲王莽朔調連率。郭伋傳，王莽時，爲上谷大尹。朔調又名上谷，亦此類也。）

軍臣單于文帝後五年立

匈奴傳，後四年，老上單于死，子軍臣單于立。

王先謙曰，集解，徐廣云，後元三年立

按，史記匈奴傳作後四歲，是也。此謂文帝後二年荅單于書之後四年。則老上單于死，當在後五年。軍臣單于，不應在後三年立也。下文云軍臣單于立歲餘，匈奴大入上郡雲中。據文紀天文志，此事在後六年十一月。軍臣單于，後五年立，故此云歲餘。如後三年立，至後六年，已四年，豈得謂歲餘耶。此亦軍臣單于後五年立之證。徐說誤。

恭友

匈奴傳，其夏，匈奴數萬騎入代郡，殺太守共友，畧千餘人。

師古曰，共友，太守姓名也。共讀曰龔。王先謙曰，共友，史記作恭友。

按，史記匈奴傳，匈奴入殺代郡太守恭友，畧千餘人。衛將軍傳，匈奴入殺代郡太守友。集解，徐廣曰，友者，太守名也，姓共也。然則及當作友，二字形近，轉寫誤爾。

武威酒泉置郡不在元狩二年

匈奴傳，其秋，昆邪王殺休屠王，幷將其衆降漢。於是漢已得昆邪，則隴西北地河西，益少胡寇。
王先謙曰，武紀以其地爲武威酒泉郡。
按，紀文誤也。酒泉郡，元鼎六年開。武威郡，昭宣間置。詳河西四郡建置考。

史作南越不誤

匈奴傳，烏維立三年，漢已滅兩越。
王先謙曰，據武紀，遣公孫賀等在元鼎六年秋，滅南越在六年春，滅東越在明年春，六年尚未滅也，此兩爲南之誤，史記亦誤。
按，史記作南越，不誤。

征和三年匈奴入五原酒泉

匈奴傳，其年，匈奴復入五原酒泉，殺兩部都尉。
王先謙曰，據武紀，其年當作其明年，征和三年事也。
按，李廣利傳，正作正和三年。

匈奴謀歸蘇武在始元五年

匈奴傳，後二年秋，單于年少初立，母閼氏不正，國內乖離，尚恐漢兵襲之。廼謀歸漢使不降者蘇武馬宏等。

是時單于立三歲矣。明年匈奴發左右部二萬騎爲四隊，並入邊爲寇。

王先謙曰，據昭紀在始元六年，又曰，元鳳元年。

按，本傳，壺衍鞮單于立十七年薨，在宣帝地節二年。由是上推，則其立在昭帝始元三年。謀歸漢使蘇武等，旣在其即位之三歲，則是在始元五年。王說在六年，誤。（傳云，後二年秋，謀歸漢使蘇武等。是時單于立三歲矣。按，此後二年秋，始元五年秋也。如爲始元六年秋，則據昭紀及武傳，武還在始元六年春二月，何得云在是年秋謀歸武等也。則此後二年，非始元六年，明矣。）此明年，是始元六年，王說元鳳元年，亦誤。

此明年是元鳳元年

匈奴傳，明年，復遣九千騎，屯受降城，以備漢。

王先謙曰，二年

按，王說非也。上明年爲始元六年，則此是元鳳元年。

此明年是元鳳二年

匈奴傳，明年，單于使犁汙王窺邊。

王先謙曰，以上下文推之，此明年二字當衍。

按，王說非也。上爲元鳳元年，則此是二年。（上爲元鳳元年，此爲二年，故下其明年是元鳳三年。翟光欲發兵要擊烏桓，拜范明友爲度遼將軍，擊之。昭紀在元鳳三年也。）

西域城郭共擊匈奴取車師在地節二年

匈奴傳，其明年，西域城郭共擊匈奴，取車師國，得其王及人衆而去。

王先謙曰，地節三年。

按，西域後長城國傳，地節二年，漢遣侍郎鄭吉校尉司馬熹田渠犁，發城郭諸國兵，與所將田士共擊破車師。車師王降吉。車師王恐匈奴兵復至奔烏孫。吉還，傳送車師王妻子詣長安。於是吉始使吏卒三百人別田車師，則此是地節二年事，王以爲在三年，誤。（徐松云，據傳，此爲地節二年秋。匈奴傳以爲事在三年，誤。）

此其明年是地節三年

匈奴傳，其明年，匈奴怨諸國共擊車師，遣左右大將各萬餘騎，屯田右地，欲以侵迫烏孫西域。

王先謙曰，四年。

按，王說非也。上爲地節二年，則此是三年。

後二歲是元康元年

匈奴傳，後二歲，匈奴遣左右奥鞬王六千騎，與左右大將，再擊漢之田車師城者，不能下。其明年，丁令比三歲入盜匈奴，殺畧人民數千，驅馬畜去，匈奴遣萬餘騎往擊之，無所得。其明年，單于將十餘萬騎旁塞獵，欲入邊寇。未至，會其民題除渠堂亡按漢，言狀，漢以爲言兵鹿奚盧侯。而遣後將軍趙充國，將兵四萬餘騎，屯緣邊九郡，備虜。月餘，單于病歐血，因不敢入，還去。即罷兵。廼使題王都犂胡次等入漢，請和親，未報，會單于死，是歲，神爵二年也。

王先謙曰，地節後爲元康，上是地節四年，下明年爲神爵元年。此後二歲，當爲後四歲，方合元康四年之數。

按，上是地節三年，則此後二歲，當爲元康元年。（按，馮奉世傳西域莎車傳，匈奴發兵攻車師城不能下，在元康元年。）下明年，爲二年。又下明年，爲三年。單于發十餘萬騎，欲入爲寇，題除渠堂降漢，趙充國將四萬騎，屯緣邊九郡。趙充國傳明載此事在元康三年。王以此與匈奴請和親，單于死爲同在神爵二年，誤。

此其明年是元康二年

匈奴傳，其明年，丁令比三歲入盜匈奴，殺畧人民數千，驅馬畜去，匈奴遣萬餘騎往擊之，無所得。

王先謙曰，神爵元年。

按，王說非也。上後二歲爲元康元年，則此是元康二年。

云在制虜塞

匈奴傳，呼都而尸單于輿旣立，貪利賞賜，遣大且渠奢，與云女弟當戶居次子醯櫝王，俱奉獻至長安。莽遣和親侯歙，與奢等俱至制虜塞下，與云，當，會因以兵迫脅，將至長安。

王先謙曰，上文昭君二女，長女云，爲須卜居次。小女爲當于居次。此當戶，乃當于之譌。與云下，應更有云字，文義乃明。據下文，云與當俱來也。

按，奢與醯櫝王奉獻至長安時，云與當則在制虜塞，未同行也。云與當後爲和親侯歙迫脅至長安耳。與云下，不當更有云字。王說非。

醯櫝王非云當少男

匈奴傳，云，當，小男從塞下得脫歸匈奴。

王先謙曰，即上文子醯櫝王。

按，王昭君二女，長女云，爲須卜居次，小女爲當于居次。云當之當，即須卜當，云之壻也。醯櫝王爲當于居次子，王以爲云，當，小男，誤。

漢於閩粵不設郡

兩粵傳，閩粵王無諸及粵東海王搖，其先皆粵王勾踐之後也，姓騶氏。秦幷天下，廢爲君長，以其地爲閩中郡。

王鳴盛曰，地理志，載秦三十六郡，無閩中郡。蓋置在始皇晚年，且雖屬秦，而無諸與搖君其地如故。屬秦未久，旋率兵從諸侯滅秦，故不入三十六郡之數。

按，王說非也。凡秦時舊郡，漢虛其地，不置郡者，即不書，如閩中郡是。武帝時，將東甌閩越人民徙處江淮間，其地遂虛。西漢一代，未嘗置郡，則地理志中，無閩中郡，自不足怪。

東粵閩粵其地皆虛

兩粵傳，東粵陿多阻，閩粵悍，數反覆，詔軍吏皆將其民，徙處江淮之間，東粵地遂虛。

洪頤煊曰，武紀元封元年，詔東越險阻反覆，爲後世患，遷其民於江淮間，遂虛其地，而不及閩越。此傳云無諸爲閩粵王，王閩中故地，都冶。朱買臣傳，故東越王居保泉山，今聞東粵王更徙處南行，去泉山五百里。地理志會稽郡有冶縣，而無泉山，此亦當日僅虛東粵，而不及閩越之證。

按，洪說誤也。此傳明云皆將東粵閩粵民徙處江淮之間。一皆字，可知不僅虛東粵，並虛閩粵也。元封元年詔書，但及東粵者，以建元中閩粵王郢被殺，繇王奉閩粵祭祀，即無閩粵矣，而東粵王餘善則威行國中，所以詔書但及東粵也。沈約宋志云，漢武世，閩粵反，徙其民於江淮間，虛其地，後有逃遁山谷者頗出，立為冶縣。屬會稽。冶縣非當時所立，此非東粵閩粵，其地幷虛之證乎。

匈奴置日逐王不得遲至太始時

西域傳，西域諸國，大率土著，有城郭田畜，與匈奴烏孫異俗，故皆役屬匈奴。匈奴西邊日逐王，置僮僕都尉，使領西域。

徐松曰，匈奴傳，狐鹿姑單于，始以左賢王子先賢撣為日逐王，蓋置在太始時。西邊者匈奴右部，界西域。

按，據匈奴傳，冒頓使右賢王擊滅月氏，服屬樓蘭烏孫呼揭，及其旁二十六國，在文帝二三年間，至武帝太始時，已八十餘年，則匈奴置日逐王，不得遲至太始時。又，先賢撣當繼其父為左賢王，而狐鹿姑單于更以為日逐王，並非始立也。徐說日逐王，置於太始時，非。

酒泉郡元鼎六年開

西域傳，初置酒泉郡。

徐松曰，地理志，酒泉郡，武帝太初元年開。

按，酒泉郡，武帝元鼎六年開。詳河西四郡建置考。

屯田輪臺在昭帝初年屯田渠犁在宣帝地節二年

西域傳，輪臺渠犁，皆有田卒數百人。

徐松曰，此據昭帝時言之，李廣利傳注，輪臺國名。渠犁，武紀臣瓚注，西域胡國名。蓋西域小國，漢滅之，以置田卒。渠犁田士千五百人，今分田輪臺，故各數百人。

按，鄭吉傳，自張騫通西域，李廣利征伐大宛之後，初置校尉，屯田渠犁，似在武帝時，即已屯田渠犁矣。然據後城長傳，漢遣侍郎鄭吉，校尉司馬憙，田渠犁，在宣帝地節二年。初置校尉屯田，不在渠犁，而在輪臺也。屯田輪臺，在昭帝初年，用桑弘羊議，以杅彌太子賴丹爲校尉將軍，見渠犁傳。孟堅於吉傳不數輪臺，大約以屯田輪臺，不久即罷，又以杅彌太子賴丹爲校尉耳。星伯泥於此傳之文，以爲武帝初置校尉屯田在渠犁，昭帝時分置輪臺，殊失其實，不可從。

安遠侯鄭吉歸德侯先賢撣神爵三年封

西域傳，其後日逐王畔單于，將衆來降，護鄯善以西使者鄭吉迎之。既至，漢封日逐王爲歸德侯，吉爲安遠侯，是歲神爵三年也。乃因使吉并護北道，故號稱都護。

齊召南曰，按宣紀，是神爵二年事。此三字訛，通鑑考異已辨之。

按，功臣表，安遠侯鄭吉，歸德侯先賢撣日逐王，神爵三年四月封。此是紀二人封侯之年，非謂都護之置，在是歲也。温公及次風，誤解此文耳。

屯田渠犁始於宣帝時

西域傳，屯田車師前王庭。

徐松曰，後王庭近匈奴，故不可田。考漢時屯田，常在渠犁。昭帝時，分置輪臺。宣帝時，別田車師，皆不久即罷。至元帝時，屯田車師前王庭，方罷渠犁之屯，故陳湯傳發車師戊己校尉屯田吏士，不言渠犁。

按，徐說漢時屯田，常在渠犁，是也。惟屯田渠犁，始於宣帝地節二年，不得謂昭帝時，分置輪臺耳。

塞王非大夏之王

西域罽賓國傳，昔匈奴破大月氏，大月氏西君大夏，而塞王南君罽賓。

徐松曰，塞王，大夏之王也。按史記，大夏在大宛西南二千餘里。則罽賓在東，不專於西。

按，烏孫傳云，烏孫國，本塞地也。大月氏西破走塞王，塞王南越縣度，大月氏居其地。後烏孫昆莫擊破大月氏，大月氏徙西臣大夏，而烏孫昆莫居之。故烏孫民有塞種大月氏云。據此，則烏孫國爲塞王故地。蓋大月氏本居敦煌祁連間，一徙於塞王國，再遷於大夏。自大月氏西遷大夏，而後烏孫入居於塞王故地。徐說塞王爲大夏之王，誤。

大月氏國非塞王故地

西域罽賓國傳，塞種分散，往往爲數國。

徐松曰，大月氏國，即塞王故地也。

按，塞王故地，後爲烏孫國，非大月氏國，辨見上。

市列

西域罽賓國傳，市列，以金銀爲錢，文爲騎馬，幕爲人面。

王念孫曰，通典同。按市列上脫有字，則文不成義。漢紀作有市肆，肆即列也。

按，下烏弋山離國，市列，錢貨兵器，金珠之屬，皆與罽賓同。市列上亦無有字。

河西四郡本爲月氏烏孫故地

西域大月氏國傳，大月氏，本居敦煌祁連間。

徐松曰，據隋書，月氏王，姓溫，居祁連山北之昭武城。史記正義云，初月氏居敦煌以東，祁連山以西。按，張氏蓋以今甘州南山爲祁連也。河西四郡未開時，武威張掖諸郡，皆匈奴地，月氏安得居之，故顏張騫傳注易之曰祁連山以東，敦煌以西。

按，河西四郡，本爲月氏烏孫故地。烏孫傳，騫言烏孫本與大月氏共在敦煌間，可證。張騫傳，大月氏攻殺烏孫王難兜靡，奪其地，人民亡走匈奴。據匈奴傳，月氏最强盛，幷滅烏孫，在頭曼單于時。月氏殆奄有以後河西四郡之地也。又，匈奴傳，漢兵與項羽相距，中國罷於兵革，冒頓單于得自彊，而西擊走月氏。張騫傳，月氏爲匈奴所破，西擊塞王，塞王南走遠徙，月氏居其地。烏孫傳，烏孫國，本塞地也。大月氏西破塞王，塞王南越縣度，大月氏居其地，是匈奴破月氏，月氏徙塞地，而後匈奴始有月氏地，爲昆邪休屠王國，非本爲匈奴地也。徐說爲匈奴地，月氏不得居之，大謬。至顏張騫傳注之誤，齊召南已駁之，謂當云祁連以西，敦煌以東。

大宛無絲漆

西域大宛傳，其地皆絲漆，不知鑄鐵器。

王念孫曰，皆本作無。無絲漆，不知鑄鐵器，皆言其與中國異也。今作其地皆無絲漆者，涉上文皆深目而誤。通典邊防八，正作無絲漆。

按，史記大宛傳，正作其地無絲漆。

敦煌郡後元年置

西域烏孫傳，始張騫，言烏孫本與大月氏共在敦煌間。

徐松曰，敦煌之置，在元鼎六年，騫時無此郡。

按，敦煌之置，不在元鼎六年，當從志，在後元年。詳河西四郡建置考。

張騫卒年

西域烏孫傳，昆莫年老，國分，不能專制，廼發使送騫。

徐松曰，大宛傳作送騫還。按騫使烏孫，歸在元鼎二年。明年騫卒。

按，騫傳，騫還，拜爲大行，歲餘騫卒。公卿表，元鼎二年，騫爲大行，三年，卒。傳云歲餘者，連元鼎二年至四年計之，故表云三年卒。騫卒於四年，不在三年，徐說非，辨見前。

都護鄭吉至五鳳三年六歲不更

西域烏孫傳，都護鄭吉，使馮夫人說烏就屠，以漢兵方出，必見滅，不如降。

徐松曰，段會宗傳，爲西域都護，三歲更盡還。如淳曰，邊吏三歲一更。今鄭吉自神爵二年爲都護，至甘露元年，已八年，不更者，或吉時，未定此制。

按，漢兵方出，謂破羌將軍出兵征烏孫也。此在五鳳三年，（說見下。）距神爵二年，吉爲都護，六年耳。徐說誤。

破羌將軍不出塞還在五鳳三年

西域烏孫傳，烏就屠襲殺狂王，自立爲昆彌，漢遣破羌將軍辛武賢，將兵萬五千人，至敦煌。詔立元貴靡爲大昆彌，烏就屠爲小昆彌，皆賜印綬。破羌將軍不出塞還。

徐松曰，以上甘露元年事。

按，趙充國傳，辛武賢自羌軍還後七年，復爲破羌將軍，征烏孫，至敦煌後，不出，據宣紀及充國傳，羌軍還，在神爵元年，下數七年，爲五鳳三年，非甘露元年也。徐說非。

常惠爲大小昆彌分別人民地界當在五鳳三四年

西域烏孫傳，後烏就屠不盡歸諸翎侯民衆。漢復遣長羅侯惠，將三校屯赤谷，因爲分別其人民地界。大昆彌戶六萬餘，小昆彌戶四萬餘。

徐松曰，以上當爲甘露二年事。

按，詔立元貴靡爲大昆彌，烏就屠爲小昆彌，在五鳳三年，則常惠爲分別其人民地界，當即在五鳳三年或四年，不當在甘露二年。

日貳亡阻康居

西域烏孫傳，小昆彌烏就屠死，子拊離代立，爲弟日貳所殺。漢遣使者立拊離子安日爲小昆彌，日貳亡阻康居，漢徙已校屯姑墨，欲侯便討焉。

徐松曰，陳湯傳，西域都護段會宗，爲烏孫兵所圍，即日貳攻圍之事。會宗以竟寧元年爲都護，此事在建始元二年。

按，陳湯傳，西域都護段會宗爲烏孫所圍，驛騎上書，丞相王商大將軍王鳳與百僚議。公卿表，王商爲丞相在建始四年，則不得謂日貳攻圍之事，定在建始元二年。此事當在建始四年，或河平元年，辨見前。（通鑑繫此事於建始四年。）

漢通西域在元鼎中

西域渠犁城傳，自武帝初通西域，置校尉，屯田渠犁。

徐松曰，漢通西域，在太初三年。鄭吉傳，自張騫通西域，李廣利征代之後，初置校尉，屯田渠犁。

按，張騫傳，騫至烏孫，致賜諭指。即分遣副使使大宛康居月氏大夏。烏孫發譯道送騫，與烏孫使數十人，報謝。騫還，拜爲大行。歲餘騫卒。後歲餘，其所遣副使通大夏之屬者，皆頗與其人俱來，於是西北諸國始通於漢矣。公卿表，元鼎二年，騫爲大行，三年卒。三年者，連二年與四年數之，是騫卒在四年。騫卒後歲餘，西北諸通於漢，當在元鼎五六年。徐說漢通西域，在太初三年，非也。又按本傳，昭帝初，用桑弘羊前議，以杅彌太子賴丹爲校尉將軍，田輪臺。後長城傳，宣帝地節二年，遣侍郎鄭吉，校尉司馬熹，田渠犁。是武帝時實未屯田西域。孟堅此文，蓋是總言之耳，學者所當明辨之也。

武帝未置校尉屯田輪臺

西域渠犁傳，臣愚以爲可遣屯田卒，詣故輪臺以東，置校尉三人分護。

徐松曰，欲分田卒，故，增置一校尉。漢紀作三人。

按，據後城長傳，鄭吉得自車師出，歸渠犁，凡三校尉屯田，在宣帝元康中。此云校尉三人，擬議之詞耳，其實武帝時，未屯田輪臺也。徐說分渠犁田卒田輪臺，增置一校尉，誤。

開陵侯擊車師在征和三年

西域渠犁傳，前開陵侯擊車師時，危須尉犁樓蘭六國子弟在京師者，皆先歸。

徐松曰，功臣侯表，開陵侯成娩，以故匈奴介和王將兵擊車師。據後傳，事在征和四年。

按，星伯於後城長傳，征和四年云，當從武紀李廣利傳，作三年。此又云四年。其說前後分歧，實則開陵侯擊車師，在三年，不在四年也。

賴丹爲校尉田輪臺

西域渠犁傳，昭帝乃用桑弘羊前議，以扜彌太子賴丹爲校尉將軍，田輪臺。

徐松曰，即三校尉之一。

按，徐說非也。宣帝元康中，鄭吉屯田渠犁，始有三校尉。昭帝時使賴丹爲校尉，田輪臺，不得云三校尉之一。

元封三年西域已通

西域後城長傳，武帝天漢二年，以匈奴降者介和王爲開陵侯，將樓蘭國兵，始擊車師。

徐松曰，元封三年，漢已破姑師，其時西域未通，非欲有其地，至是始與匈奴爭之，故言始。

按，漢通西域，在元鼎中。不得云元封三年，西域未通也。

匈奴左大將擊車師城在元康元年

西域後城長傳，得降者言。

徐松曰，自此以下，據通鑑爲元康二年事。

按，下文云，圍城數日廼解。星伯以爲即是匈奴遣左右奧鞬各六千騎與左大將，再擊漢之田車師城者，不能下一事。據匈奴傳，左大將再擊漢之田車師城，在元康元年，通鑑繫於二年，誤。

始建國作建國

西域後城長傳，王莽簒位，建國二年，以廣新公甄豐爲右伯。

徐松曰，當作始建國。

按，功臣表云，建國元年。又云，建國二年。王莽傳上云，建國元年。匈奴傳云，建國元年。又云，建國五年。與此傳同，均無始字。

武帝時河西未置四郡

西域傳贊，孝武之世，圖制匈奴，患其兼從西國，結黨南羌，廼表河曲，列西郡。

宋祁曰，新本西作四。錢大昭曰，作四是也。四郡，武威酒泉張掖敦煌。

按，元鳳三年之居延簡中，有金城張掖酒泉敦煌四郡，而無武威，勞貞一氏據鹽鐵論以證武威之置郡較遲。幷謂，據漢簡推定武威置郡之年代，早不得逾元鳳三年十月，晚不得逾地節三年五月。然則武帝時，河西未置四郡。（哀帝時，太僕王舜中壘校尉劉歆議曰，孝武皇帝，西伐大宛，幷三十六國，結烏孫，起敦煌酒泉張掖，以鬲婼羌，裂匈奴之右臂，亦不及武威郡。）新本西作四，非也。

建珠厓七部

西域傳贊，睹犀布瑇瑁，則建珠厓七部。

徐松曰，地理志，粵地處近海，多犀象瑇瑁珠璣銀銅果布之湊。建珠厓七郡。漢紀作開犍爲珠厓七部。按，武紀及地理志，元鼎六年定越，以爲南海蒼梧鬱林合浦交阯九眞日南珠厓儋耳郡。元帝時，始棄珠厓儋耳兩郡。則七郡當作九郡。漢紀數犍爲者亦非。

按，賈捐之傳，捐之之對云，南海八郡。韋玄成傳，王舜劉歆之議，云起七郡。及此贊孟堅云建七部。皆據當時郡數言之。徐說七郡當作九郡，非。

少翁不得以方夜致李夫人

外戚李夫人傳，上思念李夫人不已，方士齊人少翁，言能致其神。

周壽昌曰，封禪書，上有所幸王夫人，夫人卒，少翁以方，蓋夜致王夫人。是即前所云趙之王夫人，非李夫人也。王李皆早卒，而王敍在李前，視李夫人先卒，可知。李夫人有子爲昌邑哀王，其封以天漢四年。少翁之誅，在元狩四年。距王封時，已二十三年。王封十一年而薨，謚之曰哀，年必不永。即以二十歲分封，當少翁死時，王尚未生，即李夫人何以死也。通鑑據史記作王夫人。注曰，齊王閎之母。亦明班史有誤也。鉤弋傳云，寵臣姬王夫人，男齊懷王，是胡注所本。或有以少翁作李少君者，尤誤。少君誅死，更在少翁十數年前。王益之西漢年紀，謂漢書史記並誤。其考異云，少翁之死，在元狩四年。而褚先生補云，元狩六年，帝欲王諸子。時齊王閎母王夫人病，帝自臨問之曰，子當王，安所置之。王夫人曰，願君雒陽，帝曰，先帝以來，無王雒陽者。關東之國，莫勝於齊，乃立閎爲齊王。是元狩六年，王夫人尚無恙，而少翁之死已二年矣，豈得云致鬼如王夫人之貌乎。故於年紀，除其姓，云上有所幸夫人云云。按，王氏考核詳辨。然武帝分封三子，皆在元狩六年。齊王閎封時，不必其母猶存。封齊之語，或先有成約，後踐其言，未可定也。褚補史記，每有言與事不相應者。史公當武帝朝，此當不舛，似宜從史記作王夫人爲是，亦不必云無姓也。

按，郊祀志，既滅南粵，嬖臣李延年以好音進。據本傳，李夫人之進，則以延年歌北方佳人也。南粵之滅，在元鼎六年。是李夫人之召見，當在是年以後。大宛傳，上欲侯寵姬李氏，拜李廣利爲貳師將軍，以往伐宛。是歲，太初元年也。是太初元年，初伐大宛時，李夫人尚在也。佞幸傳，李夫人產昌邑王，延年繇是貴，爲協律都尉。久之，延年弟季，與中人亂，出入驕恣。及李夫人卒後，其愛弛，上遂誅延年兄弟宗族。外戚世家，李夫人早卒。其兄延年以音幸，號協律。兄弟皆坐姦族。是時其長兄廣利爲貳師將軍，伐大宛，不及誅。而上既夷李氏，後憐其家，乃封爲海西侯。據武紀，廣利伐大宛還，在太初四年春。又據功臣表，廣利封海西侯，在太初四年四月。則延年兄弟坐姦族，當在太初二三年，李夫人之卒，亦當在其時也。而少翁之誅，在元狩六年，其時李夫人尚未入宮，則李夫人卒，斷無少翁爲致其神，班史之誤，可無疑耳。通鑑繫少翁之誅於元狩四年，西漢年紀，漢書注補正，從之，均非。封禪書，天子苑有白鹿，以其皮爲幣，造白金焉。其明年，郊雍，獲一角獸，若麟然。明年，少翁以鬼神方見上。少翁以方夜致王夫人。據武紀，以銀錫造白金，及皮幣，在元狩四年，則獲麟在五年，少翁以方見上在六年。是王夫人卒，少翁得以方致其神也。史記不誤。褚補史記，年與事亦並無不合。王氏考核不審，荇農稱許之，何耶。

樂昌侯六千戶

外戚史皇孫王夫人傳，封舅無故爲平昌侯，武爲樂昌侯，食邑各六千戶。

錢大昕曰，外戚侯表，無故，武，皆六百戶。

按，外戚侯表，無故，六百戶。武，六千戶。（褚補史表，無故，武，皆五千戶，元康元年封，與漢表傳異。）

王氏十侯

外戚王皇后傳，孝元王皇后，成帝母也，家凡十侯，五大司馬。

師古曰，十侯者，陽平頃侯禁，禁子敬侯鳳，安成侯崇，平阿侯譚，成都侯商，紅陽侯立，曲陽侯根，高平侯逢時，安陽侯音，新都侯莽也。五大司馬者，鳳音商根莽也。一曰鳳嗣禁爲侯，不當重數。而十人者淳于長，即其一也。何焯曰，元后傳云，後又封太后姊子淳于長爲定陵侯，王氏親屬侯者，凡十人，則顏注後說是。周壽昌曰，家者，專指王家而言，不得幷戚屬數之。禁鳳父子繼侯，當爲二人。若不拘論，將莽之篡逆，亦不得列十侯內矣。

按，顏後說及何說是，周說非也。衞青霍去病及青三子，皆以衞皇后封侯。衞氏侯者四人，而青傳云，衞氏支屬侯者五人，幷數戚屬去病在內。以此例之，則此云十侯，幷數淳于長矣。（按，曼莽亦父子繼侯，如周說，則王家有十一侯矣，可見其說之不能通也。）

平安剛侯王章

外戚許皇后傳，后姊平安剛侯夫人謁等，爲媚道。

董教增曰，表未見此侯，惟卬成家有安平侯王舜子章，謚剛侯，然非平安也。錢大昕曰，予謂地理志千乘郡有平安侯國，當是王舜所封。若豫章郡之安平侯國，則長沙孝王子所封。涿郡之安平，又非侯國也。王先謙曰，錢說是也。事在鴻嘉三年。剛侯章薨，釐侯淵嗣，已四年，時事脗合，則安平當從此傳，作平安無疑。然不以謁罪株連王氏，淵嗣侯如故，蓋當時寬典也。

按，史記將相表，河平三年，太僕平安侯王章爲右將軍。孝宣王皇后傳，元帝封王太后兄舜爲安平侯。舜子章，章從弟咸，皆爲左右將軍。恩澤表，安平侯舜，初元元年，以皇太后兄封，薨，剛侯章嗣。公卿表，陽朔三年，右將軍王章爲光祿勳，數月薨。將相表，陽朔四年，右將軍光祿勳平安侯王章卒。據此，則將相表中平安侯王章，即此平安剛侯也。安平，當從將相表及本傳作平安。

解

外戚孝元馮昭儀傳，孝王薨，有一男。時未滿歲，有眚病。太后自養視，數禱祠解。

何焯曰，解，禳而解之也。周壽昌曰，按前注師古曰下云禱祠解舍是也。據注，本文解下，脫舍字。解舍，或祀神解病之舍，如幸舍之類。

按，胡三省云，余按韻書，解音懈者，釋除也，禱祠以除災也。但顏注禱祠解舍，以解爲廨舍之廨，其說拘矣。按胡說是也。論衡解除篇，世信祭祀，謂祭祀必有福。又然解除，謂解除必去凶。又，鬼神如無知，解之無益，不解無損。篇中或複言解除，或單言解，其義一也。本文解下，未脫舍字，周說非。

中山孝王薨平帝二歲

外戚衛姬傳，成帝時，中山孝王無子，上以衛氏吉祥，以子豪少女配孝王。元延四年，生平帝。年二歲，孝王薨，代爲王。

王先謙曰，官本重平帝二字。二作三。

按，官本二作三，非也。諸侯王表，中山孝王，建昭二年，立爲信都王，十五年，陽朔二年，徙中山，凡三十年薨。是孝王薨於綏和元年也。元延四年之明年，爲綏和元年。平帝生於元延四年，則孝王薨時，年二歲也。(又，上馮昭儀傳，孝王薨，有一男，嗣爲王，時未滿歲。此亦年二歲之證。)

平帝年九歲

外戚王皇后傳，孝平王皇后，安漢公太傅大司馬莽女也。平帝即位，年九歲，成帝母太皇太后稱制，而莽秉政。

劉敞曰，衍年字。王鳴盛曰，按，莽傳亦有此一句。又元后傳，於孺子嬰，亦曰年二歲。後漢本紀亦云冲帝年三歲，質帝年九歲。年若干歲，古人亦自有如此句法，未必果是衍字。王先愼曰，年上脫后字。平帝年已見紀矣，此處不必補叙。續列女傳，正作后年九歲。

按，年非衍字，年上未脫后字也。后與帝同以成帝元延四年生，帝即位時，后亦九歲，續列女傳，作后年九歲是也。但此處確是叙帝之年。平帝紀，帝年九歲，太皇太后臨朝，大司馬莽秉政。王莽傳，帝年九歲，太后臨朝稱制，委政於莽。與此傳所叙正同。蓋以帝年幼，太后乃得稱制，而莽擅權柄政也。慧英以此爲后年，誤。

田和纂齊三世稱王

元后傳，田和有齊國，三世稱王。

宋祁曰，舊本三作二。

按，田完世家，齊太公田和卒，子桓公午立。桓公卒，子威王因齊立。是至三世而後稱王也。舊本三作二，非。

王氏九侯

王莽傳，元后父及兄弟，皆以元成世封侯，居位輔政。家凡九侯，五大司馬。

師古曰，外戚傳言十侯，此云九侯，以鳳本嗣禁爲侯。齊召南曰，按外戚及元侯傳，言十侯，自元侯親屬計之，幷數定陵侯淳于長也。此專言王氏，故云九侯。周壽昌曰，外戚傳云，家凡十侯。此云九侯，益知淳于長之不能與也。

按，顏齊說是，周說非也。外戚及元后傳言十侯，是數淳于長在內，猶衞青傳云五侯，幷數霍去病也。此云九侯，則專指王氏，除去淳于長耳。

伯子男同一位是周制

王莽傳，殷爵三等有其說，無其文。

師古曰，公一等，侯二等，伯子男三等。蘇輿曰，白虎通引含文嘉云，殷爵三等，周爵五等，公羊說春秋，亦以伯子男統爲一等，合公與侯爲三。繁露三代改制篇，周爵五等，春秋三等。蓋今文家如是。而云無其文者，詞不見於經也。

按，伯子男同一位，爲周制，非殷爵也。公羊隱五年傳，天子三公稱公，王者之後稱公，其餘大國稱侯，小國稱伯子男。此道周制也。公羊家謂春秋變周之文，從殷之質，合伯子男爲一爵，非也。周爵伯子男爲一等，又見於左氏傳及國語。左氏僖二十九年傳，在禮，卿不會公侯，會伯子男，可也。昭二十三年傳，叔孫婼曰，列國之卿，當小國之君，固周制也。此以朝會之禮，可知伯子男爲小國，其在周爵而爲一等也。魯語，季武子爲三軍。叔孫穆子曰，天子作師，公帥之，以征不德。元侯作師，卿帥之，以承天子。諸侯有卿無軍，帥教衞，以贊元侯，自伯子男，有大夫無卿，帥賦以從諸侯。楚語，楚靈王爲章華之臺，與伍舉升焉。伍舉曰，天子之貴也，唯其以公侯爲官正也，而以伯子男爲師旅。此以軍旅之事，可知伯子男爲小國，其在周爵，合爲一等也。按此，則公羊與左氏傳國語，於伯子男同爲一等，而是周爵。今文家强說伯子男爲殷爵，於經傳無徵，豈可信哉。詳春秋伯子男同位說。

以居攝三年爲初始元年在三年十一月

王莽傳，以居攝三年，爲初始元年，漏刻以百二十爲度，用應天命。

劉奉世曰，此居攝二年冬也，至此始請以居攝三年爲初始元年，似是二年冬事，疑傳有差誤。

按，本傳，三年十一月壬子，巴郡石牛，戊午，雍石文，皆到未央宮前殿。甲子，莽上奏太后，以居攝三年爲初始元年。梓潼人哀章聞石牛事，下，即日昏時，持匱至高廟。戊辰，莽至高廟，拜受金匱。御王冠，即眞天子位，定有天下之號曰新。以十二月朔癸酉，爲建國元年正月之朔。計自壬子至癸酉，僅二十有二日耳。以居攝三年爲初始元年，又以假皇帝爲眞天子，皆在居攝三年冬十一月二十餘日之內也。劉疑是二年冬事，傳有差誤，非。

王莽改年爲建國

王莽傳，以十二月朔癸酉，爲建國元年正月之朔。

劉攽曰，莽改年爲始建國，但云建國者，誤也，皆當有始字。

按，功臣表云，建國元年。又云，建國二年。匈奴傳云，建國元年。又云，建國三年。又云建國五年。西域傳云，建國二年。與此傳同，皆無始字。（莽傳又云，予之受命即眞，到于建國五年，已五載矣。）

典樂非掌樂大夫

王莽傳，大鴻臚曰典樂。

周壽昌曰，桓譚爲莽掌樂大夫，殆即此官。

按，本傳，新莽有九卿二十七大夫八十一元士。（見始建國元年。）典樂爲九卿之一，譚爲掌樂大夫，則非爲此官。周說非。

莽生之歲當漢九世之厄

王莽傳，故新室之興也，德祥發於漢三七九世之後。

蘇林曰，二百一十歲，九天子也。何焯曰，孝惠孝文爲一世，哀平爲一世，蘇注謂九天子，非也。

按，蘇說是，何說非也。五行志，元帝初元四年，皇后曾祖父濟南東平陵王伯，墓門梓柱，卒生枝葉，上出屋。後王莽篡位，自說之曰，初元四年，莽生之歲也，當漢九世之厄，而有此祥，興於高祖考之門。門爲開通。梓猶子也。言王氏當有賢子，開通祖統，起於柱石大臣之位，受命而王之符也。據此，則九世，是指高帝惠帝呂后文帝景帝武帝昭帝宣帝元帝。蘇說九天子，並不誤也。

楚元王後多爲宗正。

敍傳，其在子京，奕世宗正。

錢大昭曰，劉辟彊劉德父子，並爲宗正。

按，楚元王傳，郢客，禮，元王子，兄弟皆爲宗正。又德子向，孫慶忌，亦皆爲宗正。是不特辟彊德父子爲宗正矣。故云其在于京，奕世宗正也。

楚孝王有惡疾

敍傳，楚孝惡疾。

師古曰，惡疾，謂眚病也。何焯曰，馮昭儀傳注中，言平帝幼被眚病，不謂楚王囂也，注非。

按，楚孝王囂，宣帝子，母衞倢伃。中山孝王興，元帝子，母馮昭儀。而平帝，中山孝王子也。宣元六王傳，楚孝王囂，成帝河平中入朝，時被疾。下詔曰，楚孝王囂，今廼遭疾，夫子所病，曰，蔑之，命矣夫。斯人也，而有斯疾，朕甚閔焉。是顏注楚王囂有眚病不謬也。何誤以楚孝王爲中山孝王。乃謂中山孝王無惡疾，有眚病者爲平帝，非。

漢厄三七之間

敍傳，永陳厥咎，戒在三七。

蘇輿曰，三七，取永元延元年對中語。

按，路溫舒傳，溫舒從祖父受曆數天文，以爲漢厄三七之間，上封事以豫戒。成帝時，谷永亦言如此。是漢厄三七，爲溫舒祖父之言，而永有所受者也。

漢書補注辨正

補遺

漢二年十二月陳餘爲代王

異姓王表，漢元年十月，歇以陳餘爲代王，號安成君。

王先謙曰，官本安成作成安是。

按，月表，耳降漢，歇復王趙，在漢二年十月。（月表，漢以十月爲歲首。）代王歇還王趙，在十一月。歇以陳餘爲代王，在十二月。自二年十二月，至三年十月，韓信破趙，斬陳餘，餘爲代王，凡十二月也。（二年有後九月，故有十二月。）本表以餘爲代王在元年十月，（本表以正月爲歲首。）則至二年十月，韓信擊趙斬陳餘，當爲十四月。而表缺後九月，又有兩十二月，以足餘在位十二月之數，顯見其有不合也。此誤，月表是。

漢二年後九月代王陳餘十一月

異姓王表，漢二年九月，代王陳餘十二月。

王先謙曰，月表有漢將韓信斬陳餘七字。此當有，終餘事，後乃滅歇。餘信傳可證。

按，月表，漢二年九月，代王陳餘十月。後九月，代王十一月。此作十二月，誤。王說此當有漢將韓信斬陳餘七字，亦誤。

漢二年十月代王陳餘十二月

異姓王表，漢二年十月，代王陳餘十二月。

王先謙曰，後屬漢爲太原郡，當移入此格。各本俱誤，月表可證。

按，據月表，漢將韓信斬陳餘七字，當在此格。屬漢爲太原郡，仍當在下格。王說非也。

淮南王

異姓王表，漢四年六月，更爲淮南王。

王先謙曰，王當爲國，各本俱誤。

按，月表布傳，均作淮南王。蓋布在楚爲九江王，今漢更號淮南王。又其時淮南地爲楚有，（月表，漢三年十二月，布身降漢，地屬項籍。布傳，四年七月，立布爲淮南王。五年，布使人入九江，得數縣。可證。）此是虛封爲王，非實有國也。王不當爲國。王說非。

韓王信都馬邑

異姓王表，五年，以太原爲國。

王先謙曰，都馬邑也。

按，韓王信傳，五年春，與信剖符，王潁川。（都陽翟，見史記高祖紀。）六年春，更以太原郡爲韓國。（以太原郡三十一縣爲韓國，見本書高帝紀。）徙信以備胡，都晉陽。信上書請治馬邑，上許之。是韓王信徙王太原，本都晉陽，而自請移治馬邑也。

濟陰哀王不識一年

諸侯王表，濟陰，孝景中六年五月丙戌，哀王不識，以孝王子立，七年，薨，亡後。

王先謙曰，不識以景帝後元年薨，見史表，距始封僅一年，故傳作立一年薨。合始封嗣位，共爲二年，官本作二年薨，是也。此七，乃二之誤。

按，景祐本作立一年薨，與傳合，是也。此七乃一之誤。

河間頃王十七年

諸侯王表，河間，元鼎四年，頃王綬嗣，十七年，薨。

王先謙曰，傳綬作授，史表同。孝王，天漢四年嗣，此以三年薨，乃十六年也，七字誤。

按，景祐本，孝王四十二年。是孝王嗣在太始元年，頃王薨於天漢四年也。元鼎四年至天漢四年，是十七年，非十六年也。七字不誤。

河間孝王四十二年

諸侯王表，河間，天漢四年，孝王慶嗣，四十七年，薨。

王先謙曰，天漢四年至五鳳三年，是四十三年，非四十七年也。七當作三。傳是，此誤。

按，元鼎四年，頃王嗣，十七年。是頃王薨於天漢四年，孝王嗣當在太始元年也。景祐本作孝王慶四十二年薨。太始元年至五鳳三年，正四十二年。七當作二。此及傳均誤，景祐本作四十二年是。

哀王與懷王同行

諸侯王表，趙，地節四年，二月甲子，哀王高，以頃王子紹封，四月，薨。

錢大昭曰，哀王當與懷王同行。此誤下一格。

按，景祐本，哀王與懷王同行，列在上一格。

中山穅王

諸侯王表，中山，元封元年，穅王昆侈嗣，二十一年，薨。

師古曰，穅音與穅同。穅，惡謚也。好樂怠政曰穅。沈欽韓曰，周書謚法解，好樂怠政曰荒，不作穅。又云，凶年無穀曰穅。穅，虛也。按穀梁二十四年傳，四穀不升謂之康。釋文，引郭氏音義，本康或作荒。邢疏引穀梁，亦作荒。是穅與康荒，音義並通。朱一新曰，與穅之穅，汪本作康是。王先謙曰，官本作康。穅王，傳作康王。

按，說文，康，穅或省作。是穅與康爲一字。康是穅之省耳。

臨江愍王榮

諸侯王表，臨王愍王榮。

王先謙曰，臨王，當作臨江。

按，景祐本作臨江。

眞定孝王三十三年

諸侯王表，眞定，本始三年，孝王由嗣，二十二年，薨。

王先謙曰，自本始三年至永光五年，計三十三年，非二十二年也。表與傳俱誤。由，閩本汪本官本，並作申，傳作由。

按，景祐本正作三十三年。

六安夷王十一年

諸侯王表，六安，始元四年，夷王祿嗣，十四年，薨。

王先謙曰，傳作十年，薨，當元平元年也。此四字衍。

按，繆王，傳作二十二年，是其即位當在本始二年，而夷王薨當在本始元年也。景祐本，夷王十一年。始元四年。至本始元年，十一年。比四，乃一之誤。

六安繆王二十二年

諸侯王表，六安，本始元年，繆王定嗣，二十三年，薨。

王先謙曰，傳作二十二年，誤。

按，夷王薨於本始元年，是繆王嗣在二年也。頃王光嗣在甘露四年，是繆王薨在三年也。本始二年，至甘露三年，二十二年。傳是，此誤。

始元元年昌邑王賀嗣

諸侯王表，昌邑，元始元年，王賀嗣，十二年，徵爲昭帝後，立二十七日，以行淫亂廢，歸故國，予邑三千戶。

王先謙曰，始元誤倒作元始。

按，元始，景祐本作始元。十二年作十三年。

孝景三年管侯戎奴反

王子侯表，管，孝文六年，侯戎奴嗣，二十年，孝景二年反，誅。

錢大昭曰，二年，當爲三年。王先謙曰，史表作三年。

按，景祐本作三年。

懷昌侯延年

王子侯表，懷昌，元鼎四年，胡侯延年嗣。

王先謙曰，史表延下無年字。

按，景祐本作延年。（史表，四年作元年。）

州鄉侯禹

王子侯表，州鄉，侯禹嗣，王莽篡位，絕。

朱一新曰，汪本禹作禺。

按，景祐本作禹。

藺侯罷軍正月封

王子侯表，藺侯罷軍，五月壬戌封。

王先謙曰，五月當爲正月，史表不誤。

按，景祐本作正月。

廣饒侯國七月封

王子侯表，廣饒康侯國，七年辛卯封。

王先謙曰，七年當爲七月。史表作十月，亦誤。

按，景祐本作七月。

餅侯融嗣在元康三年

王子侯表，餅，永康三年，原侯，融嗣。

蘇輿曰，西漢無永康年號。永乃元之誤。

按，景祐本作元康。

非城

王子侯表，揤裴戴侯道。注，鄭氏曰，揤裴音即非，在肥鄉縣東五里，即非成也。

王先謙曰，注，成當作城。

按，景祐本作城。

海昏侯賀封在元康三年

王子侯表，海昏侯賀，二年（元康）四月壬子，以昌邑王封，四年，神爵三年，薨。

蘇輿曰，上有二年，此不應複出二年二字。二當爲三。自元康三年至神爵二年，適合四年，明二是三之誤。王先謙曰，據紀是三年。
按，景祐本作三年。
廣戚煬侯勳
王子侯表，廣戚陽侯勳。
錢大昭曰，陽當作煬。傳云，諡作煬。戶數三千六百，此失書。
按，景祐本作煬。傳云，戶四千二百。
堂邑侯陳嬰十八年
功臣表，堂邑侯陳嬰，高祖六年十二月甲申封，六年，薨。
蘇輿曰，自高帝六年，至高后四年，爲十八年。六字，蓋十八二字之駁文。
按，景祐本正作十八年。
得天下由張良
功臣表，留侯張良，六十二。注，師古曰，高祖自云，傳天下由張良，稱其才也。蕭何位第一，戶唯八千。張良食萬戶，而位過六十。
王先謙曰，傳乃得之誤。
按，景祐本正作得。
成侯董赤

功臣表，成，孝惠元年，康侯赤嗣。四十四年，有罪免。孝景中五年，赤復封，八年，薨。

錢大昭曰，匈奴傳董赫。赤赫古通。

按，匈奴傳（史匈奴傳同。）公卿表，均作董赤。唯文紀作董赫。（史文紀作董赤）

陽都侯甯十二年

功臣表，陽都，高后六年，趮侯甯嗣，十三年，薨。

蘇輿曰，自高后六年至文帝十年，止十二年。三當作二。

按，景祐本作十二年。

海陽侯搖毋餘九年

功臣表，海陽齊信侯搖毋餘，三月庚子封，九月，薨。

朱一新曰，自高帝六年，至孝惠三年，實九年也，月字誤。

按，史表正作九年。

斥丘侯唐厲三十年

功臣表，斥丘侯唐厲，八月丙辰封，二十年，薨。

蘇輿曰，自高六年至文八年，爲三十年，二當爲三。

按，史表正作三十年。

鄲侯仲居嗣在景帝中二年

功臣表，鄲，中三年，（景帝）侯仲居嗣，三十四年，元鼎三年，坐爲太常，收赤側錢不收，完爲城旦。

王先謙曰，史表中三年作中二年。

按，景祐本作中二年。

武原侯不害十三年

功臣表，武原，孝景三年，侯不害嗣，三十年，後二年，坐葬過律，免。

蘇輿曰，三十年，當作十三年，文誤倒。

按，史表正作十三年。

閼氏侯平三十九年

功臣表，閼氏，孝景六年，侯平嗣，二十九年，元鼎五年，坐酎金，免。

蘇輿曰，二十九年，當作三十九年。

按，景祐本作三十九年。

內史周苛

功臣表，高景侯周成，父苛，以內史從，擊破秦，爲御史大夫，入漢，圍取，諸侯守滎陽功，比辟陽，侯。罵項籍死事，子侯。

朱一新曰，按周昌傳，苛以卒史從，此云內史，誤。史表亦作內史。

按，公卿表，高帝元年，內史周苛兩見，則苛爲內史，不誤。

穀陽侯馮谿起柘

功臣表，穀陽定侯馮谿，以卒，前二年起柘，擊籍，定代，爲將軍，功，侯。

王先謙曰，史表，拓作柘是。柘，沛郡縣。

按，景祐本拓作柘，不誤。

傿陵侯朱濞五十二

功臣表，傿陵嚴侯朱濞。五十一。

錢大昭曰，當從史表作五十二，因五十一，已有繒賀也。

按，景祐本作五十二。

二古文上

功臣表，散，侯賢嗣，征和三年，坐祝詛二，下獄，病死。

王先謙曰，二係上之誤。

按，景祐本作上。說文，二，此古文上。二字不誤，王說非也。

龍侯三月壬午封

功臣表，龍侯摎廣德，三年壬午封，六年，坐酎金，免。

蘇輿曰，年當爲月，史表不誤。

按景祐本，三年，作三月。

西于王

功臣表，下鄜侯左將黃同，以故甌駱左將斬西于王功，侯。

王先謙曰，官本考證云，西于，譌西千，今改正。

按，景祐本作西于。

開陵侯祿征和三年要斬

功臣表，開陵，侯祿嗣征和三年，坐舍衞太子所私幸女子，又祝詛上，要斬。

王先謙曰，開陵見志，建成國除後封成娩。彼雖不得封年，然坐衞太子事，得罪者，不得至征和三年也。三，蓋二之誤。

按，下東城侯居股，征和三年，坐衞太子舉兵謀反要斬。則祿以舍衞太子私幸女子，又祝詛上，在三年要斬，無可疑也。三非二之誤。王說非。

南粵傳孫都作都稽。

功臣表，臨蔡侯孫都。

王先謙曰，史表亦作孫都，南粵傳云，封稽爲臨蔡侯，無孫都名，未知孰是。

按，南粵傳作都稽。

郁成王

功臣表，新畤侯趙弟，以貳師將軍騎士，斬郁成王首，侯。

師古曰，郁成，西域國名也。王先謙曰，都是郁傳寫之誤。顏注不誤。官本作都。

按，景祐本作郁。

開陵侯成娩征和三年封

功臣表，開陵侯成娩，以故匈奴介和王將兵擊車師。不得封年。

王先謙曰，開陵，臨淮縣。建成國除更封，表不得封年。核建成得罪，此封在征和二年。蘇輿曰，擊車師下，當有侯字。

按，上開陵侯祿，征和三年，坐舍衞太子私幸女子，又祝詛上，要斬。又按匈奴傳，闓陵侯將兵別圍車師，盡得其王民衆而還。西域傳，開陵侯將樓蘭尉犁危須凡六國兵，別擊車師。諸國兵共圍車師，車師王降服，臣屬漢。據武紀李廣利傳，此事在征和三年。建成國除，及成娩立功車師，俱在此年，則開陵侯封，當在征和三年也。

韓不害非魏不害

功臣表，當塗康侯魏不害。

錢大昭曰，天漢四年，爲左馮翊。

按，公卿表，天漢四年，爲左馮翊者，韓不害也。且魏不害在征和中，僅爲圉守尉，何得在天漢四年，反爲左馮翊耶。

李譚以下四人永始四年封

功臣表，新山侯稱忠，以捕得反者樊並侯，永始四年十一月己酉封。

錢大昕曰，李譚以下四人，俱以捕樊並功封，其三在七月，而日不同。此十一月，亦不當在七月前。考成記，事在永始三年十一月。疑此十一二字，誤合爲七。而四年，亦三年之譌。

按，天文志，樊並等謀反，在永始三年十二月己卯，五行志云踰年廼伏誅，則李譚以下四人，以捕樊並等功封，當在四年，不在三年也。又，李譚封延鄉侯，在永始四年，十三年，薨。侯成嗣，在元始元年。永始四年，至元始元年，凡十四年。譚前一年薨，爲十三年。是譚等四人封侯，確在四年也。四年，非三年之譌。錢說非。

東平屬梁國

恩澤表，東平，侯庀，通弟，高后八年五月丙辰封，九月反，誅。

王先謙曰，索隱，縣屬東平。庀，史表作莊。按東平國有東平陸，無東平，它郡亦無東平縣也。

按，索隱又云，東平縣，屬梁國，見漢諸侯年表。全祖望云，東平，本宋地。宋亡，齊得之。本不屬梁，其屬梁，自封彭越始。

周陽侯因軹侯事免

恩澤表，周陽，元光六年，侯祖嗣，八年，元狩三年，坐當歸軹侯宅，不與，免。

蘇輿曰，潛夫論斷訟篇，孝武仁明，周陽侯田彭祖，坐當軹侯宅，而不與，免國，即此事。惟祖作彭祖爲異。當下奪歸字。王先謙曰，史表祖作彭祖兩見。三作二。軹侯作章侯，疑章武侯奪文。時無軹侯，亦無章侯也。

按，章武侯常生，元狩元年，坐謀殺人未遂，免。是此時不得有章武侯也。軹侯梁，建元二年嗣。是田彭祖因軹侯事而免矣。

見地理志

恩澤表，周承休侯，永始二年，當嗣，七年，綏和元年，進爵爲公，地滿百里。元始四年，爲鄭公。

王先謙曰，鄭當爲邥，詳見平紀。

按，不見平紀，見地理志潁川郡周承休補注。

周承休公

恩澤表，天鳳元年，公常嗣。建武二年，五月戊辰，更爲周承休侯。

錢大昭曰，復舊名也。戊辰，光武紀作庚辰。

按，光武紀作周承休公。

栞景祐本作桀

恩澤表，安陽侯上官桀。蕩陰。

師古曰，栞所食也。王先謙曰，蕩陰，河內縣，河水注蓋誤。桀譌作栞。

按，景祐本作桀。

空一格是

恩澤表，桑樂侯安。

王先謙曰，應上一格，官本不誤。

按，上官父子，桀爲安陽侯，安爲桑樂侯。此與景祐本，空一格，以淸眉目者，是也。官本不空，誤。王說非。

樂成敬侯許延壽十年

恩澤表，樂成敬侯許延壽三月乙未封，十年，薨。

蘇輿曰，自元康二年至甘露元年，凡十二年。延壽前一年薨，當云十一年。王先謙曰，官本十作一。

按，景祐本作十年。據宣紀，延壽侯，在元康三年。自元康三年，至甘露元年，十一年。延壽前一年薨，則是十年也。蘇說非。（上史曾、史玄、許舜、三人，據宣紀，亦在三年封，表在二年，並誤。）

長樂在未央之西

公卿表，衞尉，秦官，掌宮門衞屯兵。

錢大昕曰，宮門者，未央宮門也。未央長樂二尉，分主東西宮。孟康云，李廣爲東宮，程不識爲西宮。予謂長樂，太后所居。太后朝稱東朝，似長樂在未央之西矣。

按，渭水注，又東逕長安城北。漢惠帝元年築，六年成。秦離宮無城，故城之，十二門。南出東頭第一門，本名覆盎門，又曰下杜門，亦曰端門，北對長樂宮。第二門本名安門，亦曰鼎路門，北對武庫。第三門本名平門，又曰便門，一曰西安門，北對未央宮。是長安城南門，第一門在東，長樂宮在焉。第三門在西，未央宮在焉。長樂確在未央之東，錢所推，不誤也。

主爵都尉不疑

公卿表，主爵中尉，秦官，掌列侯。景帝中六年，更名都尉。

錢大昭曰，按公卿表，景帝中五年，尚有主爵中尉不疑。

按，公卿表作主爵都尉不疑。

郡尉比二千石

公卿表，郡尉，秩比二千石。

周壽昌曰，元紀，建昭三年夏，令三輔都尉，大郡都尉，秩皆二千石，則不得以比二千石概之也。

予謂三輔都尉不過三人，大郡都尉又不若中小郡都尉之衆多，則豈可言秩皆二千石，不如云比二千石，尚足以概之也。

高后八年張蒼爲御史大夫

公卿表，高后八年，淮南丞相張蒼爲御史大夫。

王先謙曰，蒼補官在此年，受任在明年，說詳紀。

按，今年八月辛己，（據劉羲叟長歷，八月辛巳朔。）高后崩。九月庚申，（元作八月，據通鑑改。）平陽侯窋行御史大夫事。庚申辛巳，相去四十日。王於高后紀補注，乃謂窋前雖爲眞御史大夫，高后已詔蒼代之，何其謬也。張丞相傳，窋不與大臣共誅呂祿等免，以淮南丞相張蒼爲御史大夫。蒼與絳侯等立代王爲孝文帝。是窋行御史大夫事，又不久免官。蒼爲御史大夫，當在此年九月或後九月。故閏月己酉晦日，蒼以御史大夫預迎代邸也。王曲說蒼補官在今年，受任在明年，皆非事實，不可從。

丞相劉舍免

公卿表，孝景後元年，七月丙午，丞相舍死。

王先謙曰，功臣表，孝文十年，舍嗣桃侯，三十年，薨。其子由以建元元年嗣。是舍應薨在後三年。竇嬰傳亦云桃侯免相，可證死爲免字之譌。官本正作免。

按，舍在後元年七月免相，並見史記景紀及將相名臣表。紀及表均云七月乙巳日食。丙午，乙巳之明日也。是舍因日食而免矣。

李廣由上郡太守爲衛尉

公卿表，元光元年，隴西太守李廣爲衛尉。

錢大昭曰，廣傳由雲中太守遷。

按，廣傳，廣爲上郡太守，匈奴入上郡云云。後徙爲隴西北地雁門雲中太守。武帝即位，左右言廣名將也，由是入爲未央衛尉。是廣以上郡太守入爲衛尉。錢說由雲中太守遷，是誤讀本傳之文耳。史記李將軍傳，正作廣以上郡太守爲未央衛尉。

中尉殷容

公卿表，元朔五年，中尉殷客。

王念孫曰，客當爲宏，草書之誤也。史記淮南衡山傳，元朔五年，遣中尉宏即訊驗王。漢書同。索隱云，按百官表，姓殷。則此文之作殷宏甚明。

按，景祐本作殷容。

太初二年正月戊寅三月丁丑

公卿表，太初二年，正月戊寅，丞相慶薨。閏月丁丑，太僕公孫賀爲丞相。

錢大昭曰，武紀寅作申。

按，年紀考異云，百官表作戊寅，本紀荀紀通鑑作戊申。（按將相表亦作戊申。）按長歷，是年二月丙戌朔，逆而推之，正月有戊寅，無戊申。當是本紀荀紀通鑑誤，今從百官表。又云，百官表作閏正月丁丑，史記大事記作三月丁卯。按，長歷，太初元年，巳閏十月，三年又閏六月，此年無閏。當是百官表誤，今從史記大事記。

丞相賀死在征和元年冬。

公卿表，征和二年，四月壬申，丞相賀下獄死。五月丁巳，涿郡太守劉屈氂爲左丞相。

李慈銘曰，賀下獄，紀作正月，表作四月。據屈氂傳，征和二年春，制詔御史故丞相賀，明表誤。朱一新曰，侯表屈氂以三月丁巳封。此五月，亦當作三月。史表正作三月丁巳。

按，將相表，賀坐爲蠱死，在征和元年冬，則與屈氂傳征和二年春制詔御史故丞相賀，及以屈氂爲左丞相封澎侯事相合矣。

田廣明爲衛尉在始元六年

公卿表，始元四年，大鴻臚田廣明爲衛尉，五年，遷。

王先謙曰，昭紀，元鳳元年，書大鴻臚廣明。據此，知紀誤。

按，廣明傳云，昭帝時，廣明將兵擊益州，還，賜爵關內侯，徙衛尉，後出爲左馮翊，據紀，廣明以鴻臚擊益州，在始元四年五年。賜爵關內侯，在六年。是廣明爲衛尉，當在六年，此在四年，誤也。出爲左馮翊，表在元鳳三年。是廣明爲衞尉，祗三年，此作五年，亦誤。又，恩澤表云，以鴻臚擊武都反氐，賜爵關內侯。據紀，武都氐反，在元鳳元年，則廣明爲衞尉，又當在是年矣。

守京兆尹成

公卿表，孝宣本始元年，守京兆田廣陵相成。

王先謙曰，田是尹之誤。

按，景祐本作尹，不誤。

召信臣卒於中少府官

公卿表，竟寧元年，河南太守召信臣爲少府，二年，徙中少府。

王先謙曰，信臣傳，信臣爲少府，以官卒，不云再徙官，徙蓋卒之誤。

按，信臣傳云，信臣年老，以官卒，盡卒於中少府官也。

趙廣漢復守京兆尹在本始三年

公卿表，本始二年。

王先謙曰，據趙廣漢傳，是年守京兆尹。

按，廣漢傳云，本始二年，漢發五將軍擊匈奴，徵廣漢以太守將兵，屬蒲類將軍趙充國。從軍還，復用守京兆尹，滿歲爲眞。據宣紀，漢五將軍擊匈奴，在本始二年。軍罷，則在三年夏五月。是廣漢復守京兆尹，當在三年，不在二年也。王說非。

合陽侯梁放

公卿表，河平元年，千乘太守東萊到順爲宗正，坐使合陽侯舉子，免。

周壽昌曰，王子表，合陽侯平，子安上嗣，建始元年薨，亡後。建始爲孝成初元，距此五年，安能尚有合陽侯。年與事，必有一誤。

按，功臣表，合陽侯梁喜，元康四年封，四十一年，薨。建始二年，侯放嗣。此殆指合陽侯放也，周失考耳。

泗水相

公卿表，綏和元年，京兆都尉甄豐長伯爲水衡都尉，二年，爲泗州相。

王先謙曰，州是水之誤。

按，景祐本作水，不誤。

魯煬公考公弟

人表，魯煬公，孝公子。

王先謙曰，見魯世家。

按，世表世家作考公，孝字誤也。又，世表世家作考公弟，子字亦誤。

魯隱公息姑

人表，魯隱公。

王先謙曰，見春秋經傳魯世家，名息姑。

按，世家作名息。世表作名息姑。

魯宣公

人表，魯宣公。

王先謙曰，見春秋經傳魯世家，名綏。

按，世家作名倭。

魯哀公蔣

人表，魯哀公。

王先謙曰，見春秋經傳魯世家，名蔣。

按，世家作名將。世表，作名蔣。索隱，系本，將亦作蔣。

晉獻公詭諸

人表，晉獻公，武公子。

王先謙曰，見春秋經傳晉世家，名佹諸。

按，左氏經作名佹諸。公穀經及世家侯表均作名詭諸。

晉景公獳

人表，晉景公，成公子。

王先謙曰，見春秋經傳晉世家，名獳。

按，春秋經作名獳。世家侯表作名據。

晉厲公州滿

人表，晉厲公，景公子。

王先謙曰，見春秋經傳晉世家，名州蒲。

按，春秋經名州蒲。左傳疏引應劭云晉厲公名州滿。史通雜駁篇亦以蒲爲誤。晉世家及侯表作壽曼，壽州曼滿聲相通。

秦嬴

人表，秦嬴，非子子。

王先謙曰，秦紀，大駱生子成，孝王邑之秦，使復續嬴氏，號曰秦嬴。是與非子爲兄弟，非非子子也。

按，秦紀。惡來有子女防。女防生旁皐。旁皐生太几。太几生大駱。大駱生非子。申侯之女爲大駱妻，生子成爲適。非子爲周孝王養馬汧渭之間。孝王曰，昔伯益爲舜主畜，故有土，賜姓嬴。今其後世，亦爲朕息馬。朕其分土爲附庸，邑之秦，使復續嬴氏，祀號曰秦嬴。亦不廢申侯之女子爲駱適者，以和西戎。秦嬴生秦侯。秦侯生公伯。公伯生秦仲。據是，則秦嬴即非子。此云非子子，誤。王說孝王封子成，邑之秦，號曰秦嬴，亦誤。

秦中公伯子

人表，秦中，伯。

王先謙曰，伯下脫子字，官本有。見秦紀。

按，秦紀，當作公伯子。

秦武公出公兄

人表，秦武公，出公兄。

王先謙曰，見秦紀。出公，當作出子。

按，侯表作出公。

秦出公

人表，秦出公，惠公子。

王先謙曰，秦紀作出子。

按，六國表作出公。

衞繆公速

人表，衞繆公，成公子。

王先謙曰，見春秋經傳衞世家，名速。

按，左氏穀梁經作速。分羊經衞世家侯表作遬。

衞君起

人表，衞侯起。

王先謙曰，見衞世家。

按，世家侯表作衛君起。集解，服虔曰，起，靈公子。

衛成侯

人表，衛成公。

王先謙曰，見衛世家，名速。公當爲侯。

按，世家作遬。索隱，音速。系本作不逝。

史篇非史扁

人表，史扁。

翟云升曰，法言吾子作史篇。

揚子法言吾子云，或欲學蒼頡史篇。曰史乎史乎，愈於妄闕也。按，此云小學字書，非謂史扁其人也。揚雄傳，史篇莫善於蒼頡。平紀，徵天下通知小學史篇（藝文志作小學，王莽傳作史篇文字。）教授者。此史篇爲小學字書之證。翟說非也。

公肩子

人表，公肩子。

王先謙曰，弟子傳名定肩，一作堅。

按，公肩子，見繁露俞序篇。弟子傳作公堅定，字子中。堅，家語作肩。

子石

人表，子石。

錢大昭曰，即公孫龍。梁玉繩曰，在平原門之公孫龍，與子思玄孫孔穿同時，非此人。王先謙曰，見弟子傳。

按，繁露俞序篇，曾子子石盛美齊侯，安諸侯，尊天子。蓋此子石，是也。

隰成子

人表，隰成子。

王先謙曰，弟子傳無隰成子。翟云升云，疑縣成子之譌，見弟子傳。

按，弟子傳，縣成，字子祺，而無縣成子也。

舊唐書本紀拾誤

嚴耕望

唐末大亂，史料散佚，舊唐書倉促完成於兵戈擾攘之際，自難期其完美。逮新書問世，舊書遂廢湮不行達四五百年之久，奪譌之病，更益增繁。然斯書記事詳悉，保存原料甚多，若就紀傳而言，其價値實在新書之上，淸人沈東甫「唐書合鈔」大抵以舊書爲本，良有以也。惟沈氏僅就最顯明之脫譌爲之補正，至於進一步之發掘考證，補苴罅漏，似尙有待。余撰「唐僕尙丞郎表」既竟，深感此書急待整理，然玆事體大，實非一人之力短期間內所能奏功。今僅就撰表時留意所及諸問題，擇其有足補正舊書本紀者，條列於次，顏曰「拾誤」，事同舉隅，不敢以正誤自許也。如有同好，更續爲之，所厚望焉。

本文所收凡一百三十八條，補正本紀約一百五六十事。有屬傳刻奪漏者，玆舉十例如次：

則天紀：延載元年十月，「李元素爲」下奪「鳳閣侍郎同」五字。（一六）

又：聖曆二年二月，「吉頊」上奪「右肅政臺御史中丞」八字。（一七）

玄宗紀：開元三年十月，「褚无量」上奪「與右散騎常侍」六字（。二九）

又：開元十七年八月「乙酉，尙書右丞相」下奪「張說爲尙書左丞相」八字。（三五）

又：開元二十九年四月，「韋虛心」上奪「工部尙書」四字。（三九）

代宗紀：大曆八年二月，「徐（闕）」。所闕爲「浩、薛邕…」若千字。（五一）

德宗紀：貞元五年四月，「以太子少師蕭昕爲工部尙書致仕。」「少師」當作「少傅」，「蕭昕爲」下奪「太子少師，右武衞上將軍鮑防爲」十三字。（六一）

憲宗紀：元和八年八月「盧坦爲梓州刺史……」。「盧坦」上奪「代」字，下奪「以坦」二字。（七二）

又：元和九年二月，「五城營田使」下奪「潘孟陽爲左散騎常侍」九字（七三）

又：元和十三年三月，「自長官以下除留守」。「除留守」三字爲「據多少作等差除留闕官外分給」一句之奪譌。又「至銀臺待罪」上奪「……王承宗……」若干字。（七八）

有屬傳刻字譌者，玆舉人名譌誤五例如次：

代宗紀：廣德元年十二月「廣南節度使張體」。「體」爲「休」之譌。（四五）

德宗紀：貞元十一年四月，「京兆尹李元」。「元」爲「充」之譌。（六五）

憲宗紀：永貞元年九月，「前戶部侍郞蔡弁」。「蔡」爲「蘇」之譌。（六八）

敬宗紀：寶曆二年八月，「王播爲河南尹」。「播」爲「璠」之譌。（八六）

文宗紀：開成四年七月，「高錯爲河南尹」。「錯」爲「鍇」之譌，「鍇」又「銖」之誤。（九五）

以上兩類皆傳刻使然，而原書撰述之誤，更有過於傳刻者。若就年月謬誤言：有恰誤前一年者，如懿宗紀咸通四年三月曹汾爲河南尹（一一八），十四年十月劉鄴罷相（一二四），是也。有誤前兩年者，如宣宗紀大中八年書事僅九條，其中五條有誤，而此五條中四條本爲十年事（一〇六），是也。有恰誤後一年者，如德宗紀貞元元年三月韓洄爲兵部侍郞，六月遷京兆尹（五七），是也。有恰誤後兩年者，如宣宗紀大中十一年十二月柳仲郢充鹽鐵轉運使（一一一），懿宗紀咸通七年十一月路巖入相（一二二），是也。至於其他年月謬誤之無規律者，本文所正凡數十條。若就書事謬誤言：有一事前後重書者，如文宗紀開成四年與武宗紀開成五年兩書崔鄲入相（九六），僖宗紀光啓二年三月與三年三月兩書孔緯充鹽鐵轉運使（一二八），昭宗紀乾寧四年九月與光化元年九月兩書狄歸昌由御史中丞遷尙書丞（一三四），是也。有誤一人前後兩事爲一事者，如懿宗紀咸通七年十月夏侯孜罷相出鎭西川（一二〇），昭宗紀乾寧三年七月崔胤罷相爲淸海節度（一三一），天復三年二月裴樞罷相出鎭嶺南（一三七），是也。有誤罷官爲始任者，如宣宗紀大中二年七月高元裕爲吏部尙書（一〇〇），是也。至於官銜謬誤，更難例舉矣。

此文條例疏證，殊爲繁瑣，故先舉大端如此。

民國四十五年三月五日

一

太宗紀貞觀元年條云：

「三月癸巳，……尚書左僕射宋國公蕭瑀爲太子少師。」

按：瑀以武德九年七月由右僕射遷左僕射，舊紀、通鑑、新紀及新書宰相表並同。同年十月庚辰，坐事免，新紀、新表、通鑑並書之。而舊紀不書罷免，此條又書銜爲左僕射，似中間未罷，此時轉少師者。與新書通鑑異。檢舊書六三蕭瑀傳：「太宗即位，遷尚書左僕射。……忤旨，廢于家。俄拜特進、太子少師。」新書一〇一同傳畧同。是中間實罷官，舊紀失書，此條又書前官耳。

二

太宗紀貞觀二十二年條云：

「正月庚寅，中書令馬周卒。司徒趙國公無忌兼檢校中書令，知中書門下二省事。」

按：新紀、通鑑及新書宰相表皆云：正月庚寅，馬周薨。丙午，長孫無忌兼檢校中書令知尚書門下省事。舊紀即於周卒日書無忌事，蓋誤。又舊紀作「中書門下」，亦與新紀表及通鑑異。既檢校中書令，又云知中書事，於文爲複。檢舊書六五長孫無忌傳亦作「尚書門下」，新書一〇五同傳作「門下尚書」，則新紀新表通鑑是也，舊紀誤。

三

高宗紀卷首條云：

「貞觀……二十三年……五月……庚午，以禮部尚書兼太子少師黎陽縣公于志寧爲侍中。……太子左庶子高陽縣男許敬宗兼禮部尚書。」

按：新紀及新書宰相表，于志寧原官僅云禮部尚書，而通鑑原官則爲太子左庶子。舊書七八、新書一〇四于志寧傳亦皆由太子左庶子遷侍中。而金石粹編五六于志寧碑云：「（貞觀）廿一年遷禮部尚書。……廿三年，以本官兼太子左庶子。……遷囗侍囗。……」又同書四七孔穎達碑，「禮部尚書兼太子左庶子上柱國黎陽囗開國公于志寧字仲謐撰。」石墨鐫華云：「（孔穎達）碑云，貞觀二十二年六月十八日薨。」則于志寧於二十三年遷侍中前原官當爲禮部尚書兼太子左庶子。新紀新表僅書其本官，通鑑兩傳僅載其兼官，皆不完耳。而舊紀本官禮部尚書，是也；兼官太子少師，則誤矣。又按：舊書八二、新書二二三上許敬宗傳皆作右庶子。此條「左」蓋「右」之譌。

四

高宗紀永徽四年條云：

「九月壬寅，尙書右僕射北平縣公張行成薨。」

按：此年九月無壬寅。而新紀、通鑑及新書宰相表均作九月壬戌。合鈔據新書改。考會要四三五星臨犯條作九月十三日。檢陳曆，十三日正是壬戌。則「壬寅」必「壬戌」之誤無疑。

五

高宗紀永徽四年條又云：

「九月……甲戌，吏部尙書河南郡公褚遂良爲尙書右僕射，依舊知政事。」

按：舊書八〇褚遂良傳亦云：「永徽……三年，徵拜吏部尙書，同中書門下三品。……四年，代張行成爲尙書右僕射，依舊知政事。」而通鑑作爲右僕射，仍知選事。新書宰相表作左（字譌）僕，仍知選事。「知選事」與舊紀舊傳「知政事」者異。按此時左右僕射爲宰相正官，自知政事，無庸再加「知政事」。蓋原爲吏部尚書，此時雖遷右僕，仍知吏部選事耳，新表、通鑑「知選事」，是也；舊紀、舊傳「知政事」，誤。

六

高宗紀永徽五年條云：

「三月，……以工部尚書閻立德領丁夫四萬，築長安城羅郭。」

「冬十一月癸酉（朔），築京師羅郭，和雇京兆百姓四萬一千人，板築三十日而罷。九門各施觀。」

按：唐會要八六城郭條無三月事；而有十一月事，與紀同。（惟作十一日。）又云「以工部尚書閻立德爲始(?)。」新紀作十月癸卯（朔），舊書校記二引冊府一四及通鑑作十月，蓋皆就始事而言也。皆無三月事。疑舊紀三月事重出。

七

高宗紀永徽五年條又云：

「六月……癸亥，中書令柳奭兼吏部尚書。」

按：新書宰相表是年「六月癸亥，奭罷爲吏部尚書。」通鑑同年「六月，……中書令柳奭以王皇后寵衰，內不自安，請解政事。癸亥，罷爲吏部尚書。」舊書七七柳奭傳：「永徽三年，代褚遂良爲中書令。俄而（王）后漸見疏忌，奭憂懼，……請解樞密之任。轉吏部尚書。及后廢，累貶愛州刺史。」新書一一二同傳畧同。則舊紀「兼」字誤也。

八

高宗紀龍朔元年條云：

「五月丙申（二日），命左驍騎衞大將軍涼國公契苾何力爲遼東道大總管，左武衞大將軍邢國公蘇定方爲平壤道大總管，兵部尚書同中書門下三品樂安縣公任雅相爲浿江道大總管，以伐高麗。」

按：蘇定方等此次伐高麗，新紀、通鑑及新書宰相表皆書於是年四月庚辰，視舊紀早十六日。考唐會要九五高句麗條作四月十六日，正是庚辰。則舊紀此條月日誤也。

九

高宗紀龍朔二年條云：

「九月，司禮少常伯孫茂道奏稱八品九品，舊令著青，亂紫，非卑品所服。望令著碧。詔從之。戊寅，前吏部尚書（畧）李義府……」云云。

按：舊書四五輿服志載此事，有年無月。而通鑑同年「九月戊寅，初令八品九品衣碧。」則舊紀「戊寅」當乙在「司禮少常伯」之上。又會要三一章服品第條云：「龍朔二年九月二十三日，孫茂道奏：稱準舊令，六品七品著綠，八品九品著青。深青亂紫，非卑品所服。望請改六品七品著綠，八品九品著碧。……從之。」「二十三」蓋「二十二」（戊寅）之譌，有「深青」二字，文意爲醒。

一〇

高宗紀麟德元年條云：

「八月……戊子，兼司列太常伯檢校沛王府長史城陽縣侯劉祥道兼右相。」

按：新紀是年八月「丁亥，司列太常伯劉祥道兼右相。」新書宰相表及通鑑與新紀同。視舊紀差前一日，未知孰是。然舊紀司列上有「兼」字，疑衍文。

二

高宗紀咸亨三年條云：

「十月……乙亥，……黃門侍郎甑山縣公同中書門下三品郝處俊爲中書侍郎，兼檢校吏部侍郎同中書門下三品李敬玄爲吏部侍郎，並依舊同中書門下三品。」

按：郝處俊此時爲中書侍郎，不誤。是則敬玄原官似僅爲「兼檢校吏部侍郎」者。檢舊書八一李敬玄傳：「總章二年，累轉西臺侍郎兼太子右中護同東西臺三品。兼檢校司列少常伯。……咸亨二年，授中書侍郎，餘並如故。三年，加銀青光祿大夫行吏部侍郎，依舊兼太子右庶子，同中書門下三品。」新書一〇六李敬玄傳同。是咸亨三年此遷前原官中書侍郎兼檢校吏部侍郎也。據新書宰相表，原官亦爲中書侍郎。則舊紀此條「兼檢校吏部侍郎」上當有「中書侍郎」四字。蓋淺人以爲重衍而刪之歟？

三

高宗紀調露元年條云：

「正月辛未，戶部尚書平恩縣公許圉師卒。」

按：此月無辛未。沈氏合鈔改爲癸未，無的證。考會要四四木冰條云：「儀鳳四年（即調露元年）正月十日，戶部尚書許圉師卒。」十日爲「辛卯」，本紀誤「卯」爲「未」；合鈔所改亦誤。

一三

則天皇后紀篇首條云：

「父士彠……貞觀中，累遷工部尚書，荆州都督。」

按：舊書五八武士彠傳：「武德中，累遷工部尚書，……歷利州、荆州都督。」作「武德中」與紀異。考全唐文二四九李嶠攀龍臺碑云：「武德……三年，拜工部尚書。……以本官檢校揚州大都督府長史。……九年，太宗以儲宮統事，乃徵帝（士彠）入朝。」則舊紀「貞觀中」誤也。

一四

則天皇后紀嗣聖元年條云：

「閏五月，禮部尚書武承嗣同中書門下三品。」

按：新書宰相表同年「閏五月甲子，禮部尚書武承嗣爲太常卿同中書門下三品。」新紀通鑑同。皆與舊紀以禮部尚書本官同三品者異。檢舊書一八三武承嗣傳：「嗣聖元年，以承嗣爲禮部尚書，尋除太常卿同中書門下三品。」新書二〇六武承嗣傳同。則承嗣實改太常卿同三品，非以禮部本官同三品也。舊紀失書爲太常卿。

一五

則天皇后紀天授二年條云：

「七月，……夏官尚書歐陽通知納言事。」

按：新書宰相表，天授二年「八月戊申，……夏官尙書歐陽通爲司禮卿兼判納言事。」新紀，通鑑同。月份與舊紀不同，遷司禮卿亦與舊紀異。檢舊書一八九上歐陽通傳：「垂拱中，至殿中監。……天授元年，拜夏官尙書。二年，轉司禮卿判納言事。」新書一九八歐陽通傳云：「天授初，轉司禮卿，判納言事。」是亦以司禮卿判納言也。復考全唐文二四四李嶠爲歐陽通讓夏官尙書表後有爲歐陽通讓司禮卿第二表。舊紀必誤無疑。

一六

則天皇后紀延載元年條云：

「冬十月，文昌右丞李元素爲鳳閣鸞臺平章事。」

按：中書門下平章事，例曰「同」；此曰「爲」，非常例。檢新書宰相表，延載元年「十月壬申，文昌右丞李元素守鳳閣侍郎……同鳳閣鸞臺平章事。」新紀通鑑同。又舊書八一李敬玄傳附元素傳：「延載元年，自文昌左丞遷鳳閣侍郎、鳳閣鸞臺平章事。」新書一〇六同傳亦同。是亦由尙書丞遷鳳閣侍郎同平章事也，惟譌右爲左耳。復按元素，以神功元年誅，舊紀書銜亦爲「鳳閣侍郎」。明此條「爲」下奪「鳳閣侍郎同」五字。非本誤也。

一七

則天皇后紀聖曆二年條云：

「春二月，……左肅政御史中丞魏元忠爲鳳閣侍郎，吉頊爲天官侍郎，並同鳳閣鸞臺平章事。」

按：新書武后紀云：聖曆二年「臘月戊子，左肅政臺御史中丞吉頊爲天官侍郎，檢校右肅政臺御史中丞魏元忠爲鳳閣侍郎，同鳳閣鸞臺平章事」通鑑同。新書宰相表亦同。其月日皆與舊紀不同。檢舊書一八六上吉頊傳云：」擢拜右肅政臺中丞。……聖曆二年臘月，遷天官侍郎同鳳閣鸞臺平章事。」則新紀、新表、通鑑作臘月是也；舊紀書於春二月，誤。又舊紀「吉頊」上脫「右肅政臺御史中丞」官銜無疑。然二人「左」「右」與新紀、新表、通鑑亦互異。按元忠兩傳皆無左右，而前引舊書吉頊傳，頊爲「右」，新書一一七吉頊傳亦作「右」。似舊紀左右爲正，然左右形近，僅據兩傳不足明其是非。姑存待考。

一八

則天皇后紀久視元年條云：

「十月，……文昌左丞韋安石爲鸞臺侍郎、同鳳閣鸞臺平章事。」

按：新書宰相表、新紀、通鑑均書此事於十月丁巳，而原官爲右丞，與此異。又舊書九二、新書一二二韋安石傳亦作右丞。則此條「左」字蓋形譌。

一九

則天皇后紀神龍元年條云：

「正月……癸亥（亥當作卯，合鈔已正），麟臺監張易之與弟司僕卿昌宗反，皇太子……以羽林兵入禁中誅之。」

按：新紀、通鑑此日昌宗伏誅，皆書銜春官侍郎。檢舊書七八張行成傳附昌宗傳云：「加昌宗司僕卿。……俄改昌宗爲春官侍郎。……神龍元年正月，……二十日，……誅。」新書一〇四張行成傳同。則新紀、通鑑書銜是也；舊紀所書乃前官，誤。

二〇

中宗紀神龍元年條云：

「四月……甲戌，左庶子韋安石爲吏部尚書，……依前知政事。」

按：新紀同日書云：「刑部尚書韋安石爲吏部尚書……同中書門下三品。」與舊紀異。檢舊紀本年二月甲戌書云：「黃門侍郎知侍中事韋安石爲刑部尚書，罷知政事。」新書宰相表同。又舊書九二韋安石傳：「神龍初，徵拜刑部尚書。是歲又遷吏部尚書，復知政事。」則新紀原官刑部尚書，是也。舊紀誤。

二一

中宗紀神龍元年條又云：

「七月辛巳，太子賓客韋巨源同中書門下三品。……九月……戊戌，太子賓客韋巨源爲禮部尚書，依舊知政事。」

按：新書宰相表是年七月辛巳書事同。九月「癸巳，巨源罷爲禮部尚書。」新紀亦云罷。通鑑罷爲禮部尚書下有「以其從父安石爲中書令故也。」一句。又舊書九二韋巨源傳亦云：「時安石爲中書令，是巨源近屬，罷知政事。」新書一二三同傳同。按：安石以是年五月兼中書令，六月正拜，明年三月罷。巨源以避親屬罷相；宜可信。舊紀「依舊知政事」，誤也。

二二

中宗紀神龍二年條云：

「七月……庚午，禮部尙書祝欽明爲中丞蕭至忠所劾。……九月，祝欽明貶青州刺史。」

按：新書宰相表神龍二年「八月丙子，欽明貶申州刺史。」作申州，與舊紀異。檢舊書一八九下、新書一〇九祝欽明傳，皆由禮部尙書同三品貶申州刺史，則新表是也；舊紀作青州，誤。

二三

中宗紀景龍三年條云：

「二月……壬寅，侍中舒國公韋巨源爲尙書左僕射，並同中書門下三品。」

按：此書一人，而云「並」同中書門下三品，必有問題。檢新紀，是年二月「壬寅，韋巨源爲尙書左僕射，楊再思爲右僕射，同中書門下三品。」新書宰相表同。通鑑亦同，而「同中書門下三品」上有「並」字，書事最完。舊紀此條原蓋有「中書令楊再思爲尙書右僕射，傳刻奪之耳。下文六月書楊再思薨，題銜左（字譌）僕射，亦二月有奪文之證。（此條合鈔已補。）

二四

睿宗紀篇首條云：

「（景龍四年）六月……乙巳，中書令鍾紹京爲戶部尙書，……中書舍人劉幽求爲尙書左丞，……並依前知政事。」

按：新書宰相表同日書云：「紹京罷爲戶部尙書。」新紀亦云罷，非依前知政事。皆與舊紀異。檢舊書九七鍾紹京傳，「進拜中書令，加光祿大夫。……俄又抗疏讓官，睿宗納薛稷之言，乃轉爲戶部尙書，出爲蜀州刺史。」新書一二一本傳同。則舊紀「依前知政事」誤也。

二五

睿宗紀篇首條又云：

「（景龍四年）七月……壬戌，……兵部尚書姚元之兼太子右庶子，吏部尚書宋璟兼太子左庶子。」

按：新書宰相表書於同月丁巳，云：「元之兼太子左庶子，璟兼太子右庶子。」與舊紀左右互異。考全唐文二五二蘇頲授姚元之宋璟兼庶子制，元之在前爲左，璟在後爲右，又金石粹編九七宋璟碑及舊書九六、新書一二四宋璟傳皆作右庶子。則新表元之爲左，璟爲右，必不誤。舊紀誤也。然觀其次序，元之在前，璟在後，蓋原亦不誤，傳刻致謬耳。

二六

睿宗紀先天二年條云：

「七月甲子，太平公主與僕射竇懷貞……等謀逆；事覺，……誅之。窮其黨與（署），中書令崔湜尚書左丞盧藏用……等皆誅之。」

按：諸籍記此事，湜與藏用皆止流貶；未誅也。即舊書玄宗紀亦云流嶺南，不云誅。此「皆誅之」誤。又通鑑此時書事，藏用官銜爲右丞。檢舊書九四、新書一二三盧藏用傳亦均作右丞。又舊書七四崔湜傳云：「與尚書右丞盧藏用同配流。」朝野僉載三，書銜均同。則此條藏用銜「左丞」亦「右丞」之譌。

二七

玄宗紀開元元年條云：

「七月……壬申，王琚爲銀青光祿大夫、工部尚書，封趙國公，實封三百戶。姜皎，銀青光祿大夫、工部尚書，封楚國公，實封五百戶。」

按：工部尚書只一員，不得兩人同官。校戡記四引冊府一二八，王琚作戶部。檢舊書一〇六及新書一二一王琚傳，琚爲戶部尚書，皎爲工部尚書。又全唐文二〇元宗賞定策功臣制及同書二五二蘇頲加王琚等食實封制，皆琚爲戶部，皎爲工部。則舊紀此條琚官「工部」必「戶部」之誤無疑。

二八

玄宗紀開元二年條云：

「正月，關中（畧）不雨，人多飢乏。制求直諫言、弘益政理者。」

按此「直諫言」，明有奪誤。考舊書一〇一張廷珪傳云：「開元初，入爲禮部侍郎。時久旱，下制求直諫昌言，弘益政理者。」云云。此即舊紀二年正月事，則紀文奪「昌」字。

二九

玄宗紀開元三年條云：

「十月甲寅，制曰（畧）……。以光祿卿馬懷素爲左散騎常侍，褚无量並充侍讀。」

按：此條「褚无量」上顯有奪文。檢通鑑書此事於九月戊寅，云「以（太常卿馬）懷素爲左散騎常侍，使與右散騎常侍褚無量更日侍讀。」於文爲順。考全唐文九九五馬懷素墓誌云：「遷左散騎常侍，轉秘書監……與右散騎常侍褚无量更日入內侍讀。」據同書二五一蘇頲授馬懷素秘書監制，以左散騎常侍充侍讀在轉秘書監之前。則通鑑書事是也。舊紀「褚无量」上奪「與右散騎常侍」六字。又舊書一〇二馬懷素傳、褚无量傳及新書二〇〇褚无量傳，无量此時官左散騎常侍。蓋「右」之譌。

三〇

玄宗紀開元四年條云：

「正月……丁亥，……刑部尚書中山郡公李乂卒。二月丙辰……。」

按：正月丁亥爲十日。考全唐文二五八蘇頲撰李乂神道碑云：「開元丙辰歲（四年）仲春癸酉，薨於京師。」又同書二五六蘇頲撰故刑部尚書中山李公詩法記亦云：「開元四年太歲景辰二月戊申朔，二十六日癸酉，銀青光祿大夫刑部尚書昭文館學士中山公薨於京師。」則舊紀書薨於正月十日丁亥，誤也。

三一

玄宗紀開元八年條云：

「正月……己卯，侍中宋璟爲開府儀同三司，中書侍郎蘇頲爲禮部尚書，並罷知政事。……」

按：此事，新紀及宰相表皆作正月辛巳。通鑑亦作辛巳。考異云：「唐厤云，二十八日辛卯。舊紀云己卯。按是月無辛卯，今從實錄。」耕望按通鑑從實錄作「辛巳」，亦即二十八日，則唐厤實同，惟譌「己」爲「卯」耳。舊紀作「己卯」則誤。

三二

玄宗紀開元十一年條云：

「五月己巳，……王晙爲朔方節度使兼知河北郡隴左河西兵馬使。」

按：合鈔改「左」爲「右」，是也。然「隴」字上必仍有奪誤。檢新書宰相表作「兼知河北河東隴右河西兵馬使。」通鑑同。舊紀此條「郡」當作「河東」。

三三

玄宗紀開元十四年條云：

「四月……丁巳，戶部侍郎李元紘同中書門下平章事。」

按：冊府元龜七〇與此同。而新紀是日書云：「戶部侍郎李元紘爲中書侍郎同中書門下平章事。」新書宰相表及通鑑同。檢舊書九八李元紘傳：「（開元）十三年，……加中大夫，拜戶部侍郎。……明年，拜中書侍郎同中書門下平章事。」新書一二六李元紘傳同。則遷中書侍郎同中書門下平章事，是也。舊紀失書「爲中書侍郎」。

三四

玄宗紀開元十五年條云：

「二月，……己巳，尙書左丞相張說……致仕。」

又開元十七年條云：

「二月……庚子，特進張說復爲尙書左丞相。」

按：校記四引張宗泰云：「庚子上當補三月」，是也。而此兩條左丞相，「左」字亦誤。何者？考此時張說爲右丞相，源乾曜爲左丞相，新書宰相表及舊紀通鑑以及兩書二人本傳皆有記載，茲先表列於次：

年份	新表	舊紀	通鑑（會要附）	兩書源乾曜傳	兩書張說傳
開元十三年	「十一月壬辰，（張）說爲尚書右丞相兼中書令。（源）乾曜爲尚書左丞相兼侍中。」	與新表同。		兩傳。是年拜尚書左丞相兼侍中。	舊傳：「十三年：：授說爲右丞相兼中書令。源乾曜爲左丞相兼侍中」新傳，說事同。
十四年	「四月庚申，說罷爲尚書右丞相。」	與新表同	四月庚申，「但罷說中書令餘如故。」		舊傳：「停兼中書令。」新傳：「停說中書令。……不乞停右丞相，不許。」
十五年		二月「己巳，尚書左丞相張說……致仕。」	二月乙巳，制右丞相張說致仕。		舊傳：「明年詔說致仕。」新傳：「帝……令致仕。」
十七年	「六月甲戌……乾曜罷爲左丞洎。」	「（三月）庚子，特進張說復爲尚書左丞相。」「六月甲戌，左丞相源乾曜，停兼侍中。」「八月……乙酉……尚書左丞相源乾曜爲太子少傅。」	「六月甲戌……罷源乾曜兼侍中，止爲左丞相。」「八月癸亥，上以生日宴百官於花萼樓下，左丞相乾曜右丞相說帥百官上表請以每歲八月五日爲千秋節。」（八月事，會要二九同）	舊傳：「十七年夏停兼侍中，其秋遷太子少師，以祖固辭，乃拜太子少傅。」新傳畧同。	舊傳：「十七年復拜尚書左丞相集賢院學士。尋代源乾曜爲尚書左丞相。」新傳：「十七年，復爲右丞相，遷左丞相。」

綜觀上表所列材料，源乾曜自十三年十一月爲左丞相，至十七年八月始卸左丞相爲少傅，舊紀、新表、通鑑、兩傳、會要均無異說。張說爲右丞相，惟舊紀十五年二月條、十七年二月條及舊傳十七年復拜左丞相爲例外。既與源乾曜爲左丞相抵觸，亦且自相矛盾，自屬譌文，不待詳說矣。

三五

玄宗紀開元十七年條云：

「八月……乙酉，尚書右丞相、開府儀同三司兼吏部尚書宋璟爲尚書右丞相。尚書左丞相源乾曜爲太子少傅。」

按：據此書事，宋璟原官似爲「尚書右丞相開府儀同三司兼吏部尚書」而下一「右丞相」則「左丞相」之譌也。然金石粹編九七（全唐文三四三）顏眞卿撰開府儀同三司行尚書右丞相廣平文貞公宋公碑云：「（開元）八年，拜開府儀同三司。……十三年，駕幸東都，以公爲西京留守。……明年，又兼吏部尚書。十七年，拜尚書右丞相。」舊書九六及新書一二四宋璟傳亦云以開府儀同三司兼吏部尚書，開元十七年遷尚書右丞相。與碑全同。則舊紀此條「宋璟」下「爲尚書右丞相」之「右」字不誤，而此遷前之原官銜只爲「開府儀同三司兼吏部尚書」。遍考唐籍，宋璟此前未嘗爲尚書右丞相也。且右丞相與吏部尚書爲官，而開府儀同三司爲散階，載籍中書人官銜亦決無以散階夾於兩官名間之事例。然則比條「尚書右丞相」蓋與宋璟無涉，而當另作解釋歟？

按：本紀是年二月下書云：「庚子，特進張說復爲尚書左丞相。」前條考證已明「左」爲「右」之譌。又會要二九節日條：「開元十七年八月五日，左丞相源乾曜、右丞相張說等上表，請以是日爲千秋節。」通鑑同日書此事，二官銜全同。是直至八月初，即舊紀此條書事前二十二日，張說尚在尚書右丞相任也。檢新書一二五張說傳：「(開元)十七年，復爲右丞相，遷左丞相。」舊書九七張說傳：「十七年，復拜尚書左(右之譌)丞相集賢院學士。尋代源乾曜爲尚書左丞相。」又舊書九六宋璟傳：「十七年，遷尚書右丞相，與張說、源乾曜同日拜官，勅太官設饌，太常奏樂於尚書省。……玄宗賦詩褒述。」新書一二四宋丞傳「十七年，爲尚書右丞相，而張說爲左丞相，源乾曜爲太子少傅，同日拜，……帝賦三傑詩，自寫以賜。」則乾曜由左丞相爲少傅，說由右丞相代乾曜爲左丞相，璟即代說爲右丞相，三人遷官事在同日。今舊紀此條乙酉下書璟及乾曜遷官而不及說，但璟原官銜「開府儀同三司兼吏部尚書」上有「尚書右丞相」五字無所屬，是必即說之原官銜，其下奪「張說爲尚書左丞相」八字耳。

三六

玄宗紀開元二十一年條云：

「十二月丁未，兵部尚書徐國公蕭嵩爲尚書右丞相，黃門侍郎韓休爲兵部尚書，並罷知政事。」

按：新書宰相表是年十二月丁巳，休罷爲檢校工部尚書。通鑑同(脫十二月)。皆與舊紀異。檢舊書九八、新書一二六韓休傳皆作罷爲工部尚書。又舊紀二十四年十一月壬寅，亦云「工部尚書韓休爲太子少保。」則工部是也。舊紀此條「兵」字蓋涉上文蕭嵩官銜致傳刻譌誤耳。

三七

玄宗紀開元二十四年條云：

「十一月壬寅，……兵部尚書李林甫兼中書令，殿中監牛仙客(爲)兵部尚書同中書門下三品。」

按：新書宰相表及新紀此條牛仙客下「兵部」作「工部」。檢舊書一〇二新書一三三牛仙客傳皆作工部。又舊紀開元二十六年條亦云：「正月乙亥，工部尚書牛仙客爲侍中。」則此條「兵」字，明誤，蓋涉上文李林甫官銜致傳刻譌誤耳。

三八

玄宗紀開元二十七年條云：

「四月……丁酉，侍中牛仙客爲兵部尚書兼侍中。……」

按：此年四月無丁酉。新表、通鑑作己丑，是二十八日。檢本紀此條前干支記日爲十六日丁丑，二十四日乙酉。則此作己丑，是也。

三九

玄宗紀開元二十九年條云：

「四月……丙辰，以太原裴伷先爲工部尚書，韋虛心卒。」

按：此條顯有奪文。龔道耕舊唐書札迻云：

「裴迪先書郡，韋虛心不書官，非史例。伷先，絳州人，亦非太原人也。新書裴炎傳，伷先歷官太原京兆尹（據玄宗紀，伷先於開元十八年已爲京兆尹，其爲太原尹在後，新書叙次小誤。）終工部尚書。此太原下脫「尹」字，當重「工部尚書」字。壬午以裴寬爲太原尹，即代伷先也。」

耕望按：此論甚碻。惟舊書一〇一韋虛心傳：「歷戶部尚書、東京留守，卒。」與新書一一八韋虛心傳作「工部尚書、東京留守」者異。尙待證其是非。考全唐文三一三孫逖東都留守韋虛心神道碑云：「司會之府，允釐庶績，命公作倉部左司二員外，（略）左右丞，兵部侍郎，以至於工部尙書。」戶部地位視工部爲高，此不之及，是未官至戶部之明證也，故新傳爲正，而舊傳誤。又按碑書銜爲東都留守，「以開元二十九年某月日薨於東都寧仁里之私第。是卒於東都留守任內。然書卒之前，又云：「疇若予工，實諧俞往，上方倚相，適會云亡。」似又卒於工部尙書任內。考冊府元龜六七三：「韋虛心爲工部尙書、東都留守。開元二十七年，詔贈揚州大都督，喪事官給，恩甚優厚。」「七」爲「九」之譌，又奪「卒」字。則以工部尙書充東都留守甚明。（玄宗世常以工部尙書充東都留守。此其一例耳。）兼證龔說當重「工部尙書」是也。

四〇

玄宗紀天寶三載條云：

「二月……。是月，河南尹裴敦復卒。」

按：本紀，六載正月，誅淄川太守裴敦復。此條書卒，必誤。合鈔云有闕文，是也。檢通鑑天寶三載二月辛卯，「海賊吳令光等抄掠台明，命河南尹裴敦復將兵討之。」四月，「裴敦復破吳令光，擒之。」則舊紀此條必書敦復討吳令光事。或者「卒」爲「牽」之譌，又奪下文耳。否則，敦復下奪討吳令光事，卒乃另一人，奪其姓名。

四一

玄宗紀天寶十五載條：

「二月……丙辰，誅工部尙書安思順。」

按：此三月事，誤系於二月，合鈔已正。又按：新紀是年三月「丙辰，殺戶部尚書安思順。」通鑑十四載十一月丙子，「以朔方節度使安思順爲戶部尚書。」十五載三月丙辰誅。舊書一〇四哥舒翰傳：「翰之守潼關也，……誣奏戶部尚書安思順與祿山潛通。……其年三月，思順誅。」則舊紀書銜工部，亦誤。

四二

肅宗紀乾元二年條云：

「正月……乙丑，以御史中丞崔㝢都統浙江淮南節度處置使。」

又三年（即上元元年）條云：

「二月癸巳朔，以右丞崔㝢爲蒲州刺史充蒲同晉絳等州節度使。」

代宗紀大曆元年（永泰二年）條云：

「八月……癸卯，……吏部尚書崔㝢爲太子少傅。」

按：此人名，舊紀三見皆作「㝢」。而全唐文三五〇李白武昌宰韓君去思碑云：「尚書右丞崔公禹稱之於朝。」新書二〇一文藝元萬頃傳云：「肅宗初，吏部尚書崔㝢典選。」大藏經第二一二〇不空和上表制集卷一贈金剛三藏開府制具銜有「金紫光祿大夫吏部尚書博陵縣開國伯㝢。」時在永泰元年十一月二十日。是即一人，而「㝢」「禹」「㝢」不同，或當以「㝢」爲正。

四三

肅宗紀上元元年條云：

「四月……戊午，以右丞蕭華爲河中尹兼御史中丞充同晉絳等州節度觀察處置使。」

按：此一節度，紀傳書事例稱爲「河中晉絳節度，」兩書蕭華傳即稱「河中晉絳節度使」是也。亦有竟簡稱爲「河中節度」者，蓋鎮河中，不能省去也。此條「充」下應有「河中」二字，或「同」字爲「河中」之譌。

四四

代宗紀篇首條云：

「寶應元年……五月……丙申，以戶部侍郎元載同中書門下平章事充度使轉運使。」

按：肅宗紀末巳書云：「建辰月（三月）……戊申，……以戶部侍郎元載同中門下平章事。」新紀、新書宰相表及通鑑均同。當不誤。則此條必誤。而新表，寶應元年「五月丙寅，載行中書侍郎句當轉運租庸支度使。」五月無丙寅，蓋丙申之譌，則此日載遷中書侍郎，舊紀即因遷官誤致重書入相耳。

四五

代宗紀廣德元年條云：

「十二月甲辰，宦官市舶使呂太一逐廣南節度使張體，縱下大掠廣州」

按：此年十二月無甲辰，校記五據新紀、通鑑，謂甲辰屬十一月，「十二月」當乙於此事之下，是也。又按「張體」，新紀、通鑑皆作「張休」。考全唐文四〇九崔祐甫洪州都督張公遺愛碑云：「今天子（代宗）終諒闇，易月之期不言，既言之日，……以制書就拜衛尉卿兼洪州都督張公爲御使中丞廣州刺史嶺南節度經略觀察等使。……公諱休字祥，幽州范陽人也。」即其人。則舊紀作「體」，誤也。蓋「休」形譌爲「体」，即「體」之簡寫。故又正爲體耳。嘗讀明鈔本冊府元龜，「休」「體」互譌，亦頗不乏其例。

四六

代宗紀廣德二年條云：

「九月……己未，……尚書左丞楊綰知東京選。禮部侍郎賈至知東都舉。兩都分舉選自此始也。」

徐松登科記考一〇引此條而加案語云：

「本紀之文奪誤殊甚。當作『禮部侍郎楊綰知東都舉，尚書右丞賈至知上都舉。兩都分舉自此始也。』選字衍文。」

按：本紀此條固有譌誤，而徐氏所改尤誤。茲爲質正如次：

檢舊書一九〇中賈至傳：「寶應二年，爲尚書左丞。……廣德二年，轉禮部侍郎。是歲，至以時艱歲歉，舉人赴省者，奏請兩都試舉人。自至始也。」新書一一九賈至傳略同。又新書四四選舉志亦云：「廣德二年，……是歲，賈至爲侍郎，建言，歲方囏歉，舉人赴省者，兩都試之。兩都試人自此始。」則廣德二年，賈至實爲禮部侍郎，且兩都試舉人即至爲侍郎時所建言也。舊紀此條書至官銜不誤。

復檢舊書一一九楊綰傳：「遷禮部侍郎。……再遷吏部侍郎。」新書一四二楊綰傳同。惟「再遷」作「俄遷」。皆不書左丞。然考全唐文四一一常袞授楊綰吏部侍郎制云：「朝議大夫守尚書左丞集賢殿學士副知院事兼修國史楊綰……可尚書吏部侍郎，餘如故。」則舊傳由禮侍再遷吏侍者，省中間左丞一遷也。（綰此時官左丞，又見大藏經第二一二〇不空和上表制集卷一贈金剛三藏開府制。）

復考會要七六孝廉舉條云：「寶應二年（即廣德元年）六月二十日，禮部侍郎楊綰奏請每歲舉人依鄉舉里選察秀才孝廉。七月二十六日，禮部侍郎楊綰奏貢舉條目……。」冊府六四〇及通鑑年月均同。又通鑑廣德二年五月「庚申，禮部侍郎楊綰奏，歲貢孝弟力田無實狀及童子科，皆僥倖，悉罷之。」冊府六四〇，同。則廣德元年綰已在禮侍任，至二年五月尚在任也。其遷左丞當在五月以後。據前引賈至傳，以廣德二年由左丞改禮侍，此兩官皆僅一員，是必綰至二人互換其官耳。本紀此條賈至書銜「禮部侍郎」，既不誤，則綰書「尚書左丞」亦必不誤矣。徐氏所改，皆未深考耳。

又按：前引賈至兩傳及新書選舉志皆僅謂兩都試舉人自此始，不及銓選事。又冊府元龜六四〇：「永泰元年，始置兩都貢舉，禮部侍郎官號皆以知兩都爲名。」唐會要七六緣舉雜錄條云：「永泰元年七月，以京師米貴，遂分兩京集舉人。」同書七五東都選條：「永徽元年，始置兩都舉，禮部侍郎官號皆以兩都爲名，每歲兩都別放及第。自大歷十二年停東都舉，是後不置。」此「永徽」爲「永泰」之譌（永徽時貢舉不屬禮部，且事實上，至德以前絕無在西京以外試舉者。）蓋廣德二年定制，實行放榜則永泰元年也，惟所謂「七月」蓋誤。是此次分兩京貢舉，屢見載籍，而此時兩都銓選，除本紀此條外，絕不一見。況銓選之分兩都，太宗高宗世已有之，明見新書選舉志及會要七五；絕非始於此時。則本紀此條下一「選」字當爲衍文，而上一「選」字則「舉」之譌也。至於「東京」又「西京」之譌耳。蓋唐人常以「京」「都」對舉，舊紀此條「京」在上，「都」在下，次序甚合，綰與賈至素善，而地位聲望又素在至上，且兩都分試舉人之議爲至所發，則以西京推綰，而自主東都，最爲合理。故吾謂本紀此條只改「東京選」爲「西京舉」，又刪下一「選」字，當勝徐氏紛紜改竄矣。

四七

代宗紀廣德二年條云：

「九月……辛酉，以太子詹事李峴爲吏部尚書兼御史大夫知江南東西及福建道選事并觀農宣慰使。」

按：會要七八諸使雜錄條云：「廣德二年九月，以太子詹事李峴爲江南東西及福建等道知選事，并勸農宣慰使。」作「勸農」，舊紀「觀農」字譌。

四八

代宗紀大曆元年條云：

「八月……癸卯，太子少保裴遵慶爲吏部尚書。吏部尚書崔寓（寓）爲太子少傅。」

按：舊書一一三裴遵慶傳：「以遵慶爲太子少傅。永泰元年，與裴冕等並於集賢院待制。……尋改吏部尚書。」新書一四〇裴遵慶傳同。楊綰撰裴遵慶碑（金石萃編一〇〇、全唐文三三一，八瓊金石補正六四）亦同。又全唐文四一一常袞授裴遵慶吏部尚書制，原官亦爲太子少傅。則此日與崔寓互換其官，舊紀「少保」誤也。

四九

代宗紀大厤五年條云：

「五月……庚辰，貶禮部尚書裴士淹爲處州刺史。」

按：金石粹編七九華岳裴士淹題名云：「禮部尚書裴士淹出爲饒州刺史。大曆五年六月六日於此禮謁。」又華岳蘇敦等題名云：「時禮部尚書河東裴公出牧鄱陽。」年月日同。鄱陽即饒州，則士淹貶饒州，非處州也。舊紀誤。否則先貶饒州，尋改處州歟？

五〇

代宗紀大厤七年條云：

「五月……癸亥，以檢校禮部尚書蔣渙充東都留守。」

又八年條云：

「九月……甲午，東都留守蔣瓊兼知東都貢舉。」

按：此兩條「蔣渙」「蔣瓊」當即一人。兩唐書中不見蔣瓊其人，而蔣渙附見舊書一八五上、新書一〇六高智周傳。約計時世畧合。復考唐語林八累爲主司條云：「蔣渙再，大曆九年、十年。」唐制，知本年春貢舉者例於上一年冬或秋末受詔。蔣渙放大厤九十兩年春榜，其受命必始於八年冬或秋末，正與舊紀八年九月條相應。則本紀七年條「蔣渙」不誤，而八年條「蔣瓊」誤也。

五一

代宗紀大厤八年條云：

「（二月）甲子，御史大夫李栖筠彈吏部侍郎徐（闕）。」

按：此條下續云「丁卯，……徐浩、薛邕違格，竝停知選事。」「五月乙酉，貶吏部侍郎徐浩，明州別駕；薛邕，歙州刺史；京兆尹杜濟，杭州刺史；皆坐典選也。」又通鑑是年紀云：「吏部侍郎徐浩、薛邕皆元載、王縉之黨，浩妾弟侯莫陳忞爲美原尉，浩屬京兆尹杜濟以知驛奏優，又屬邕擬長安尉。……御史大夫李栖筠劾奏其狀。……五月乙酉，貶浩，明州別駕；邕，欽州刺史。丙戌，貶濟，杭州刺史。」事又見新書一四六李栖筠傳及新書一六〇、舊書一三七徐浩傳。則此所闕必「浩、薛邕」云云。

五二

德宗紀建中元年條云：

「正月……丁卯朔……己巳（三日）……庚午（四日）……辛未（五日）……己巳……至是除韓滉蘇州刺史，杜亞河中少尹，而領都團練觀察使，不帶臺省兼官。」

按：同月兩「己巳」，下「己巳」顯誤。檢再下一干支爲「甲午」（二十八日），則此「己巳」蓋「己卯」（十三日）、「辛巳」（十五日）、「己丑」（二十三日）、「癸巳」（二十七日）之譌歟？又按：本紀上年十一月：「丁丑，以陝州長史杜亞爲河中尹、河中晉絳慈隰都防禦觀察使。」舊書一四六杜亞傳，亦作「河中晉絳等州防禦觀察使。」是「河中尹」爲正，此條衍「少」字。

五三

德宗紀建中二年條云：

「四月……丁己，禮部侍郎于召，桂州刺史。」

按：舊書一三七、新書二〇三于邵傳皆作桂州長史。又通鑑書此事於大曆八年。年代雖誤，然作桂州長史與兩傳合。本紀作「刺史」，誤。

五四

德宗紀建中二年條又云：

「十月乙酉，尚書左僕射楊炎貶崖州司馬。尋賜死。」

按：是年十月無乙酉，而通鑑作乙未。考杜陽雜編卷上：「建中……二年十月乙未，貶楊（炎）爲崖州司戶，去州百里賜死。」則「乙未」是也。

五五

德宗紀建中四年條云：

「十月……丁巳，以吏部尚書蕭復……本官同中書門下平章事。」

按：新紀是年十月「丁巳，戶部尚書蕭復爲吏部尚書，……同中書門下平章事。」新宰相表及通鑑同。檢舊書一二五、新書一〇一蕭復傳亦均由戶部尚書遷吏部尚書同平章事。全唐文四六一陸贄撰蕭復平章事制亦云：「朝議大夫守戶部尚書兼御史大夫充荆襄江西等道都元帥統軍長史（封賜）蕭復，……可守吏部尚書同中書門下平章事，散官（封賜）如故。」則本紀拜相前即爲吏部，誤也。

五六

德宗紀建中四年條末云：

「十二月……庚午（二十七日）……。癸酉，以中書侍郎平章事關播爲刑部尚書，司封郎中杜黃裳爲給事中，命給事中孔巢父淄青宣慰，華州刺史董晉河北宣慰。」

按：此爲建中四年條之最末兩行。檢此年十二月無癸酉，癸酉恰爲下年之元旦。關播事，新書宰相表及新紀即書於興元元年正月元旦癸酉朔。疑舊紀實誤。又本紀，興元元年正月元旦癸酉朔，下罪己之詔，有云：「分命朝臣諸道宣諭。」冊府一六二：興元元年正月，帝在奉天，詔蕭復充山南東西荆湖淮南江西鄂岳浙江東西福建嶺南等道宣慰安撫使。詔文甚長。又云：「是月給事中杜黃裳兼御史中丞，江淮宣慰使。」度其事勢，下罪己之詔同時即命使臣宣慰諸道。孔巢父、董晉宣慰淄青河北之命，亦即興元元年元旦所下，皆與關播事同誤書於上年之末耳。

五七

德宗紀貞元元年條云：

「三月丙申朔，以蜀州刺史韓洄爲兵部侍郎。」

「六月丙子，以兵部侍郎韓洄爲京兆尹。」

按：舊書一二九韓洄傳云：「轉洄戶部侍郎判度支。……貶蜀州刺史。興元元年三月，入爲兵部侍郎。六月，爲京兆尹。七月，加御史大夫。貞元二年正月……爲刑部侍郎。」新書一二六韓洄傳亦云：「興元元年入爲兵部侍郎，轉京兆尹。」與舊傳合。是爲兵部侍郎，遷京兆尹，皆視舊紀恰差前一年。又全唐文五〇七權德輿太中大夫守國子祭酒韓公行狀云：「戶部侍郎，專判度支。……出爲蜀州刺史。……三歲在郡……有詔徵還。既至，拜兵部侍郎，在職數月，遷京兆尹兼御史大夫。……賊泚之後，旱蝗相乘，……。」按：洄以建中二年十一月由戶部侍郎判度支貶蜀州刺史，明見舊紀。「三歲在郡」，入爲兵部侍郎，正是興元元年，與兩傳合。且李晟以興元元年五月收復西京，六月五日甲辰，朱泚伏誅。舊傳云六月爲京尹，行狀云賊泚之後，時事亦正合。則洄以興元元年三月入爲兵部侍郎，六月遷京尹，絕無可疑。舊紀月份不誤，而恰誤後一年耳。

五八

德宗紀貞元二年條云：

「正月……壬寅，以左散騎常侍劉滋、給事中崔造、中書舍人齊映並守本官同中書門下平章事。」

按：新紀此次拜相，造、映與舊紀同；而滋由吏部侍郎遷左散騎常侍平章事，與舊紀異。新表通鑑並與新紀同。檢舊書一三六劉滋傳：「興元元年，改吏部侍郎。……貞元二年，遷左散騎常侍同中書門下平章事。」新書一三二劉滋傳同。又全唐文四六二陸贄撰劉滋等平章事制，滋亦由權知吏部侍郎遷散騎常侍同平章事。則舊紀誤也。

五九

德宗紀貞元二年條又云：

「二月……甲戌，戶部侍郎元琇爲尙書左丞。……十二月……庚申，……貶尙書右丞度支元琇爲雷州司戶。」

按：此處「左丞」「右丞」當有一誤。檢通鑑此年二月十二日兩次書事皆作右丞。又舊書一三〇崔造傳云：「罷琇判使尙書右丞。」新書一四九劉晏傳亦云：「琇後爲尙書右丞，判度支。」元和姓纂四亦然。當以「右」爲正。且舊書一二九韓滉傳、舊書一四五董晉傳皆云此時晉爲左丞、琇爲右丞，尤爲的證。舊紀二月書事，「左」爲「右」之譌。又按琇前已罷判度支，十二月書事，「度支」亦衍文。

六〇

德宗紀貞元五年條云：

「二月……庚子，以大理卿董晉爲門下侍郎、同中書門下平章事。」

按：新紀及宰相表並與此同。而通鑑晉原官爲太常卿，舊書一四五董晉傳同。考朱校昌黎集三七董晉行狀云：「又爲太常卿。由太常拜門下侍郎平章事。」則通鑑、舊傳是也。舊紀新紀新表蓋皆誤。

六一

德宗紀貞元五年條又云：

夏四月乙未，以太子少師蕭昕爲工部尚書致仕。給半祿料，永爲常式。……」

按：唐會要六七致仕官條云：「貞元五年三月，以太子少傅兼吏部尚書蕭昕爲太子少師，右武衛上將軍鮑防爲工部尚書，前太子詹事韋建爲祕書監，並致仕。」冊府元龜五五云：「貞元五年四月，以太子少傅兼禮部尚書蕭昕爲工部尚書，前太子少詹事韋建爲秘書（監），並致仕。」同書五〇六同。彼此既歧，亦皆與舊紀此條書事不同。檢舊書一四六蕭昕傳：「遷太子少傅。貞元初，兼禮部尚書。尋復知貢舉。五年，致仕。」新書一五九蕭昕傳同，惟知貢舉下作「久之，以太子少師致仕。」又舊書一四六鮑防傳：「尋遷工部尚書致仕。防……爲禮部侍郎時，嘗遇知雜侍御史竇參於通衢，導騎不時引避，僕人爲參所鞭。及參秉政，遽令致仕。防謂親友曰：吾與蕭昕之子齒，而與昕同日懸車……。」云云。新書一五九鮑防傳全同。則蕭昕鮑防同日致仕，爲工部尚書者乃防，非昕也。又昕原官「太子少傅兼禮部尚書」，「太子少師」乃致仕官，非原官也。故此段書事，會要最正，惟昕銜譌「禮」爲「吏」耳。冊府蕭昕下脫「爲太子少師，右武衛上將軍鮑防」十三字。舊紀脫蕭昕原官「太子少傅兼禮部尚書」，又誤以致仕官「太子少師」爲原官，而「爲工部尚書」上復奪「右武衛上將軍鮑防」八字耳。至於原本是否有韋建事，姑從愼不論。

德宗紀貞元七年條云：

「八月己丑，以翰林學士歸從敬爲工部尚書。」

六二

按：本紀八年條，七月，「以翰林學士歸崇敬爲兵部尚書，致仕。」「從」「崇」不同。檢舊書一四九、新書一六四有歸崇敬傳。又丁居晦翰林學士壁記有歸崇敬，書事並與本紀此兩條合，則七年條作「從敬」，誤也。

六三

德宗紀貞元八年條云：

「二月……己酉，吏部尚書李紓卒。」

按：舊書一三七李紓傳云：「詣梁州行在，拜兵部侍郎。……李懷光誅，……諸軍會河中，詔往宣慰。……使還，……拜禮部侍郎。……卒于官，年六十二。貞元八年，贈禮部尚書。」新書一六一李紓傳「兵部侍郎」「禮部尚書」並同，惟「禮部侍郎」作「吏部侍郎」。考會要七四論選事條，貞元六年二月，吏部侍郎李紓云云。又全唐文五九八歐陽詹唐天文述云：

「皇唐百七十有一載，皇帝御宇之十四祀（實十三祀）也，歲在辛未，實貞元七年……。是歲也，……趙郡李公紓爲天官之四年，范陽盧公徵爲地官之元年，范陽張公濛爲春官之三年，昌黎韓公洄爲夏官之三年，吳郡陸公贄同爲夏官之二年，京兆杜公黃裳爲秋官之二年，清河張公彧爲冬官之五年。」檢盧徵此時爲戶部侍郎，見舊書一四六新書一四九本傳、冊府元龜六三〇及八瓊金石補正三二龍門觀世音石像銘。張濛官止禮部侍郎，見新書七二下宰相世系表。韓洄此時爲兵部侍郎，見舊書一二九韓滉傳及全唐文五〇七權德輿韓公行狀。陸贄此時爲兵部侍郎，見舊書德宗紀下，同書一三九本傳，新書一五七本傳、順宗實錄四、全唐文四九三權德輿翰苑集序及丁晦居翰林學士壁記。張彧官工部侍郎，見通鑑貞元二年十二月紀。然則此所謂六官皆侍郎，非尙書也。足證新書李紓傳吏部侍郎爲正，舊傳作禮部，蓋涉下文贈禮部尙書而誤耳。兩傳皆卒於侍郎，據此述，貞元七年尙在吏部侍郎任，一年之間無緣爲吏部尙書。且若生前已官吏部尙書，贈官決不止於禮部。是舊紀書銜「尙書」必「侍郎」之誤。且舊書一三六劉滋傳云：「貞元……六年，遷吏部尙書。竇參以宰相爲吏部尙書，（滋）換刑部尙書。」檢新書宰相表，參以貞元八年三月丁丑兼吏部尙書。（通本作正月，此據百衲本。）則二月劉滋在吏部尙書任，不容有紓。此亦舊紀「尙書」爲「侍郎」之誤之强證。

六四

德宗紀貞元九年條云：

「五月……甲辰，以義成軍節度使檢校右僕射賈耽爲左僕射、同中書門下平章事。」

按：順宗紀，永貞元年三月戊子，「宰相賈耽兼檢校司空。」憲宗紀同年十月丁酉，「檢校司空兼左僕射同中書門下平章事魏國公賈耽卒。」則自貞元九年耽始入朝直至永貞元年十月卒，皆在左僕射任也。而新書宰相表、新紀、通鑑，貞元九年五月書事作右僕，薨卒年月日與舊紀同，中間亦不書改官。通鑑於薨時且書銜爲「右僕射、平章事。」則新表、新紀、通鑑，耽自貞元九年入朝直至永貞元年十月卒，皆在右僕射任也。其與舊紀不同如此。

檢舊書一三八賈躭傳云：「貞元二年，改檢校右僕射兼滑州刺史義成軍節度使。……九年，徵爲右僕射同中書門下平章事。……順宗即位，檢校司空守左僕射，知政事如故。……永貞元年十月卒。」新書一六六賈躭傳全同。則貞元九年始入朝時爲右僕射，至順宗即位後遷左僕射也。又與舊紀及新表、新紀、通鑑皆不同。考全唐文四七八鄭餘慶撰左僕射賈躭神道碑云：「遷檢校尚書右僕射充義成軍節度使鄭滑等州觀察處置等使。貞元九年入覲，拜尚書右僕射同中書門下平章事。……加金紫光祿大夫，轉左僕射，依前平章事。遷檢校司空，依前左僕射平章事。以永貞元年十月一日薨。」則先爲右僕，後遷左僕，與兩傳同；但由右遷左在順宗即位以前耳。復考全唐文五〇〇權德輿撰尚書右僕射姚公（南仲）神道碑云：「爲滑州刺史鄭滑節度使。……(貞元)十六年，介圭來朝，牢讓師帥。繇是詔魏公以左僕射居相府，命公爲右僕射。」魏公即賈躭。則躭由右遷左，即在姚南仲由鄭滑入爲右僕射時也。檢舊紀，南仲以貞元十六年四月己丑爲右僕射，則躭由右遷左即在同時。本紀此時失書躭之轉官，又誤以爲九年入朝即爲左僕矣。至於新表通鑑自九年爲右僕後未改官左僕，亦皆誤也。

六五

德宗紀貞元十一年條云：

「四月……壬戌，貶太子賓客陸贄爲忠州別駕；京兆尹李元，信州長史；衞尉卿張滂，汀州長史。」

按：通鑑此條「李元」作「李充」，「信州」作「涪州」。考此事又見舊書一三五、新書一六七裴延齡傳及舊書一四九、新書一六四奚陟傳。皆作「李充」，則舊紀誤也。至於「信」「涪」不同，未知孰是，姑存待考。

六六

德宗紀貞元十五年條云：

「四月……乙未，特進兵部尚書歸崇敬卒。」

按：本紀貞元八年條，七月甲寅朔，「以翰林學士歸崇敬爲兵部尚書致仕。」翰林學士壁記同。舊書一四九、新書一六四歸崇敬傳亦同。依本紀書例，此條「尚書」下當補「致仕」二字。

六七

德宗紀貞元二十年條云：

「四月……丙寅，吐蕃使臧河南觀察使論乞冉等五十四人來朝貢。」

按：「臧」下各本皆注「闕文」。合鈔又云：「河南下五字疑錯簡衍文。」檢會要九七吐蕃條，與紀本條全同。又舊書一九六下吐蕃傳云：「（貞元）二十年……四月，吐蕃使臧河南觀察使論乞冉及僧南撥特計波等五十四人來朝。」冊府九七二與舊傳同，惟無「臧」字。又按：吐蕃人名，常曰某某臧、疑闕文亦可能在「臧」上。又唐此時無「河南觀察使」之官，而吐蕃有節度使，有河南元帥，當有河南觀察使，此即「論乞冉」之官銜，非錯簡衍文也。沈說誤。

六八

憲宗紀永貞元年條云：

「九月……丁丑，前戶部侍郎蔡弁卒。」

按：遍考唐籍，德宗時代及順憲之際，戶部侍郎無蔡弁其人。而德宗紀貞元十三年二月「乙亥，度支郎中蘇弁爲戶部侍郎判度使。」十四年五月「丙午，戶部侍郎判度支蘇弁爲太子詹事。」又舊書一八九下蘇弁傳云：「裴延齡卒，……授度支郎中、副知度支。……遷戶部侍郎，依前判度支。改太子詹事。……貞元二十一年，卒于家」。貞元二十一年即永貞元年也。則本紀此條「蔡弁」必「蘇弁」之譌。

六九

憲宗紀元和三年條云：

「四月……己卯，裴均於尚書省都堂上僕射，其送印（闕）呈孔目唱案授案皆尚書郎爲之……」云云。

按：各本「印」下皆注「闕」。檢會要五七載此事，則所闕僅一「及」字。

七〇

憲宗紀元和六年條云：

「三月……丁未，以檢校右僕射嚴綬爲江陵尹荊南節度使。」

按：舊書一四六嚴綬傳：「充河東節度（畧）等使，……加檢校尚書左僕射，尋拜司空。……綬在鎮九年，……（元和）四年，入拜尚書右僕射。……尋出鎮荊南。」新書一二九本傳畧同。又全唐文六五五元稹鄭國嚴公行狀云，爲河東節度使，累加至檢校司空，「凡九年，朝京師，眞拜尚書右僕射，依前檢校，尋以檢校司空，拜荊南節度觀察支度等使。」按此時常以檢校三公兼僕射尚書，據行狀，綬即以檢校司空兼右僕射也。舊紀此條書銜若無「檢校」二字可也。若有檢校，當作「檢校司空兼右僕射。」

七一

憲宗紀元和七年條云：

「十一月……戊寅，……吏部郎中楊於陵執奏」云云。

按：舊書一六四楊於陵傳云：「出爲嶺南節度使。……（元和）五年，入爲吏部侍郎。……爲吏部凡四周歲，……九年，改兵部侍郎。」新書一六三本傳及全唐文六三九李翺撰楊公墓誌銘略同。又通鑑元和五年七月丁巳，以嶺南節度使楊於陵爲吏部侍郎。全唐文四七八鄭餘慶祭杜佑太保文，於陵與祭，具銜「銀青光祿大夫吏部侍郎。」時在元和八年癸巳四月九日辛卯。則七年十一月，於陵正在吏部侍郎任，舊紀此條作「郎中」，字譌。

七二

憲宗紀元和八年條云：

「八月……辛丑，以東川節度使潘孟陽爲戶部侍郎判度支，盧坦爲梓州刺史。劍南東川節度使。」

按：潘孟陽此時爲戶部侍郎判度支，不誤。詳下條。則盧坦無原官，與本紀體例不合。檢舊書一五三盧坦傳：「改戶部侍郎判度支。元和八年，……出爲劍南東川節度使。」全唐文六四〇李翺故東川節度使盧公傳，同。新書一五九本傳亦同，惟不書年。復檢本紀，六年四月庚午，「以刑部侍侍鹽鐵轉運使盧坦爲戶部侍郎判度支。」通鑑同。又會要八八鹽鐵條：元和六年閏十二月奏事，同書八九泉貨條元和七年五月奏事，同書九〇和糴條元和七年七月奏事，盧坦官銜皆爲「戶部侍郎判度支。」全唐文四八七權德輿東都留守舉人自代狀云：「準制舉自代官，朝議大夫守尚書戶部侍郎判度支護軍賜紫金魚袋盧坦。」時在元和八年。同書四七八鄭餘慶祭杜佑太保文，盧坦書銜「中大夫守戶部侍郎判度支。」時在元和八年四月九日。又據同書六九五韋瓘宣州南陵縣大農陂記，元和八年六月十五日，坦在地官侍郎任。據通鑑，是年七月坦仍在任。是自六年以來至出鎮東川之前月，均在戶部侍郎判度支任也。然則舊紀此條坦雖無原銜，然由戶部侍郎判度支出鎮無疑。是即與潘孟陽互換其官職耳。銜以舊紀書事體例，此條盧坦上當有「代」字，下當有「以坦」二字，蓋傳寫脫之耳。

七三

憲宗紀元和九年條云：

「二月巳卯朔，戶部侍郎判度支兼京兆五城營田使。丁丑，……。」

按：二月己卯書事，僅此一官銜，必脫人名無疑。合鈔於「度支」下補「潘孟陽」三字。檢本紀上一年八月書云：「辛丑，以東川節度使潘孟陽爲戶部侍郎判度支。」復檢舊書一六二潘孟陽傳云：「遷梓州刺史劍南東川節度使。……（武）元衡作相（事在元和八年三月），復召爲戶部侍郎判度支，兼京兆五城營田使。……太府卿王遂與孟陽不協。議以營田非便，持之不下。孟陽忿憾形於言，二人俱請對，上怒不許，乃罷孟陽爲左散騎常侍。明年，復拜戶部侍郎。……俄以風緩不能行，改左散騎常侍。元和十年八月卒。」新書一六〇潘孟陽傳同。按本紀此條官銜與潘孟陽全同。而年世亦與孟陽第一次罷爲左散騎常侍時代合。則此條「營田使」下當脫「潘孟陽爲左散騎常侍」九字。合鈔所補似亦未實。

七四

憲宗紀元和九年條云：

「十二月甲辰朔……癸丑，兵部尚書王召卒。」

按：王召即王紹。此月癸丑爲十日。而全唐文六四六李絳兵部尙書王紹神道碑云：「元和九年冬十一月晦。銀青光祿大夫兵部尙書判戶部事上柱國太原郡公食邑二千戶王公歿於位。」則本紀書事差後十日，蓋誤。

七五

憲宗紀元和十年條云：

「六月……乙丑，制以朝議郎守御史中丞兼刑部侍郎飛騎尉賜紫金魚袋裴度爲朝請大夫守刑部侍郎同中書門下平章事。」

按：新書宰相表及新紀通鑑，月日並同，惟平章事上作「中書侍郎」，非「刑部侍郎」。新書一七三裴度傳，與新紀表通鑑合。而舊書一七〇裴度傳作「門下侍郎」，既與新書通鑑歧，與舊紀亦不相應，考全唐文五七有憲宗授裴度中書侍郎平章事制，與新書、通鑑同。則舊紀、舊傳皆誤也。又制詞散官作「朝議大夫」，紀作「朝請」蓋亦誤。

七六

憲宗紀元和十一年條云：

「四月……庚戌，貶戶部侍郎判度支楊於陵爲郴州刺史。」

按：舊書一六四楊於陵傳：「（元和）九年……改兵部侍郎判度支。……十一年，貶於陵爲桂陽郡守。」新書一六三楊於陵傳及全唐文六三九李翶贈司空楊於陵墓誌，亦皆以兵部侍郎判度支出爲郴州刺史。」則本紀「戶部」當作「兵部」。

七七

憲宗紀元和十二年條云：

「九月……甲午，御史臺奏同制除官，承前以名字高下爲班位先後，或名在前身在外，及到却在舊人之上。今請以上日爲先後。勅曰……」云云。

按：會要六〇有此條，但作十一年九月。後條爲十二年三月，再後爲十三年十月，則會要此條十一年「一」字非形譌。是與舊紀先後一年。未知孰是。

七八

憲宗紀元和十三年條云：

「三月……辛亥，詔百司職田多少不均，爲弊日久，宜令逐司各收職田草粟都數，自長官以下，除留守，至銀臺待罪，請獻德棣二州，兼入管納租稅。」

按：此條顯有奪文。檢唐會要九二云：

「（元和）十三年三月，詔百司職田，多少不均，爲弊日久。宜令每司各收職田草粟等數，自長官以下，據多少人作等差，除留闕官外分給。」

此段「自長官以下」以上。視舊紀僅兩字之異，可知舊紀下文「除留守」三字即「據多少人作等差除留闕官外分給」一句之奪譌。

又按：新紀同年「四月甲寅（朔），王承宗獻德棣二州。」又檢舊書一四二王承宗傳云：

「（元和）十二年十月誅吳元濟。承宗始懼，求救於田弘正。十三年三月，弘正遣人送承宗男知感知信及其牙將石汎等詣闕請命。令於客舍安置。又獻德棣二州圖印，兼請入管內租稅，除補官吏。上以弘正表疏相繼，重違其意，乃下詔曰……。」（新書二一一本傳異同。）

通鑑同年紀亦云：

「吳元濟既就擒，……（王）承宗懼，求哀於田弘正，請以二子爲質，及獻德棣二州。輸租稅。請官吏。……弘正上表相繼，乃許之。夏四月甲寅朔，魏博遣使送承宗子知感、知信及德棣二州圖印至京師。」

則舊紀此條「至銀臺待罪」上即奪「……王承宗……」云云也。

七九

憲宗紀元和十四年條云：

「六月……庚申（十四日），以戶部侍郎歸登爲工部尚書。」

按：舊書一四九歸登傳云：「轉兵部侍郎兼判國子祭酒事，遷工部尚書。元和十五年卒。」由兵部侍郎遷工部尚書，與本紀由戶部侍郎者不同。

考全唐文六三九李翺楊公（於陵）墓誌銘云：「轉兵部侍郎，……出爲郴州刺史。……明年，召拜原王傅。數日，又爲戶部侍郎，復知吏部選事。元和十四年，淄青平，兼御史大夫，以本官充東平宣慰處置使。……明年，遷戶部尚書。」舊書一六四、新書一六三楊於陵傳官歷年份並畧同，據舊傳，貶郴州在元和十一年。舊紀在十一年四月，又舊紀元和十三年八月乙亥，「時刑部員外郎楊嗣復以父於陵除戶部侍郎，遂以近例避嫌，請出省。」會要五七尚書省條載此事亦在十三年。則楊於陵始遷戶部侍郎必在元和十三年八月以前也。又於陵以戶部侍郎充淄青宣慰使在元和十四年二月乙丑，見通鑑及會要七七巡按等使條。又全唐文五二三楊於陵祭權相公文，書銜「戶部侍郎兼御史大夫。」時在元和十四年七月六日。其遷戶部尚書在十五年二月辛丑，明見舊紀。則自元和十三年八月以前於陵任戶部侍郎，直至十五年二月遷戶部尚書，中間未嘗卸戶部侍郎任也。

又考通鑑元和十三年九月甲辰，戶部侍郎判度支皇甫鎛以本官同中書門下平章事。舊紀、新紀、新表並同。新表十四年七月丁酉（二十一日）「鎛守門下侍郎。」全唐文五八有憲宗授皇甫鎛平章事制云：「朝請大夫守尚書戶部侍郎兼御史大夫判度支（勳賜）皇甫鎛……可守尚書戶部侍郎同中書門下平章事，依前判度支。」又有授皇甫鎛門下侍郎制云：朝請大夫守尚書戶部侍郎兼御史大夫判度支（勳賜）皇甫鎛……可守門下侍郎平章事，依前判度支。」則皇甫鎛自元和十三年九月以前已爲戶部侍郎直至十四年七月二十一丁酉始卸任也。

以上所考楊於陵皇甫鎛兩人事，皆確切無可疑者，是自十三年秋至十四年七月二十一丁酉間，於陵及鎛同在戶部侍郎任。戶侍只兩員，在此一段時間內不容別有歸登，則舊紀此條歸登書銜「戶部侍郎」當從舊傳作兵部。作戶部者，誤也。

八〇

穆宗紀篇首條云：

「元和……十五年……八月庚午朔，辛未，兵部尚書楊於陵總百寮錢貨輕重之議……」

按：此事，會要八四稅租條下亦載之，於陵官銜爲戶部尚書。所議爲戶部事，自以戶部爲可信。且本紀是年二月

「辛丑，以戶部侍郎楊於陵爲戶部尙書。」長慶二年閏十月壬辰，「以戶部尙書楊於陵爲太常卿。」又據舊書一六四、新書一六三楊於陵傳及全唐文六三九李翺楊公墓誌，此時亦官戶部尙書，未嘗官兵部。則舊紀此條官銜「兵部」必「戶部」之譌無疑。

八一

穆宗紀長慶元年條云：

「二月……壬辰，刑部侍郎李建卒。」

按：舊書一五五李建傳云：「長慶二年二月卒。」視本紀差後一年。考全唐文六五五元稹故中大夫尙書刑部侍郎李公墓誌銘：「諱建……薨年五十八，是歲長慶元年之二月二十有三日也。」同書六七八白居易唐善人墓碑銘即李建卒官年月日並與墓誌同。則舊紀元年二月是也，惟「壬辰」爲二十五日，亦小誤。至於舊傳「二年」蓋「元年」之譌耳。

八二

穆宗紀長慶二年條云：

「正月……甲寅，以工部尙書度支崔倰（䂓）充鳳翔隴右節度使，以鴻臚卿兼御史大夫判度支。」

按：此條顯有奪文，沈氏合鈔於「兼御史大夫」下補「張平叔」三字。所補人名甚是，然當在「兼御史大夫」上。蓋此時制度，諸官例不兼御史大夫，鴻臚卿尤不當兼，惟三司使多兼之耳。

八三

穆宗紀長慶三年條云：

「二月，……戶部尚書崔倰卒。」

按：新書七二下宰相世系表，崔氏「倰，戶部尚書。」似倰官至戶部尚書者。然據舊書一一九、新書一四二崔倰傳，及全唐文六五四元稹撰崔倰墓誌銘，崔倰官至工部尚書；至於戶部尚書，乃致仕官，非實官也。本紀書銜小誤。

八四

敬宗紀篇首條云：

「長慶……四年……十月……壬寅，……以戶部侍郎韋顗爲御史中丞兼戶部侍郎，以御史中丞鄭覃權知工部侍郎，以刑部侍郎韋弘景爲吏部侍郎，以權知禮部侍郎李宗閔權知兵部侍郎，以工部侍郎于敖爲刑部侍郎。」

按：冊府元龜四五七：「長慶四年十月，以韋顗爲御史中丞兼戶部侍郎，以御史中丞鄭覃爲權知工部侍郎，以刑部侍郎韋弘景爲吏部侍部，以權知禮部侍郎李宗閔爲權知兵部侍郎，以工部侍郎于敖爲刑部侍郎，以中書舍人楊嗣復權知今年貢舉。是日（二十七日）尚書六曹無不更換，人情異之。」知貢舉爲重職，本紀例常書之。再觀冊府「尚書六曹無不更換，人情異之。」之文，本紀此條當有「以中書舍人楊嗣復權知禮部貢舉」一句。

八五

敬宗紀篇首條又云：

「長慶……四年……十二月……丁酉。吏部侍郎韓愈卒。」

按：是年十二月丁酉爲二十三日。而全唐文六三九李翺正議大夫吏部侍郎韓公行狀云：「長慶四年得病，滿百日假，既罷，以十二月二日卒，」同書六八七皇甫湜韓愈神道碑云：「爲吏部侍郎。病滿三月免，四年十二月丙子薨，」丙子即二日，則舊紀書於二十三日丁酉，誤也。

八六

敬宗紀寶曆二年條云：

「八月丙申朔……以工部侍郎王播爲河南尹。」

按：本紀寶曆元年「十一月……辛未，以御史中丞王璠爲工部侍郎。」與此條作「播」者異。檢舊書一六九王璠傳：「寶曆元年二月轉御史中丞……遷工部侍郎。……二年七月，出爲河南尹。」新書一七九王璠傳官歷同。皆與本紀此兩條書事合。則作「璠」是也。王播此時出入將相，領鹽鐵轉運使，非侍郎班矣。

八七

文宗紀大和元年條云：

「正月……庚午，以御史中丞獨孤朗爲戶部侍郎。」

按：本紀同年又書：「八月庚寅朔，以工部侍郎獨孤朗爲福建觀察使。」與上條官名作「戶」者異。檢舊書一六八獨孤朗傳：「寶曆元年十一月，拜御史中丞。……文宗即位，改工部侍郎。太和元年八月出爲(署)福建觀察使。」新書一六二獨孤朗傳同。全唐文六三九有李翺撰福建觀察獨孤公墓誌亦同。又據册府五八，太和元年五月甲申，朗見在工部侍郎任。則作工部是也。此條正月書事作「戶部」，誤。

八八

文宗紀大和元年條又云：

「六月……癸己，以淮南節度副大使知節度事、（略）臨漢監牧等使、兼諸道鹽鐵轉運等使、銀青光祿大夫、檢校司空、同中書門下平章事、揚州大都督府長史、上柱國、太原縣開國伯，食邑七百戶王播可尙書左僕射、同中書門下平章事，依前充諸道鹽鐵轉運使。」

按：全唐文六九有授王播尙書左僕射制，「臨漢監牧」作「臨海監牧」是也。又「司空」作「司徒」，據舊書一六四王播傳，作司徒是也。舊紀誤。又「開國伯」，制作「開國男」，未知孰是。

八九

文宗紀大和六年條云：

「八月……乙丑，以尙書右丞判太常卿事王璠檢校禮部尙書潤州刺史浙西觀察使。」

按；本紀四年十二月丙辰「王璠爲尙書左丞。」五年十二月「戊寅，以左丞王璠兼判太常卿事。」作「左」，與此條異。檢舊書一六九、新書一七九王璠傳，作「左」爲正，此條作「右」，誤。

九〇

文宗紀大和七年條云：

六月……甲戌，以刑部尙書高瑀爲太子少保分司。……八月……戊申，……以刑部尙書高瑀爲忠武軍節度使。」

按：舊書一六二高瑀傳：「（大和）六年，移授徐州刺史武寧軍節度使。徵爲刑部尚書。以疾求分司，拜太子少傅。其月，復檢校右僕射陳許蔡節度使。」新書一七一高瑀傳同。則本紀「少保」當作「少傅」，八月戊申書銜「刑部尚書」亦誤。

九一

文宗紀大和八年條云：

「三月……庚午，……以東都留守李逢吉檢校司徒兼右僕射。」

「十二月……巳亥，以尚書左僕射李逢吉守司徒致仕。」

按：此兩條「右僕」「左僕」不同，非中間改官，即必有一誤。檢舊書一六七李逢吉傳：「（太和）八年，……三月，徵拜左僕射兼守司徒。……老病足，不任朝謁，以司徒致仕。九年正月卒。」新書一七四本傳同。皆作左僕，中間亦未改官，則舊紀是年三月書事作「右僕」，誤也。

九二

文宗紀大和九年條云：

「六月……癸巳，以吏部尚書令狐楚爲太常卿。……十月……乙亥，……以吏部尚書令狐楚爲左僕射。」

按；此六十兩月份書事自相抵牾。檢本紀大和七年六月「乙酉，以前河東節度使令狐楚檢校右僕射兼吏部尚書。」八年五月「己巳，修奉太廟畢，以吏部尚書令狐楚攝太尉，徧告神主，復正殿。」是九年六月事，原官吏部尚書不誤。又舊書一七二令狐楚傳：「改太原尹、北都留守、河東節度使。……。（太和）七年六月，入爲吏部尙書，仍檢校右僕射。……九年六月轉太常卿。十月守尙書右僕射。」全唐文六〇五劉禹錫相國令狐公集序云：「移鎭太原，……以吏部尙書徵，續換太常卿，眞拜尙書左僕射。」則本紀十月乙亥，原銜吏部尙書誤也。而新書一六六令狐楚傳作「兼太常卿」似本紀亦不誤。按集序「續換太常卿」，明由吏部改太常，舊傳書事亦詳贍，當不誤。此時期尙書諸卿常以檢校僕射兼任，檢校爲虛銜，名爲「兼」，實主要官位也。故紀傳書事常只書兼官爲本官，省書檢校官。楚本以檢校右僕兼吏部，改兼太常，必仍檢校僕射，故新傳作「兼」實亦改官、非以吏部兼太常也。本紀十月書銜必誤無疑。

九三

文宗紀開成元年條云：

「四月……丙申，……李石判度支兼諸道鹽鐵轉運使。」

按：本紀大和九年十一月「戊午，以京北尹李石爲戶部侍郎判度支。」「乙丑，詔以朝議郎守尙書戶部侍郎判度支李石可朝議大夫守本官同平章事。」合此條觀之，則太和九年拜相時落判度支也。檢新書宰相表，大和九年十一月書事與舊紀同。而開成元年四月甲午書云：「石兼鹽鐵使。」八月己酉書云：「石罷度支。」則拜相時未落判度支，開成元年四月只加兼鹽鐵使。是拜相條，新表與舊紀同而實不同也。檢通鑑，大和九年書李石拜相事，平章事下有「仍判度支」四字。又全唐文七〇文宗授李石平章事制，平章事下有「仍依舊判度支」一句，則拜相時實未落判度支。舊紀拜相條無「仍判度支」亦不爲誤。然開成元年條又書「判度支」，則誤也。

九四

文宗紀開成二年條云：

「正月……乙亥，……以右丞鄭澣爲刑部尚書判左丞事。」

按：本紀開成元年「四月庚午朔，以河南尹鄭澣爲左丞。」作左丞，與此條原銜「右丞」不合。檢舊書一五八、新書一六五鄭澣傳（舊書名瀚誤）作左丞，則此條「右」字實誤。

九五

文宗紀開成四年條云：

「七月……壬寅，……以刑部侍郎高錯爲河南尹。」

按：「錯」爲「鍇」之形譌，合鈔已正。然舊書一六八、新書一七七高鍇傳皆未曾官刑部侍郎、河南尹。而舊書同卷高銖傳云：「出爲越州刺史、御史中丞、浙東觀察使。開成三年，就加檢校左散騎常侍。尋入爲刑部侍郎。四年七月，出爲河南尹。」又嘉泰會稽志：「高銖，太和九年五月自給事中授。開成四年閏正月，追赴闕，除刑部侍郎。」則此年七月由刑部侍郎出爲河南尹者，乃高銖，舊紀誤爲鍇耳。

九六

武宗紀篇首條云：

「開成……五年……二月制：……太常卿崔鄲，戶部尚書判度支崔珙並本官同中書門下平章事。」

按：册府七四與舊紀同。而本書文宗紀，開成四年「七月甲辰，以大中大夫，守太常卿，上柱國，賜紫金魚袋崔鄲可本官同中書門下平章事。」新書宰相表及新紀、通鑑年月日書事並同，則舊書武宗紀此條崔鄲事乃重書無疑。冊府亦誤。

又按：崔珙入相事，新表在開成五年五月己卯，云：「刑部尚書諸道鹽鐵轉運使刑部尚書（此四字衍文）崔珙同中書門下平章事。」新紀與新表同。是月日原官及使職並與舊紀異。通鑑，開成五年五月己卯，「以刑部尚書崔珙同平章事，兼鹽鐵轉運使。」月日刑尚與新紀表同，惟此時始兼鹽鐵使，則又異。檢新書一八二崔珙傳：「開成末，累進刑部尚書、諸道鹽鐵轉運使。俄同中書門下平章事，仍領鹽鐵」。與新書紀表合。又考全唐文七六武宗授崔珙同平章事制云：「諸道鹽鐵轉運等使、銀青光祿大夫、守刑部尚書、(勳)崔珙……可守本官同中書門下平章事，依前充諸道鹽鐵轉運等使。」則新書是也。」通鑑拜相始領鹽鐵使，誤。舊紀原官戶部尚書判度支，更誤。冊府同誤。舊書一七七崔珙傳：「會昌初，李德裕用事，與珙親厚，累進戶部侍郎，充鹽鐵轉運等使，尋以本官同中書門下平章事，累兼刑部尚書，門下侍郎。」拜相前已充鹽鐵等使，是也。然時間未全合。而刑尚在入相以後，尤誤。

九七

武宗紀會昌六年條云：

「正月，……兵部侍郎判度支盧商奏」云云。（度支事）。

宣宗紀篇首條云：

「會昌六年……五月，……以劍南東川節度使檢校禮部尚書盧商爲兵部侍郎同平章事。」

據此，似由兵部侍郎制度支出爲東川節度，復入爲兵部侍郎平章事也。而新書宰相表會昌六年九月，「兵部侍郎判度支盧商爲中書侍郎、兼工部尚書、同中書門下平章事。」新紀、通鑑同，惟省書兼工部尚書。是拜相前後官與舊紀不同，月份亦異。檢舊書一七六盧商傳云：「加檢校禮部尚書(署)劍南東川節度使。宣宗即位，入爲兵部侍郎，尋以本官同平章事。」新書一八二盧商傳云：「出爲東川節度使，以兵部侍郎還判度支，擢中書侍郎同中書門下平章事。」又芒洛冢墓遺文四編卷六孫讜墓誌云：「故相國盧公商出鎭梓橦，辟爲從事。未及奏秩，而罷府還京，盧公入軸劇曹，仍司邦計，復署巡官。……不旬歲，盧公秉執大政。」亦與兩傳由東川入爲兵侍判度支然後入相者合。則商實由東川入爲兵部侍郎判度支，然後入相。舊紀官歷誤也。又按：宣宗於六年三月始即位，衡之舊傳，商由東川入爲兵侍必在其後。意者商以五月由東川入朝爲兵部侍郎判度支，舊紀書此事時連拜相爲一事。至於正月所書者蓋五月以後之事，亦誤書於前耳。

九八

宣宗紀大中元年條云：

「三月丁酉，禮部侍郎魏扶奏，臣今年所放進士三十三人……」云云。

按：唐會要七六及冊府元龜六四一皆作「正月」，「進士二十三人。」登科記亦作二十三人。疑「二十三」爲正，本紀「三十三」字譌。

九九

宣宗紀大中二年條云：

「三月己酉，兵部侍郎判度支周墀……本官平章事。」

按：新書宰相表同年正月「己卯，……兵部侍郎判度支周墀同中書門下平章事。」與舊紀月日不同。新紀在同年五月己未，通鑑與新紀同，而「判度支」下又有「戶部」二字。復與舊紀、新表皆不同。考全唐文七五五杜牧東川節度使周公(墀)墓誌云：「入拜兵部侍郎，度支兼戶部吏曹事。……今天子即位二年五月，以本官平章事。」則通鑑、新紀以五月入相，是也。新表、舊紀皆誤。

一〇〇

宣宗紀大中二年條又云：

「七月戊午，以前山南西道節度使高元裕爲吏部尚書。」

按：沈炳震云：「案元裕傳，大中初爲刑部尚書。二年，檢校吏部尚書山南東道節度使。此疑東道之拜，非自西道遷吏部尚書也。且本傳亦無節度使西道文，疑誤。」此疑甚是，但未作進一步論證。

考中央研究院歷史語言研究所藏舊拓本高元裕碑云：

「改宣歙池等州觀察使，兼御史大夫。入拜吏部尚書。懿安皇太后遷殯于兩儀殿，充大明宮留守，復爲囗囗（禮儀）使。已事，遷檢校吏部尚書、山南囗（東）道節度觀察使。……公爲襄州之五歲，慨然有懸車車之念，累章陳懇，故復有囗囗冢宰之命，即日濟江。……大中六年夏六月廿日，次于鄧，無疾暴薨于南陽縣之官舍。」（全唐文七六四、金石萃編一一四、八瓊金石補正七五均收此碑，闕誤甚多。即此一段，視舊拓本已少十一字，誤三字。舊拓本「山南囗（東）道」之「東」字雖不顯，然下云「爲襄州之五歲」之「襄」字則甚明，則所闕必爲「東」字無疑。而全唐文與萃編均作「西」，誤也。大中六年卒，「六」字極顯明，史語所另一拓本亦然。而全唐文輿萃編皆誤作「四」，八瓊補正亦未糾。此「東」「六」二字，尤關緊要。）

又新書一七七高元裕傳云：

「出爲宣歙觀察使，入授吏部尚書，拜山南東道節度使。……在鎮五年，復以吏部尚書召，卒于道。」

與碑官歷合。按元裕凡三官吏部，未嘗爲刑部，舊傳「大中初爲刑部尚書」乃吏部之誤。綜而兩傳一碑觀之，元裕由宣歙觀察入爲吏部尚書。大中二年，檢校本官出爲山南東道節度使，在鎮五年，於大中六年夏復以吏尚召，六月廿日，途次于「鄧」，卒。

據碑，懿安皇太后喪事完畢即檢校吏部尚書，出爲山南東道節度使。檢本紀，大中二年「六月己丑（一日），太皇太后郭氏崩，謚曰懿安。」碑云：「事已」出鎮，正當是七月。然則二年七月戊午朔蓋爲元裕由吏部尚書出爲山南東道之年月日，本紀倒爲由節度使入遷吏部，又誤「東道」爲「西道」耳。

一〇一

宣宗紀大中二年條又云：

「八月戊子，朝散大夫中書舍人充翰林學士（勳封邑賜）畢誠爲刑部尚書。」

按：舊書一七七畢誠傳：「召爲翰林學士、中書舍人，遷刑部侍郎。」全唐文七四八有杜牧撰畢誠除刑部侍郎制，原銜亦爲「翰林學士朝散大夫守中書舍人（勳封賜）。」則舊紀此條官歷不誤。而通鑑大中六年紀云：上擬以翰林學士中書舍人畢誠爲邠寧節度使。「欲重其資履。六月壬申，先以誠爲刑部侍郎。癸酉，乃除邠寧節度使。」視本紀後四年之久。考丁居晦翰林學士壁記：「畢諴，……大中……六年正月七日三殿召對，賜紫。其年七月七日，授權知刑部侍郎出院。」亦在六年，與通鑑合。惟月份小異，檢六月無壬申，壬申正是七月七日。又通鑑六月書事只此一條，後即書「閏月」。檢六年，七月閏，六月不閏，通鑑「六月」明「七月」之譌。則與壁記全合。舊紀此條年月日必誤無疑。

一〇二

宣宗紀大中二年條云：

「十一月，……以戶部侍郎判度支崔龜從本官同平章事，」

按：新書宰相表，大中四年「六月戊申，……戶部侍郎判度支崔龜從後守戶部尚書同中書門下平章事，判如故。」與舊紀年月不同，又遷戶尚入相，亦異。新紀年月日與新表同，而云「戶部尚書判度支崔龜從同平章事。」原官又與新紀異。通鑑與新紀同。檢舊書一七六崔龜從傳，亦以大中四年入相，則舊紀二年入相殆必誤。又全唐文七四一崔與授崔龜從平章事制云：「戶部尚書判度支崔龜從……可戶部尚書同中書門下平章事。」則新紀通鑑書事最正，舊紀年月書事並誤，新表書官亦誤也。

一〇三

宣宗紀大中五年條云：

「四月癸卯，刑部侍郎劉瑑奏，據今年四月十三日已前，凡三百四十四年，雜制勅計六百四十六門，二千一百六十五條，議輕重，名曰大中刑法統類。欲行用之。」

按：此條顯有兩誤。其一，癸卯爲朔日，而下文云「十三日以前」，非「癸卯」，下有奪文，即十三日爲誤。其二，自大中五年上數至武德元年只二百三十四年，而此云三百四十四年，亦誤。故沈氏合鈔以意改「年」爲「件」以就之。考此條書事，凡四見唐籍。舊書一七七劉瑑傳云：

「大中初，轉刑部侍郎。……選大中以前二百四十四年制勅可行用者二千八百六十五條，分爲六百四十六門，議其輕重，別爲一家法書，號大中統類，奏行用之。」

新書一八二劉瑑傳云：

「遷刑部侍郎。乃裒彙敕令可用者，由武德訖大中，凡二千八百六十五事，類而析之……號大中刑律統類，以聞。」

冊府元龜六一三云：

「（大中）五年四月，刑部侍郎劉瑑等（奉）敕修大中刑法總要勅六十卷。自貞觀一年六月二十日，至大中五年四月十三日，凡二百四十四年，新（雜）勅都計六百四十六門，三千一百六十五條。」

會要三九云：

「大中五年四月，刑部侍郎劉瑑等奉敕修大中刑法統類六十卷，起貞觀二年六月二十八日至大中五年四月十三日，凡二百二十四年，雜敕都計六百四十六門，二千一百六十五條。」

按：此四條中，冊府、會要皆云大中五年四月十三日，則本紀「十三日」不誤，是必「癸卯」下奪「朔」字又奪日期，或即十三日「乙卯」歟？又舊傳、冊府、會要皆計年數，惟會要之「起貞觀二年六月二十八日」「凡二百二十四年」年月日分明，且年數不自相矛盾；冊府云：「自貞觀一年六月二十日」，即「二年六月二十八日」之奪譌。然云二百四十四年，則誤。舊傳亦云二百四十四年，同誤。蓋此條書中當從會要自貞觀二年數之，作二百二十四年，新傳「由武德」者，以意度之耳。又條數亦惟會要與紀合，冊府「三千」，兩傳「八百」，蓋皆誤歟？

又本紀七年條云：

「五月，左衞率府倉曹參軍張戣集律令格式條件相類一千二百五十條，分一百二十一門，號曰刑法統類。上之。」

按：據上五年條及此條書事，各爲一事。冊府六一三於前引一條後又云：「七年五月，左衞率倉曹參軍張戣進大中統類六十二卷。敕刑部定奏行之。」新書五八藝文志「大中刑法總要格後敕六十卷。刑部侍郎劉瑑等纂。張戣大中刑法統類十二卷。」皆亦各別爲兩事。而會要前引條「大中五年」上有「自」字，「二千一百六十五條」下云：「至七年五月，左衞率府倉曹參軍張戣編集律令格式條件相類者一千二百五十條，分爲一百二十一門，號曰刑法統類。上之」則是一事，劉瑑始創議又奉勅修撰，至七年張戣完成上之也。觀其名稱相混，卷數年代相近，會要疑可信。姑存待考。

一〇四

宣宗紀大中中書裴休爲相事云：

六年四月「以禮部尚書、諸道鹽鐵轉運等使裴休可本官同平章事。」

九年「二月，中書侍郎兼禮部尚書同平章事裴休檢校吏部尚書（署）充宣武節度使。」

按：新書宰相表大中中書休事云：

六年「八月，禮部尚書諸道鹽鐵轉運使裴休本官同中書門下平章事。（新紀、通鑑同。）

九年二月甲戌，「（魏）暮兼禮部尚書，休為中書侍郎兼戶部尚書。」

十年「十月戊子，休為檢校戶部尚書同平章事宣武節度使。」（新紀年月同，通鑑作十年六月。）

是拜罷年月與舊紀異；罷相前已兼戶尚，亦與舊紀異。

檢舊書一七七裴休傳：「大中初，累官戶部侍郎充諸道鹽鐵轉運使，轉兵部侍郎兼御史大夫，領使如故。六年八月，以本官同平章事，判使如故。……休典使三歲，……累遷中書侍郎兼禮部尚書。休在相位五年。十年，罷相，檢校戶部尚書（畧）充宣武節度使。」新書一八二裴休傳亦云：「（大中）六年，進同中書門下平章事。……秉政凡五歲，罷為宣武節度使。」又會要八七轉運鹽鐵總叙條：「大中五年二月，以戶部侍郎裴休為鹽鐵轉運使。明年八月，以本官同平章事，依前判使。……十年，裴休出鎮。」舊書四九食貨志同。其拜罷年月皆與新書合，與舊紀不合。足證舊紀之誤。復考金石萃編一一四圭峯定慧禪師碑，大中九年十月建，碑為裴休撰，書銜「中書侍郎兼戶部尚書同中書門下平章事。」是其時尚在相位。則舊紀九年二月罷相之誤，又得一强證。

據上引圭峯定慧禪師碑，休為相末期實兼戶部尚書。又全唐文七九宣宗授令狐綯太清宮使（略）裴休集賢殿大學士制，休原銜「金紫光祿大夫中書侍郎兼戶部尚書同中書門下平章事（勳封）。」同書七六三沈詢授裴休汴州節度使制，原銜「金紫光祿大夫守中書侍郎兼戶部尚書同中書門下平章事充集賢殿大學士（勳封）。」則新表罷相出鎮前已兼戶部尚書，是也。舊紀書銜誤。又觀舊紀由禮尚平章事罷相出鎮之年月即新表由禮尚遷兼戶尚之年月，豈舊紀即因遷官誤爲罷相歟？

一〇五

宣宗紀大中六年條云：

「秋七月丙辰，前淮南節度使金紫光祿大夫檢校尚書左僕射兼揚州大都督府長史（略）李珏卒。贈司空。」

按：舊書一七三李珏傳：「累遷金紫光祿大夫檢校尚書右僕射揚州大都督府長史淮南節度使（勳封）。大中七年卒。」一書之中，紀傳互異。考全唐文七四八杜牧李珏冊贈司空制云：「維大中六年歲次壬申，五月丁卯朔十六日壬午，皇帝若曰……」云云。則當卒於六年五月，紀傳皆誤。

一〇六

宣宗紀大中八年書事凡九條，就中五條有誤，疏證如次：

其一　是年三月書云：

「三月，……宰相監修國史魏謩修成文宗實錄四十卷，上之。修史官給事中盧眈、太常少卿蔣偕、司勳員外郎王渢、右補闕盧吉，頒賜銀器錦綵有差。」

考全唐文七九宣宗授令狐綯太清宮使魏謩監修國史裴休集賢殿大學士制，綯原銜爲「門下侍郎兼兵部尚書。」謩原銜爲「中書侍郎兼禮部尚書。」休原銜爲「中書侍郎兼戶部尚書。」檢新書宰相表，大中九年「二月甲戌，……綯（原官中書侍郎兼戶部尚書。）爲門下侍郎。謩（原爲中書侍郎）兼禮部尚書。休（原官禮部尚書）爲中書侍郎兼戶部尚書。」則宣宗此制必行於大中九年二月以後，謩加兼修國史在九年二月以後，則修成實錄奏上之，不但不能早在八年三月，即九年三月記嫌過早。若三月屬實，則當是十年三月，（十一年二月暮已罷相節度西川矣。）本紀誤前兩年歟？

其二　三月又書云：

「以山南東道節度使檢校戶部尚書襄州刺史（勳封食）李景讓爲吏戶尚書。」

按：吳廷燮唐方鎮年表四云：「按輿地紀勝：襄陽府唐羊公及改墮淚碑，大中九年，李景讓重立。寶刻叢編：襄州諸葛公碑，李景讓撰，大中十年立。舊紀恐誤。」此所疑甚是。吳表又引李騭徐襄州碑：「大中十年春，今丞相東海公（商）自蒲移鎮於襄。」則景讓卸山南東道入爲吏尚當即在十年春歟？是舊紀月份或不誤，亦誤前兩年耳。

其三　五月書云：

「五月，以中書舍人翰林學士韋澳爲京兆尹。」

按：丁居晦翰林學士壁記云：韋澳，「遷中書舍人。（大中）八年五月十九日，遷工部侍郎、知制誥，並依前充。……十年五月二十五日，授京兆尹。」通鑑大中十年「夏五月丁卯，以翰林學士工部侍郎韋澳爲京兆尹。」即二十五日。是大中八年五月澳由中書舍人遷工部侍郎仍充學士，十年五月始出院爲京兆尹。而舊紀於進官工侍之月書由中舍遷京尹，誤矣。而時間亦恰差前兩年。

其四　五月又書云：

「以戶部侍郎翰林學士承旨（勳封食）蘇滌檢校兵部尚書兼江陵尹御史大夫充荊南節度管內觀察處置等使。」

按：全唐文七四八杜牧撰崔璪除刑部尚書蘇滌除左丞崔璵除兵部侍郎等制云：「翰林學士承旨銀青光祿大夫行尚書兵部侍郎知制誥（封食）蘇滌……翺翔禁闈，出入諷議，……造膝盡忠，代言稽古。近以微恙，懇請自便，君子之道，進退可觀。……可行尚書左丞，散官封如故。」本紀大中七年「七月，以正議大夫尚書左丞（勳賜）崔璪爲刑部尚書。以銀青光祿大夫行兵部侍郎知制誥充翰林學士蘇滌爲尚書左丞。權知戶部侍郎崔璵可權知兵部侍郎。」是即前制頒行之時而滌已於此時出院矣。至八年此條出鎮荆南時，書原官又云「戶部侍郎翰林學士承旨。」前後牴觸。岑氏翰林學士壁記注補謂舊紀八年條誤叙前官，且訛兵爲戶。是也。

其五　七月書云：

「七月，銀青光祿大夫守門下侍郎同平章事魏謩兼戶部尚書。」

按：自大中以後宰相之官中書侍郎或門下侍郎者，例兼左右僕射或六部尚書。新書宰相表此數年間書令狐綯、裴休、魏謩、鄭朗以兩侍郎兼六部事略如次：

大中五年四月乙卯，綯爲中書侍郎兼禮部尚書。

六年正月癸己，綯兼戶部尚書。八月，休以禮部尚書同平章事。

九年二月甲戌，綯爲門下侍郎（失書兼兵部，另有詳考）。休爲中書侍郎兼戶部尚書。謩以中書侍郎兼禮部尚書。

十年十月戊子，綯爲右僕射。休出爲宣武節度。謩爲門下侍郎兼戶部尚書。朗由工部尚書遷中書侍郎兼禮部尚書。

由此觀之，絢、休、蕃、朗皆循六部尚書地位之高低步步遷升，步步遞補，次序不紊，其書事宜可信。則蕃兼戶部乃十年十月事，舊紀亦誤前兩年耳。

綜上觀之，八年紀書事僅九條，就中四條皆十年事誤移前兩年，一事書銜有誤。惟「正月陝州黃河清。」一條，據新書五行志年月不誤。餘三條，無他佐證，是否有誤不可知。甚矣，此紀之謬誤也。

一〇七

宣宗紀大中九年條云：

「三月，試宏詞舉人，漏泄題目，爲御史臺所劾，侍郎裴諗改國子祭酒，郎中周敬復罰兩月俸。」

按：周敬復官銜，冊府一五三亦作「郎中」。而東觀奏記下作「吏部侍郎」。與舊紀、冊府異。檢舊紀，大中四年「十二月，以華州刺史周敬復爲光祿大夫。檢校左散騎常侍兼洪州刺史江南西道團練觀察史。」又全唐文七三三楊紹復授周敬復尚書右丞制云云「江南西道都團練觀察處置等使檢校右散騎常侍周敬復……可尚書右丞。」是大中九年稍前，敬復已官華州刺史，出爲江西觀察使，入爲尚書右丞，階至光祿大夫。地位之高如此，則九年此條「郎中」必「侍郎」之誤決無疑。

一〇八

宣宗紀大中十一年條云：

「二月，……以太中大夫守工部尚書（勳賜）崔愼爲中書侍郎同平章事。……太中大夫守工部尚書同平章事（勳賜）崔愼由可集賢殿大學士。」

按：此年二月兩書崔愼由事，官歷自相抵牾。而是年十一月又書云：「宰相崔愼由爲中書侍郎兼禮部尚書。蕭鄴兼工部尚書。」亦與前條已遷中書侍郎者相抵牾。所書官銜必有一誤無疑。檢冊府元龜七四，大中十一年正月，以工部尚書崔愼由爲中書侍郎平章事，與本紀前條始相事合。而新書宰相表大中十年「十二月壬辰，戶部侍郎判戶部事崔愼由爲工部尚書同中書門下平章事。」十一年「十一月己未，愼由爲中書侍郎（兼）禮部尚書。」其具官與舊紀十一年十一月條固合，與二月第二事具銜亦合。而與第一條始相事不合。又檢新紀、通鑑，愼由入相官歷年月均與新表同。新書一一四崔愼由傳云：「入遷戶部侍郎判戶部。……俄進工部尚書同中書門下平章事。」亦與新紀、新表、通鑑同。舊書一七七崔愼由傳云：「入朝爲工部尚書。（大中）十年，以本官同平章事。」雖先已爲工部尚書與新紀、新表、通鑑、新傳不同，然以工尚同平章事，固不異也。考全唐文七九宣宗授崔愼由平章事制云：「太中大夫守尚書戶部侍郎判戶部事（勳賜）崔愼由……可守工部侍郎同中書門下平章事。」此「工部侍郎」即「工部尚書」之譌。（制詞中六部侍郎，例云「尚書某部侍郎」。）則新表、新紀、通鑑、新傳由戶侍判戶部遷工部尚書平章事，是也。舊紀十一年二月入相條書事誤。又入相年月，舊紀與新表、新紀、通鑑不同，參之舊傳亦在十年，則亦以新表、新紀、通鑑書於十年十二月者爲正，舊紀書於十一年二月，亦誤也。

一〇九

宣宗紀大中十一年條又云：

「十月，制通議大夫守中書侍郎禮部尚書同平章事監修國史，（勳賜）鄭朗可檢校尚書右僕射兼太子少保。」

按：同年「十一月，太子少師鄭朗卒。」前後只差一個月，而「少保」「少師」不同。檢新書宰相表十一年「十月壬申，朗罷爲檢校尚書右僕射兼太子少師。」舊書一七三、新書一六五鄭朗傳亦皆作罷爲太子少師。又全唐文七九有宣宗授鄭朗太子少師制，則作少師是也。此條作少保，誤。

一一〇

宣宗紀大中十一年條又云：

「十月，……以中書舍人李藩權知禮部貢院。」

又十二年條云：

「二月，……以朝議郎守中書舍人權知禮部貢舉上柱國賜緋魚袋李藩爲尚書戶部侍郎。」

按：唐元和世有李藩者，爲宰相，有盛名。此非其人。而冊府元龜六四一：「大中十二年三月，中書舍人李潘知舉，放博士宏辭科陳琬等三人。及進詩賦論等，召潘謂曰，所試詩中重用字何如？潘曰，錢起湘靈鼓瑟詩有重用字，乃是庶幾。……」會要七六制舉科條全同，惟「潘」作「藩」。是與本紀此兩條所書爲一人也。又按此人知十二年春貢舉，又見語林七、雲溪友議七，字皆作「藩」。而舊書一七一李漢傳：「弟潘，大中初，爲禮部侍郎。」新書七〇上世表亦作「潘」，又語林八進士科條，李璠以中書舍人知貢舉。亦即一人。是一人其名或寫作「潘」，或寫作「藩」，偶寫作「璠」。據舊傳及世表，其人有三兄曰漢，曰滻，曰洸，皆從水旁，則當以作「潘」爲正。蓋涉元和宰相李藩，故多譌爲「藩」耳。

又按：本紀十二年條云：「正月……以（略）尚書戶部侍郎判度支（略）劉瑑本官同平章事，依前判度支。……二月，……以朝議大夫守戶部侍郎同平章事判度支（略）劉瑑可充集賢院學士。……以（略）杜勝爲戶部侍郎、判戶部事。」是二月同時有三戶部侍郎也。必有一誤。據前引冊府、會要，是年三月（是年且有閏二月），潘尚在中舍知貢舉任，則舊紀二月已遷戶部侍郎，誤也。

一二

宣宗紀大中十一年條云：

「十二月，……以正議大夫行尚書兵部侍郎（勳封邑賜）柳仲郢本官兼御史大夫充諸道鹽鐵轉運使。」

按：通鑑大中九年「十一月，以吏部侍郎柳仲郢爲兵部侍郎、充鹽鐵轉運使。」此視舊紀差前兩年。檢舊書一六五柳仲郢傳：「大中年，轉梓州刺史劍南東川節度使。……在鎮五年……徵爲吏部侍郎。入朝未謝，改兵部侍郎充諸道鹽鐵轉運使。大中十二年，罷使守刑部尚書。」新書一六三柳仲郢傳官歷及在鎮「五年」，大中「十二年」罷使職均全同。由此推之，若舊紀爲是，則仲郢以大中七年出鎮東川，十一年秋冬入朝。若通鑑爲是，則仲郢以大中五年出鎮東川，九年秋冬入朝。考全唐文八〇六侯圭東山觀音院記云：「三藏僧洪照……（大中）十年秋，川主尙書韋公請居慧義般若院，因得重新正觀焉。」時在大中十年，云川主韋公，而非柳公，又本紀明年（大中十二年）二月，「以太中大夫守中書侍郎兼禮部尚書同平章事（略）崔愼由檢校禮部尚書（略）劍南東川節度副大使知節度事。代韋有翼；以有翼爲吏部侍郎。」則此川主韋公即有翼也。是大中十年十一年東川節度使已爲韋有翼，非柳仲郢。然則仲郢爲兵部侍郎充諸使，通鑑書於大中九年冬，是也。舊紀書於十一年冬，誤矣。

又唐會要八七轉運使條，大中十一年兵部侍郎柳仲郢充使。同書八八鹽鐵使條作「十二年」，又「十一」之譌。皆與舊紀同誤。復按會要八七轉運鹽鐵總叙云：「大中五年，裴休爲鹽鐵轉運使。……十年，裴休出鎮澤潞，尋以柳仲郢、夏侯孜、杜悰迭判之。」檢新書宰相表，休以大中六年八月由禮部尚書鹽鐵轉運使入相，仍充使職。舊書一七七、新書一八二裴休傳皆云六年進同平章事，典使三歲，粟至渭倉者百二十萬斛。又云，秉政五歲。則休卸使職固當如表，不能遲過八年也。惟罷相出鎮乃十年耳。會要誤以罷相出鎮時始罷使職，故休罷使職誤後兩年，致仲郢充使亦誤後兩年耳。舊紀、會要正誤多同，此亦一例。

一一二

宣宗紀大中十三年條云：

「四月，以翰林學士承旨兵部侍郎知制誥蔣伸本官同平章事。」

按：冊府元龜七四與此同。而新書宰相表，大中十二年「十二月甲寅，兵部侍郎判戶部蔣伸本官同中書門下平章事，判如故。」新紀、通鑑與新表同，惟無「判如故」。是與舊紀官同而職不同，年月亦異。考丁居晦翰林學士壁記蔣伸條云：「（大中）十一年十二月二十九日，拜兵部侍郎、知制誥，並依前充（學士承旨）。十二年五月十三日，守本官判戶部，出院。十二月二十九日守本官同中書門下平章事。」則新表、新紀、通鑑拜相前官職並與壁記合，又十二月甲寅爲二十七日，視壁記僅差前兩日。是年月亦合。然則舊紀此條年月職銜皆誤也。

一一三

宣宗紀後段及懿宗紀前段書蕭鄴拜相遷官及罷相事有矛盾處，且與新書宰相表多不合。茲就紀表書事對列如次：

年份	舊紀	新表
大中十一年	六月「以（略）尚書兵部侍郎判度支（畧）蕭鄴本官同平章事判度支。」 十一月「蕭鄴兼工部尚書。」	七月庚子書事與舊紀六月條同。 十月「鄴罷度支。」 十一月己未「鄴爲工部尚書。」
十二年		四月己酉「鄴爲中書侍郎兼禮部尚書。」
十三年	三月「宰相蕭鄴罷知政事守吏部尚書。」 十月癸未「門下侍郎兵部尚書同平章事蕭鄴兼尚書右僕射。」	八月癸卯「鄴爲門下侍郎兼兵部尚書。」 十一月戊午「鄴檢校尚書右僕射同平章事荊南節度使。」
咸通二年	二月「吏部尚書蕭鄴檢校尚書右僕射（略）河東節度（略）使。」	

據此，舊紀書事五條，大中十一年兩條與新表同。十三年兩條自相矛盾，咸通二年條亦與大中十三年十月條不相應。且均與新表不合。書事有誤，無疑。

考通鑑，大中十三年「十一月戊午，以門下侍郎同平章事蕭鄴同平章事充荊南節度使。」新舊一八二蕭鄴傳：「以工部尚書同中書門下平章事。懿宗初，罷爲荊南節度使。」又全唐文八三懿宗授蕭鄴荊南節度使制云：「銀青光祿大夫守門下侍郎兼工部尚書同中書門下平章事監修國史（略）蕭鄴……可檢校右僕射同中書門下平章事兼江陵尹充荊南節度等使。」（新表先工尚，遷禮尚，後遷兵尚，他人遞補亦歷歷，當不誤，此「工部」當「兵部」之譌。）則新表大中十三年十一月罷相出鎮荊南是也。舊紀，咸通二年罷相出鎮河東，誤。然新傳續云：「徙劍南西川，……下遷檢校右僕射山南西道觀察使。歷戶部吏部二尙書，拜右僕射，還，以平章事節度河東。」又通鑑咸通十四年十一月「以右僕射蕭鄴同平章事充河東節度使。」與新傳合。舊紀罷相爲河東節度，蓋因此致誤歟？又按鄴於大中末在相位時雖未嘗官吏尙、右僕；然據前引新傳及通鑑，咸通末實嘗官吏尙、右僕。且舊紀，咸通十一年三月、十二年三月及十三年三月，均書以吏部尙書蕭鄴考試宏詞選人。則咸通末鄴在吏部且甚久，至十三年末或十四年初遷任右僕，十四年十一月又由右僕出鎭河東也。然則，舊紀大中十三年及咸通二年之吏尙、右僕、河東節度諸官歷，皆爲鄴咸通末年諸官歷，誤移於大中末耳。

一一四

宣宗紀大中十三年條云：

「正月，以陝虢觀察使杜審權爲戶部侍郞，判戶部事。」

懿宗紀篇首條云：

「大中十三年……十二月，以戶部侍郞翰林學士杜審權爲檢校禮部尙書河中晉絳節度等使。」

同紀咸通元年條云：

「二月，……以河中節度使杜審權爲兵部侍郞判度支。尋以本官同平章事。」

按：新書宰相表，大中十三年「十二月甲申，翰林學士承旨兵部侍郞杜審權本官同中書門下平章事。」新紀、通鑑同。新書九六杜審權傳：「宣宗時，入翰林爲學士，累遷兵部侍郞、學士承旨。懿宗立，進同中書門下平章事。」官歷亦合。考全唐文八三懿宗授杜審權平章事制云：「翰林學士承旨通議大夫守尙書兵部侍郞知制誥上柱國賜紫金魚袋杜審權……可守本官同中書門下平章事。」則新表、新紀、通鑑、新傳官歷是也，舊紀入相條官歷誤。復考丁居晦翰林學士壁記杜審權條云：「大中十二年，自刑部侍郎充。（岑注此處有奪文，是也。）其月二十八日，轉戶部侍郎知制誥，承旨。十三年八月二十九日，加通議大夫兵部侍郎知制誥，依前充承旨。其年十二月三日，守本官同平章事。」十二月三日即甲申，是入相年月日及前後官職皆與新表、新紀、通鑑合。舊紀必誤無疑。且據壁記，自十二年，審權皆在翰林，未嘗出鎮，亦無緣判戶部。則舊紀大中十三年正月及十二月書事亦全誤。

一一五

懿宗紀篇首條云：

「大中十三年……十月癸未制，……中書侍郎禮部尚書平章事夏侯孜兼兵部尚書。」

按：新書宰相表十二年十月癸巳，「（夏侯）孜爲工部尚書。」十三年八月癸卯「孜爲中書侍郎兼刑部尚書。」咸通元年「九月癸酉，孜爲門下侍郎兼兵部尚書。」兼兵部年月與舊紀異。由工部遷兼刑部遷兼兵部，未兼禮部，亦與舊紀不同。考全唐文八三懿宗授白敏中等宏文館大學士等制，敏中原官銜爲「特進守司徒兼門下侍郎同中書門下平章事（勳封）。」孜原官銜爲「銀青光祿大夫守中書侍郎兼刑部尚書同中書門下平章事充集賢殿大學士（勳封）。」據表，敏中以大中十三年十二月進司徒兼門下侍郎同平章事；咸通元年九月戊申，遷中書令。則此制必行於咸通元年正月至八九月間，是孜之官銜與新表合，與舊紀不合。本紀誤也。

一一六

懿宗紀咸通初書畢誠拜罷相事云：

咸通二年「九月，以前兵部侍郎判度支畢諴爲工部尚書同平章事。」

三年五月，「畢諴兼兵部尚書。」

四年十一月，「以中書侍郎平章事畢諴檢校吏部尚書河中尹晉絳慈隰節度使。」

按：新書宰相表於咸通初書畢諴事云：

咸通元年「十月己亥，……戶部尚書判度支畢諴爲禮部尚書同中書門下平章事。」

三年「二月庚子，……諴爲中書侍郎。兼兵部尚書。」

四年「四月癸巳，諴罷爲兵部尚書。」

又按：新紀、通鑑有拜罷兩條，皆與新表同。（罷相條，通鑑無日，新紀例只云罷。）而與舊紀均絕異。檢舊書一七七畢諴傳云：

「大中末，……授（署）宣武節度宋亳汴觀察等使。其年，入爲戶部尚書，領度支。月餘，改禮部尚書同平章事。累遷中書侍郎兵部尚書集賢大學士。在相位三年，十月，以疾固辭位，詔守兵部尚書，以其本官同平章事出鎮河中。十二月二十三日卒于鎮。」

新書一八三畢諴傳云：

「懿宗立，遷宣武節度使，召爲戶部尚書判度支。未幾，以禮部尚書同中書門下平章事。再期，固稱疾，改兵部尚書罷。旋兼平章事節度河中。卒。」

據此，不但新傳官歷與新表、新紀、通鑑全合，與舊紀不合。即舊傳亦與新書、通鑑全合，而與舊紀絕異。且舊紀大中十三年十月「畢諴爲汴州刺史宣武軍節度使。」參之舊傳，其入相必不能遲過咸通元年，舊紀在二年亦顯誤。

復考全唐文八三懿宗授畢諴節度使制云：

「銀青光祿大夫守兵部尚書平章事（勳封）畢諴，……萬機所繫，微恙忽嬰，願辭傅說之舟，却曳鄭崇之履。今則復佩相印，載陟齋壇，用光推轂之勞，式示夔章之重。……可檢校兵部尚書平章事兼河中尹河中節度觀察處置等使。」

據此原銜，似由宰相出鎮者，然觀傳說以下四句，則先罷相爲兵尚，其後再加平章事出鎮也。舊紀顯誤。

一一七

懿宗紀咸通四年條云：

「三月，以兵部侍郎判度支楊收本官同平章事。」

按：新書宰相表，咸通四年「五月己巳，翰林學士承旨兵部侍郎楊收守本官同中書門下平章事。」新紀同。通鑑書事同，而作四月戊辰，差前一日。皆與舊紀大異。檢舊書一七七楊收傳：「轉兵部侍郎，學士承旨。……加銀青光祿大夫中書侍郎同平章事。」新書一八四楊收傳略同，雖與新紀、表、鑑小歧，然原職學士承旨，非判度支，則同也。考丁居晦翰林學士壁記楊收條：「（咸通）三年……九月二十三日，加承旨。其月二十六日遷兵部侍郎，充。兼知制誥。四年五月七日，以本官同中書門下平章事。」五月七日即己巳。又全唐文八三懿宗授楊收平章事制，原官銜亦爲翰林學士承旨兵部侍郎。按唐制，翰林學士絕不判度支。則舊紀此條月份旣誤，書銜亦誤也。

一一八

懿宗紀咸通四年條又云：

「三月，……以刑部侍郎曹汾爲河南尹。」

按：舊書一七七曹確傳附汾傳云：「正拜中書舍人，出爲河南尹。」與紀由刑部侍郎出尹者異。考八瓊金石補正七六修中嶽廟記云：「上四年，用大司計侍郎爲丞相。其明年，以我相秉樞機，我公掌綸誥，宜爲避嫌，遂自閣下拜河南□尹。」陸增祥跋云：大司計侍郎謂曹確，其弟尹河南者即曹汾。是也。記云：「掌綸誥」又云「自閣下拜河南□尹」是由中舍出尹河南，與傳合。本紀原官刑部侍郎，誤。

又按新紀、新表、通鑑，曹確以咸通四年閏六月由兵部侍郎判度支本官同中書門下平章事。舊紀亦在四年（惟作十一月）。據此記，汾以明年尹河南，是五年也。則舊紀書於四年亦誤。復按修廟記「拜河南□尹」下續云：「將辭，上悄然謂公曰：前時洛水爲災，洛民大潰，四走無逃，至有沒死者。豈勝其寃耶？而公今去，我□東顧之患矣。公既至理事，先以恤民爲寄，生活瘞死，大開廩庾，賑貧乏，飽肌腸，暖寒體。」則必河南大水災後不久。檢新書三六五行志：「咸通……四年閏六月，東都暴水，自龍門毀定鼎長夏等門，漂溺居人。七月，東都許汝徐泗等州大水傷稼。」記云：「前時洛水爲災」即指此也。汾以五年出尹河南，殆必年春，故帝以災黎爲念，汾以生活瘞死爲急，若遲至夏秋，則當年之麥已熟，不待急賑矣。且此記續云：「其都之南，嵩嶽橫亘，其嶽有廟，距都百里，每歲夏季日，直士用御署祝文用犧牲粢盛醴齊庶品，詔我公有事于王。禮既。公周視廟宇……崩隊圮毀……顧謂其邑令李方郁曰……我國家以神之靈，……視三公禮而祠之。……奈何危毀至是。……我今出府庫十萬，……爾宜專其事。……方郁……遂鳩工蕆事，四旬而就。……時咸通六年二月五日謹述。」據此，始工雖在六年正月，然每年夏季例祭，汾已主持一次，其後始有修廟之議。則汾出尹河南又不能遲過五年夏也。今舊紀書於四年三月，雖誤前一年，而月份蓋不誤歟？

一一九

懿宗紀咸通五年條云：

「二月，……以門下侍郎兵部尚書平章事杜審權爲潤州刺史浙江西道節度使。」

按：新書宰相表咸通三年「二月庚子，（杜）審權爲門下侍郎兼吏部尚書。」四年五月「戊子，審權檢校吏部尚書同平章事鎮海軍節度使。」出鎮年月互異，始存不論。據表，是由門下侍郎兼吏部同平章事出鎮浙西，與本紀作兼兵部者亦異。考全唐文八三懿宗授杜審權鎮海節度使制云：「特進行門下侍郎兼吏部尚書同中書門下平章事兼修國史（勳封）杜審權……可檢校吏部尚書平章事（畧）充鎮海軍節度使。」則新表是，而舊紀誤。

一二〇

懿宗紀咸通五年條又云：

「四月，右僕射平章事夏侯孜增爵五百戶。」

又七年條云：

「十月，……右僕射門下侍郎平章事夏侯孜檢校司空平章事兼成都尹劍南西川節度（畧）等使。」

按：此兩條書事，孜銜皆爲右僕射。且由宰相出爲西川節度。檢舊書一七七夏侯孜傳：「加兵部侍郎，充諸道鹽鐵轉運等使。懿宗即位，以本官同平章事，領使如故。累加左僕射、門下侍郎，封譙郡侯。……咸通八年罷相，檢校司空同平章事兼成都尹充劍南西川節度使。」作左僕，與紀異，而由宰相出鎮西川，又與紀同。

又檢新書宰相表於大中咸通間書夏侯孜事云：

大中十二年四月戊申，兵部侍郎諸道鹽鐵轉運使夏侯孜本官同中書門下平章事，使如故。

同年十月癸巳，孜爲工部尚書。

大中十三年八月癸卯，孜爲中書侍郎兼刑部尚書。

咸通元年九月癸酉，孜爲門下侍郎兼兵部尚書。

同年十月己亥，孜爲檢校尚書右僕射同平章事劍南西川節度使。

咸通三年七月，夏侯孜爲尚書左僕射兼門下侍郎同中書門下平章事。

咸通五年八月丁卯，孜爲司空。

同年十一月戊戌，孜檢校尚書右僕射同平章事河中節度使。

據此，是前後兩相，非一次也。始相由兵侍本官同平章事，與舊紀同。咸通元年十月罷爲西川節度，三年又由西川節度爲左僕射再相，五年罷爲河中節度。新書一八二本傳官歷全同。通鑑咸通三年七月「乙亥，……以前西川節度使同平章事夏侯孜同平章事充河東（蓋中之譌）節度使。」亦與新表新傳合。復考全唐文八三懿宗授夏侯孜平章事制云：「劍南西川節度（畧）等使光祿大夫檢校尚書右僕射同中書門下平章事兼成都尹（勳封邑）夏侯孜……可尚書左僕射同中書門下平章事，散官勳封如故。」足證新表、新傳、通鑑由西川節度入爲左僕平章事不誤。則舊紀右僕射誤也。舊紀、舊傳由僕射平章事出爲西川節度亦誤也，蓋誤合兩次拜相爲一次，又以第一次罷相出鎮之地爲最後罷相出鎮之地耳。

一三一

懿宗紀咸通六年條云：

「二月，制以御史中丞徐商爲兵部侍郎同平章事。」

按：新書宰相表，咸通六年六月庚戌，「御史大夫徐商爲兵部侍郎同中書門下平章事。」新紀、通鑑同。月份原官皆與舊紀異。舊書一七九徐商傳：「咸通初，加刑部尚書。……遷兵部尚書。……四年，以本官同平章事。」新書一一三徐商傳畧同，惟無兵部尚書一遷。是兩傳又與新紀新表通鑑不同也。考全唐文七二四李騭徐襄州碑云：「今天子咸通五年，公爲御史大夫。」此徐襄州即徐商。則原官御史大夫爲正，本紀作中丞誤也。兩傳四年拜相亦顯誤。

一三二

懿宗紀咸通七年條云：

「十一月，……以翰林學士承旨戶部侍郎路巖爲兵部侍郎同平章事。」

按：冊府元龜七四與舊紀同。而舊書一七七路巖傳云：「累遷中書舍人，戶部侍郎。咸通三年，以本官同平章事。」已與本紀不合。復檢新書宰相表，咸通五年「十一月壬寅，翰林學士承旨兵部侍郎路巖本官同中書門下平章事。」新紀、通鑑同。年份及拜相前本爲兵侍，亦均與舊紀異。考丁居晦翰林學士壁記路巖條云：「咸通……四年正月九日，遷中書舍人充。五月……十六日，加承旨。九月十八日，遷戶部侍郎知制誥，充。五年九月二十六日，遷兵部侍郎知制誥，充。十一月十九日，以本官同中書門下平章事。」十一月十九日正爲壬寅，是入相年月日及以兵部侍郎本官入相，均與新表、新紀、通鑑全同。舊紀誤也。且巖以十二年四月罷相，舊紀與新紀、新表、通鑑不歧。而兩傳亦皆云巖在相位八年，上推入相正當是五年，舊傳「三年」蓋「五年」之形譌耳。舊紀則恰誤後兩年無疑。

一三三

懿宗紀咸通十年條云：

「正月，……以翰林學士戶部侍郎劉瞻守本官同平章事。中書侍郎兼戶部尚書平章事蔣伸爲太子太保，罷知政事，病免也。以門下侍郎兼刑部尚書同平章事徐商檢校兵部尚書江陵尹荊南節度使。」

按：此條書劉瞻拜相，蔣伸、徐商罷相，皆有誤。茲分別論證之。

先論劉瞻拜相。　按：新書宰相表咸通十年「六月癸卯，……翰林學士承旨戶部侍郎劉瞻本官同中書門下平章事。」新紀、通鑑同。皆與舊紀月份不同。考丁居晦翰林學士壁記劉瞻條云：「（咸通）九年五月二十六日，拜中書舍人，依前充。九月十二日，遷戶部侍郎知制誥，承旨。十月十七日，以本官同中書門下平章事。」岑氏注補云：「記文之『十月』殆『十年六月』之奪文。如是，則記與新紀、表全符。（六月癸卯即十七日。）……鄧本作『十年十七日』，則又奪去月份，然可證余謂當作『十年』之不妄。」耕望按：此點勞格讀書雜識已言之。是也。復考金石粹編一一七劉遵禮墓誌，劉瞻撰，結銜爲「翰林承旨學士將士郎守尚書戶部侍郎知制誥賜紫金魚袋。」時在咸通九年十一月八日。尤足爲壁記文有奪誤之鐵證。然則壁記與新紀、新表、通鑑實同。舊紀書於正月，誤也。且其銜應爲翰林學士承旨，舊紀亦失書「承旨」二字。

次論蔣伸罷相。　按：新書宰相表及新紀、通鑑，伸罷相在咸通三年正月。據表，原官中書侍郎兼刑部尚書，亦非戶部。舊紀前於咸通二年九月亦已書「蔣伸罷知政事。」新書一三二蔣伸傳亦云咸通二年罷。此條蔣伸事為衍文無疑。

再論徐商罷相　按：新書宰相表，咸通十年「六月癸卯，（徐）商檢校尚書右僕射平章事荊南節度使。」月份檢校官皆與舊紀異。又按：徐商罷相，劉瞻罷相，舊紀同在正月，新表、新紀、通鑑同在六月。商罷相月份雖不能確指新書、通鑑之必是，然瞻拜相以新書通鑑為正，舊紀實誤，已見前考；則商之罷蓋亦當從新書通鑑也。又舊書一七九徐商傳：「六年，罷相，檢校右僕射江陵尹荊南節度觀察使。」六年罷相雖誤，然作「檢校右僕射」與表合。則舊紀「檢校兵部尚書」亦誤也。

一二四

僖宗紀篇首條云：

「咸通十四年……冬十月，左僕射門下侍郎平章事劉鄴檢校左僕射同平章事兼揚州長史淮南節度觀察副大使知節度事。」

按：新書宰相表，咸通十四年「十月乙未，（劉）鄴為尚書左僕射。」乾符元年「十月丙辰，鄴檢校尚書左僕射同平章事淮南節度使。」通鑑，鄴出鎮淮南年月與新表同。恰後舊紀一年。檢舊書一七七劉鄴傳云：「同平章事。……僖宗即位，蕭倣、崔彥昭秉政，素惡鄴，乃罷鄴知政事，檢校尚書左僕射同平章事揚州大都督府長史淮南節度使。」新書一八三劉鄴傳：「以禮部尚書同中書門下平章事。……僖宗嗣位，再遷尚書左僕射。……蕭倣、崔彥昭得相，罷鄴爲淮南節度使。」是兩傳皆云鄴之罷相，乃爲蕭倣崔彥昭所排擠。按倣之相，舊紀在咸通十四年四月，新紀新表在同年十月乙未。彥昭之相，舊紀在乾符元年十一月庚寅，新紀新表在同年八月辛未。則鄴之罷相，當從新表、新紀、通鑑在乾符元年十月。舊紀差前一年，誤。或者誤以遷左僕之年月爲罷相之年月歟？

一二五

僖宗紀廣明元年條云：

「十二月……甲寅，宣制以戶部侍郎翰林學士王徽、裴徹本官同平章事。」

按：新書宰相表廣明元年十二月甲申，「翰林學士承旨尚書左丞王徽爲戶部侍郎，翰林學士戶部侍郎裴澈爲工部侍郎，並同中書門下平章事。」新紀、通鑑同。年月日皆與舊紀同，而官歷不同。檢舊書一七八王徽傳云：「改兵部侍郎，尙書左丞，學士承旨如故。廣明元年十二月三日，改戶部侍郎同平章事。」是與新書、通鑑全合，惟「三日」爲「五日」之譌耳（甲申即五日）。然則舊紀書王徽事誤也。徹無傳，或當亦從新書、通鑑。

一二六

僖宗紀中和元年條云：

「正月庚戌朔，車駕在興元，以翰林學士承旨尚書戶部侍郎知制誥蕭遘爲兵部侍郎充諸道鹽鐵轉運等使，尋以本官同平章事，領使如故。」

按：冊府元龜七四：「中和元年正月，以翰林學士承旨尚書戶部侍郎蕭遘爲兵部侍郎平章事。」此乃舊紀之省書也。會要八七轉運使條及同書八八鹽鐵使條亦均云中和元年，遘以兵部侍郎充使。並與舊紀合。而新書宰相表，同年「正月壬申，兵部侍郎判度支蕭遘爲工部侍郎同中書門下平章事。」新紀同。皆與舊紀異，通鑑月日與新紀表同，而云：「以工部侍郎判度支蕭遘同平章事。」與舊紀固異，與新紀表亦不盡同。又舊書一七九蕭遘傳：「累遷戶部侍郎，翰林承旨。黃巢犯闕，僖宗出幸，以供饋不給，須近臣掌計，改兵部侍郎判度支。中和元年三（正之譌）月，自褒中幸成都，次綿州，以本官同平章事。」新書一〇一蕭遘傳同，亦云：「僖宗幸蜀，以兵部侍郎判度支；次綿州，拜同中書門下平章事。」是兩傳與兩紀、新表、通鑑亦互有異同，不盡合也。考全唐文八六僖宗授王鐸蕭遘平章事制云：「朝散大夫守尚書兵部侍郎判度支上柱國賜紫金魚袋蕭遘……利可剸犀，淸能鑑髮，輔成乾道，兼領冬曹。……可銀青光祿大夫守工部侍郎同中書門下平章事，仍落下判度支事。」則新表、新紀書事最正，餘皆誤也。舊紀本條「充鹽鐵轉運等使」當作「判度支」。「尋以」以下當作「尋，改工部侍郎同平章事。」

一二七

僖宗紀中和元年條又云：

「七月，……以兵部侍郎判度支韋昭度本官同平章事。」

按：新書宰相表，中和元年七月「庚申，翰林學士承旨兵部侍郎韋昭度本官同中書門下平章事。」新紀、通鑑同。新書一八五韋昭度傳亦云：「僖宗西狩，以兵部侍郎翰林學士承旨從。未幾，進同中書門下平章事。」是新紀、表、傳及通鑑相同，而與舊紀異。考全唐文八六僖宗授韋昭度平章事制云：「翰林學士承旨銀青光祿大夫行尚書兵部侍郎知制誥上柱國韋昭度……可守本官同中書門下平章事，勳賜如故。」則新書、通鑑是也，舊紀原職「判度支」，誤。

一二八

僖宗紀光啓二年條云：

「三月……戊辰……刑部尚書御史大夫孔緯爲兵部侍郎充諸道鹽鐵轉運等使，並以本官同平章事。」

又三年條云：

「三月，……以特進監修國史門下侍郎吏部尚書平章事孔緯領諸道鹽鐵轉運使。」

按：此兩書充使，當有一重誤。檢新書宰相表光啓二年「三月戊戌，御史大夫孔緯……爲兵部侍郎同中書門下平章事。」「四月，緯爲中書侍郎。」三年三月「緯爲門下侍郎。」「六月，緯兼吏部尚書充諸道鹽鐵轉運使。」舊書一七九孔緯傳：「授緯御史大夫。……緯知朱玫必蓄異志……請速幸梁州……至褒中，改兵部侍郎同中書門下平章事，尋改中書侍郎。……王行瑜斬朱玫，平定京城，遷門下侍郎兼修國史。從駕還京，駐蹕岐陽，進階特進，兼吏部尚書領諸道鹽鐵轉運使。」此其官歷時次皆與新表全合，而與本紀不合。是三年始領使職，二年只拜相未領使也。舊紀二年條充使爲衍文。然唐會要八七及同書八八均云「光啓二年三月，刑部尚書孔緯充諸道鹽鐵轉運使。」冊府四八三同。蓋亦均誤也。

一二九

僖宗紀末及昭宗紀書孔緯、杜讓能在相位時進官年月多與新書宰相表不同，茲取本紀與新表對列於次：

年份	舊紀	新表
文德元年	「二月……戊子，……宰相（略）孔緯杜讓能加左右僕射。」	二年「讓能爲尚書右僕射。緯爲左僕射。」四月「讓能爲尚書左僕射。」「緯爲司空。」

	舊紀	新表
龍紀元年	三月「壬辰朔，以右（左）僕射門下侍郎同平章事孔緯守司空。（略）以右僕射門下侍郎（略）杜讓能爲左僕射。」十二月「戊午，宰臣杜讓能兼司空。」	三月「緯爲司徒。」「讓能爲司空。」十二月戊午，「讓能爲司徒。」「緯爲太保。」
大順元年	十二年「以開府儀同三司守司徒門下侍郎平章事（略）孔緯檢司徒兼江陵尹荊南節度使。」	
二年	正月壬子朔「司徒門下侍郎同平章事杜讓能進位太尉。」	正月「庚申，緯檢校太保兼御史大夫荊南節度使。」
景福元年		四月「讓能守太尉。」
二年	九月「貶太尉平章事杜讓能爲雷州司戶。」	九月「讓能貶梧州刺史，再貶雷州司戶。」

按：據此所列，緯與讓能遷官多同時。文德元年二月，緯遷左僕，讓能遷右僕，舊紀新表無歧說。新表，同年四月，緯進司空，讓能進左僕；舊紀不書。龍紀元年三月，新表，緯進司徒，讓能進司空；而舊紀，緯進司空，讓能進左僕。同年十二戊午，新表，緯進太保，讓能進司徒；而舊紀，讓能進司空，失書緯事，但明年緯罷相時書原官亦爲司徒。故此諸條遷官，除文德元年四月書事爲舊紀所無外，其後遷官年月皆同，惟舊紀皆後新表一階。至緯出鎮後，讓能遷太尉，舊紀又先新表一年有餘矣。其不同如此。

檢舊書一七九孔緯傳：「（僖宗）車駕還京，進位左僕射。……僖宗晏駕，充山陵使……進加司空。……蔡賊秦宗權伏誅，進階開府儀同三司，進位司徒。……（龍紀元年）十一月，昭宗謁郊廟，……禮畢，進位太保。」新書一六三孔緯傳畧同。按：僖宗還京事在文德元年二月，僖宗崩事在同年三月，秦宗權伏誅事在龍紀元年二月，昭宗郊廟事在同年十一月，則遷官時次與新表合若符契；是舊紀誤也。又檢舊書一七七杜讓能傳云：「昭宗纂嗣……加開府儀同三司尚書左僕射。……誅秦宗權，許蔡平，加司空門下侍郎監修國史。昭宗郊禮畢，進位司徒。……明年，冊拜太尉。」按此進官時次自司徒以前皆與新表合，惟拜太尉與舊紀年份合。則遷司徒以前年月當以新表爲正無疑；舊紀亦誤也。大抵舊紀作者不知緯遷司空讓能遷左僕即在文德元年四月，遂誤系於緯遷司徒讓能遷司空之年月，又於緯進太保，讓能進司徒之年月，誤系讓能遷司空，又失書緯事耳。

一三〇

昭宗紀大順元年條云：

「十二月……丙寅（是月無丙寅，合鈔改作丙申），制特進中書侍郎平章事（略）張濬可（略）充鄂岳觀察使。以開府儀同三司守司徒門下侍郎同平章事（畧）孔緯檢校司徒(畧)荆南節度觀察處置使。庚午（是月無庚午，合鈔改作庚子）……以翰林學士承旨兵部侍郎崔昭緯本官同平章事。御史中丞徐彥若爲戶部侍郎同平章事。」

按：此四人事，新書宰相表及新紀、通鑑皆在二年正月庚申（九日）。考唐摭言八：「崔昭矩，大順中裴公下狀元及第。翌日，兄昭緯登庸。」貢舉放榜例在年春正二月，絕無在年末十一二月者。此亦足證新表、新紀、通鑑書昭緯拜相於正月爲可信。復考南部新書辛：「杜荀鶴，……大順二年正月十日，裴贄下第八人。」唐才子傳九杜荀鶴條同。摭言之裴公即此裴贄也。則昭緯入相在大順二年正月無疑。正月庚申爲九日，在放榜前一日，非後一日；與摭言小有差舛耳。昭緯事既以新書、通鑑爲正，餘二人事或亦當從新書、通鑑歟？

一三一

昭宗紀乾寧三年條云：

「七月……乙巳，制以金紫光祿大夫中書侍郎兼禮部尚書同平章事集賢殿大學士判戶部事（勳封）崔胤檢校尚書左僕射兼廣州刺史御史大夫充清海軍節度嶺南東道觀察處置等使。」

「九月……乙未，制新除清海軍節度使崔胤復知政事。」

按：舊書一七七崔胤傳書事同。而通鑑、新書宰相表、新傳則不同。今自乾寧三年七月乙巳罷相至天復元年正月進位司空列表如次：

年份	舊紀（舊傳附）	新表	通鑑	新傳
乾寧三年	七月乙巳，由中書侍郎兼禮部尚書同平章事出爲檢校左僕射廣州刺史充清海軍節度嶺南東道觀察使。（舊傳同。）	七月乙巳，由中書侍郎兼禮部尚書平章事判戶部出爲檢校禮部尚書武安軍節度使。〔再相之罷〕	七月乙巳，由中書侍郎同平章事出爲武安節度使仍帶平章事。〔再相之罷〕	「以中書侍郎留輔政。及昭緯以罪誅，罷爲武安節度使。」
	九月乙未，由新除清海軍節度使復知政事。（舊傳同）	〔三相〕九月乙未，爲中書侍郎兼戶部尚書同中書門下平章事。	〔三相〕九月乙未，「復以胤爲中書侍郎同平章事。」	「……還相。」
光化元年		正月兼吏部尚書		

二年		正月丁未，罷守吏部尚書。〔三相之罷〕	正月丁未「中書侍郎兼吏部尚書崔胤罷守本官。」〔三相之罷〕	「光化初，……罷爲吏部尚書。」
三年			二月壬午，「以吏部尚書崔胤同平章事充清海軍節度使。」	「會清海無帥，用拜胤清海節度使。」
		六月丁卯爲左僕射兼門下侍郎同平章事諸道鹽鐵轉運等使。」〔四相〕	六月丁卯，「以胤爲司空門下侍郎同平章事。」〔四相〕	「胤次湖南，召還守司空門下侍郎平章事兼領度支鹽鐵戶部事。……至是四拜宰相，世謂崔四入。」
天復元年	正月丙戌「宰相崔胤進位司空。」	正月爲司空。		

綜觀此表，新書宰相表書事最詳，惟不書出爲清海軍節度使，蓋其時已非宰相，表體宜然。通鑑與新表合，惟省書兼尚書，又誤拜司空在四相之初，而脫左僕耳。新傳與新表通鑑合。據新表通鑑新傳，胤以乾寧三年七月再罷相，出爲湖南武安軍節度使。九月三相。光化二年正月，罷守吏部尚書，三年二月，出爲嶺南清海軍節度使，不書湖南武安軍事，亦不書三相三罷事。舊傳與舊紀同。新舊書不同如此。考全唐文八二七陸扆授崔胤武安軍節度平章事制云：「（功臣）金紫光祿大夫守禮部尚書兼中書侍郎同中書門下平章事兼事集賢殿大學士判戶部事（勳封）崔胤……可檢校禮部尚書同中書門下平章事（署）充義（武）安軍節度湖南管內觀察等使。」此再相之罷之制。又同書九〇昭宗授崔允平章事制，上銜爲「金紫光祿大夫檢校禮部尚書同中書門下平章事兼武定（安）軍節度湖南管內觀察等使。」

後云：「可守中書侍郎兼戶部尚書同中書門下平章事集賢殿大學士判度支。」此再罷之後三相之制，觀此兩制足徵新表、通鑑、新傳再罷爲湖南武安節度，是也。舊紀誤。又同書九〇昭宗授崔允吏部尚書制云：「光祿大夫守中書侍郎兼吏部尚書同中書門下平章事判度支（勳封）崔允……可守吏部尚書。」此三罷之制，與新表、通鑑、新傳亦合。則舊紀蓋誤合再相三相爲一事，因於再相之罷之年月日誤書三罷後出鎮之官耳。

一三二

昭宗紀乾寧三年條又云：

「十二月……以前翰林學士承旨尚書左丞知制誥趙光遠爲御史中丞。」

按：本紀上年（乾寧二年）三月「以翰林學士承旨兵部侍郎知制誥趙光逢爲尚書左丞，依前充職。」此與三年條應爲同一人，而「光遠」「光逢」不同。檢舊書一七八新書一八二皆有趙光逢傳。舊傳云：「景福中，以祠部郎中知制誥。尋召充翰林學士，正拜中書舍人，戶部侍郎學士承旨。改兵部侍郎，尚書左丞，學士如故。乾寧三年，從駕幸華州，拜御史中丞。」則光逢是也。此條「光遠」字譌。

一三三

昭宗紀乾寧四年條云：

「正月，……宰相孫偓罷知政事，守兵部尚書。」

按：新書宰相表乾寧四年「二月乙亥，偓罷守禮部尚書。」作禮部，與舊紀異。檢通鑑同年二月「乙亥，門下侍郎同平章事孫偓罷守本官。」不云本官爲何。（此時無專任門下侍郎中書侍郎者，故此本官非指門下侍郎而言。）而八月書云：「貶禮部尚書孫偓爲南州司馬。」是亦與新表同也。又考全唐文九〇昭宗貶孫偓南州司馬制，原銜亦爲「金紫光祿大夫守禮部尚書。」與表、鑑合。則舊紀此條「兵」字爲「禮」之誤，必矣。

一三四

昭宗紀乾寧四年條云：

「九月癸酉朔，以御史中丞狄歸昌爲尚書右丞。」

又光化元年條云：

「九月戊辰朔，以御史中丞狄歸昌爲尚書左丞。」

按：此兩條顯有一重誤。考北夢瑣言一〇狄右丞鄙著紫僧條：「唐狄歸昌右丞」云云。復考全唐詩第十函第六冊鄭谷寄獻狄右丞詩云：「官自中丞拜右丞。」「愛僧不愛紫衣僧。」又有叙事感恩上狄右丞詩，皆歸昌也。則作右丞爲正。又叙事感恩詩云：「邐來趨九仞，又伴償三峯。」本注：「時大駕在華州。」按昭宗以乾寧三年七月幸華州，光化元年八月初已還長安，則舊紀乾寧四年九月條書事是也；光化元年九月條爲重出。然寄獻詩稱歸昌「逐勝偸閑向杜陵。」蓋還京後仍居任耳。

一三五

昭宗紀光化二年條云：

「六月，……丁亥，制以前太常卿劉崇望爲吏部尚書。」

按：舊書一七九劉崇望傳云：

「拜太常卿……責授昭州司馬。及王行瑜誅，太原上表言崇望無辜放逐，時已至荆南。有詔還拜吏部尚書。未至，王溥再知政事，兼吏部尚書；乃改崇望兵部尚書。時西川侵寇顏彥暉，欲併東川，以崇望檢校右僕射（署）劍南東川節度使。未至鎮，召還，復爲兵部尚書。光化二年卒。」

檢新書九〇同傳，爲東川節度「未至」下有「（王）建已使王宗滌知留後」一句，又「王溥」作「王摶」。餘並與舊傳同。考王行瑜誅事在乾寧二年十一月，則崇望以吏部召當在三年。又通鑑乾寧四年十月，王建攻梓州益急。庚申，彥暉自殺，建入梓州，以王宗滌爲東川留後。又云光化元年正月，「以兵部尚書劉崇望同平章事充東川節度使。」則崇望卸吏部爲兵部當即在乾寧三四年。又檢新書宰相表，王溥以天復元年二月由戶部侍郎遷中書侍郎同平章事。三年罷守戶部侍郎。以前未嘗拜相。而王摶於乾寧三年八月罷相。十月戊午爲吏部尚書，再入相。時間與崇望事正合。足證新傳作「摶」是，舊傳作「溥」誤也。然則，崇望以吏部尚書召當在乾寧三年秋，未至，轉兵部，當與摶再相同時。舊紀書其事於光化二年六月，誤也。據舊傳，崇望以光化二年卒，蓋舊紀誤卒年爲吏部年歟？

一三六

昭宗紀光化三年條云：

「七月丁亥朔，兵部尚書劉崇望卒，贈司空。」

按：舊書一七九劉崇望傳云：「復爲兵部尚書。光化二年卒，時年六十二，冊贈司空。」作「二年」，與紀異。此類情形，常例應改傳就紀。然考全唐文八三三錢珝冊贈劉崇望司空文云：「咨爾故特進兵部尚書劉崇望……」云云。

檢同書八三六錢珝舟中錄序云：「庚申歲夏六月，以舍人獲譴佐撫州，馳署道病。八月，自襄陽浮而下。」庚申即光化三年，是年六月已由舍人獲譴貶官，倘如舊紀，崇望以是年七月卒，珝何能爲作册文？則舊紀似誤。按舊紀書事常誤後一年，或誤前一年，此即誤後一年之類歟？

一三七

昭宗紀天復三年條云：

「二月……巳卯制，……以吏部尚書平章事裴樞檢校右僕射同平章事兼廣州刺史淸海軍節度嶺南東道觀察等使。」

按：此條樞以天復三年二月罷相出爲嶺南東道節度使。而舊書一一三裴樞傳：「昭宗幸華州，崔胤貶官，樞亦爲工部尚書。天子自岐下還宮，以樞檢校右僕射同平章事出爲廣南節度使。制出，朱全忠保薦之……復門下侍郎監修國史。」新書一四〇本傳同，惟「華州」作「鳳翔」，是也。昭宗以天復元年十一月幸鳳翔，三年正月還宮，則出爲嶺南節度時間與本紀合，而罷相則在出鎭前年餘。與舊紀不合，檢新表、通鑑，裴樞崔胤實以天復元年十一月甲戌罷相，與兩傳合。則罷相與出鎭本非同時事，舊紀誤合罷相於出鎭時耳。

一三八

哀帝紀天祐二年條云：

「三月……甲子，制以特進尙書右僕射門下侍郎同平章事太淸宮使弘文館大學士延資庫使諸道鹽鐵轉運使判度支上柱國河東郡開國公食邑二千戶裴樞可守尙書左僕射。……以光祿大夫中書侍郎同平章事集賢殿大學士上柱國博陵郡開國公食邑一千五百戶崔遠可守尚書右僕射。……以正議大夫吏部侍郎(勳賜)張文蔚爲中書侍郎同平章事(略)。以銀青光祿大夫行尚書左丞(勳封邑)楊涉爲中書侍郎同中書門下平章事集賢殿大學士判戶部事。」

按：此條書四人事皆有誤，茲分別論證之。

先論裴樞崔遠事　按：全唐文九三有哀帝授裴樞崔遠左右僕射制，裴樞原銜之散階爲「銀青光祿大夫」，非「特進」；食邑「一千戶」，非「二千戶」；又無「判度支」三字。崔遠原銜爲「門下侍郎兼兵部尚書」，非「中書侍郎」；「監修國史」，非「集賢殿大學士」；食邑「二千戶」，非「一千五百戶」。檢新書宰相表，天祐元年正月乙巳，「樞判左三軍事諸道鹽鐵轉運等使，　損判右三軍事判度支。」通鑑書於次日丙午，事同。舊書昭宗紀於同年閏四月，樞爲鹽鐵使，損判度支，亦同。舊書一一三裴樞傳亦只云充鹽鐵等使，不判度支。則此時判度支者爲獨狐損，非樞也。哀紀此條「判度支」爲衍文無疑。其他與制詞異文諸點，當亦以制詞爲正。紀蓋誤。

次論張文蔚事　按：新書宰相表及新紀通鑑，文蔚拜相皆在三月戊寅，原官爲禮部侍郎，非吏部侍郎。檢舊五代史一八張文蔚傳：「出(院)爲禮部侍郎。天祐元年夏，拜中書侍郎平章事。」又摭言一四：「天祐二年，張文蔚，東洛放榜後大拜。」是尤原官爲禮部侍郎之證。舊紀「吏部」，誤也。

再論楊涉事　按：新書宰相表，同年三月甲申，「吏部侍郎楊涉同中書門下平章事判戶部。」新紀、通鑑同，惟省書判戶部。皆與舊紀由左丞遷中書侍郎者不同。考全唐文九三哀帝授楊涉平章事制云：「金紫光祿大夫守尚書吏部侍郎(勳封)楊涉……可尚書吏部侍郎同中書門下平章事充集賢殿學士判戶部事。」則新表、新紀、通鑑是也；舊紀誤。又新書一八四楊涉傳云：「昭宗時，仕至吏部侍郎。哀帝時，進同中書門下平章事。」不誤。而舊書一七七楊涉傳云：「天祐初，轉左丞，從昭宗遷洛陽，改吏部尙書。輝王即位，本官同平章事。加中書侍郎。」此「尙書」明爲「侍郎」之誤。

唐書宰相表初校

孫國棟

年來國棟從事唐代宰相權之研究，發見唐書宰相表常有自相牴牾，而前賢之考證，又均嫌簡略，取爲研究之資，頗感不便；乃檢兩唐書、通鑑、唐大詔令諸書，加以比勘，疏通證明，務求其至當。文成後，得讀嚴耕望先生近著唐僕尙丞郎表，凡唐代僕尙丞郎而兼任宰相者，嚴文均附爲考訂，辨析極細密，與拙文相同者多條，雖喜轍跡偶合，而爲避重複計，凡嚴文已有者，即除不復錄，僅存結語而註明嚴文卷數頁數於下；其與嚴文結語不同，或結語雖同而引證不同者，則姑存之。

全文計校正新書宰相表共一二二條，別爲二類，一爲校正：凡表之誤載、衍文、或有疑而不能決者均屬之；二爲補遺，凡應列於表而失載者屬之；三爲體例之整理，凡表例淆亂，或漏書姓名者均爲之訂正。每類依年月先後，逐條排列，以便讀表時檢對。不賢識小，何足以言著述；且功力淺疎，典籍未及遍徵，故題之曰初校。補遺拾闕，願俟諸異日焉。

一　校正

一

新唐書宰相表序云：「唐因隋舊，以三省長官爲宰相，已而又以他官參議，而稱號不一，出於臨時，最後乃有同品平章之名，然其爲職業則一也。」

攷唐初以三省長官爲宰相，而位望之隆，尤推僕射，其餘多以三品以下官加「參豫朝政」、「參知政事」、「朝章國典參議得失」等，雖通稱爲宰相，同列於宰相表，然細攷其職業，未必有宰相之權與責，故貞觀元年，太宗獨責右僕射封德彝不能舉賢；三年又責左右僕射房玄齡杜如晦不能廣求人材；十三年玄齡爲左僕射，求度支不得而自領之，當時亦有他官參議大政，然不與其責。可見選材任能，司長百僚，責在宰相，其他惟參議大政而已。故名曰「參豫」「參議」「參知」。又貞觀十年，「魏徵爲侍中，以目疾頻表遜位，太宗難違之，乃拜徵特進……朝章國典參議得失。」（見舊書魏徵傳）可見加「朝章國典參議得失」非宰相。貞觀中，中書省官又有加「專典機密」，如岑文本以中書侍郎「專典機密」，雖亦列於宰相表，其實只爲文書機密之任耳。貞觀末年，又有「參知機務」、「同掌機務」等名，多由兩省及東宮官爲之，其權責當亦與宰相小異。如貞觀十九年，太宗親征高麗，皇太子定州監國，當時馬周守中書令，劉洎爲侍中，均與太子太傅高士廉等加「掌機務」，可見「掌機務」之意又異於宰相。高宗以後，僕射實權漸替，至中宗神龍後，僕射不加同三品者不得出席政事堂，縱加同三品，其權責亦在兩省長官之下，故睿宗時，太平公主用事，遷中書令韋安石爲左僕射同三品，雖崇以虛名，實去其權也（見舊書韋安石傳）；同平章事尤在同三品之下，如永淳元年，高宗欲用郭待舉等，謂守中書令崔知溫曰：「待舉等資任尚淺，且令預聞政事，未可與卿等同名。」自是外司四品已下知政事者始以平章事爲名。此外，勳臣重臣有加「知軍國大事」或「三五日入中書平章政事」等。及玄宗開元十一年，張說奏改政事堂爲「中書門下」，於其後設五房，此後「中書門下」漸成爲獨立之政務機構，凡出席「中書門下」者，俱爲眞宰相，不僅有宰相之名，復有宰相之權與責。於是宰相之名統爲「同中書門下三品」及「同中書門下平章事」。「平章事」之資望雖不及「同三品」，其爲眞宰相則一也。至代宗大曆二年，侍中中書令官階升爲正二品，於是「同三品」之名廢，此後，宰相俱爲平章事矣。表序所云，只就其大端言之耳。

二

「武德元年六月相國長史裴寂拜尚書右僕射知政事。」

按唐初以僕射爲正宰相，不必加「知政事」三字，宰相表（以下簡稱「表」）於貞觀廿三年以前僕射無另加銜者，獨此條例外。考新紀及通鑑有「知政事」三字，而舊紀兩傳無之。唐大詔令缺裴寂右僕射制，無可查對；全唐文卷二「令裴寂等升殿奏事侍立詔」書裴寂之銜亦無「知政事」三字（詔文以右僕作左僕，乃形譌）然「知政事」未必入銜，故不足以證新紀通鑑之非。大抵武德元年，制度初建，一切皆沿隋舊，考隋自楊素爲右僕射後，與左僕射高熲專掌朝政，「文帝漸疏忌，因出勑曰：僕射國之宰輔，不可躬親細務，但三五日一度向省評論大事，外示優崇，實奪之權也。終仁壽之末，不復通判省事。」（隋書卷四十八楊素傳）迨大業二年楊素卒（後遷尚書令），大業三年右僕射蘇威免，以後即不見再除僕射。可見自隋仁壽以後，僕射位望雖隆，然不秉大政。武德承隋之後，加「知政事」然後執掌樞機，正合當時情勢，及後建制，以三省長官爲宰相，然後僕射不加「知政事」。以此論之，「知政事」三字非衍文也。然證據尚未足，姑誌於此以待詳考。

三

「武德三年二月甲戌中書侍郎封德彝兼中書令。」

按舊書職官志：「凡九品以上職事官皆帶散位，謂之本品，職事則隨才叙用，或從閑入劇，或去高就卑，遷徙出入，參差不定。散位則一切以門蔭結品，然從勞考進叙。武德令，職事解散官，欠一階不至爲兼，職事卑者不解散官。貞觀令：以職事高者爲守，職事卑者爲行，仍各帶散位，其欠一階依舊爲兼，與當階者皆解散官。永徽已來，欠一階依舊爲兼，或帶散官，或爲守，參而用之；其兩職事者亦爲兼，頗相錯亂，咸亨二年始一切爲守。」然則本條封德彝之「兼中書令」爲兩職事之「兼」歟？抑爲欠一階之「兼」歟？就文義觀之，似以中書侍郎爲本官，以中書令爲兼官，乃兩職事之「兼」。考新紀、舊紀、及新傳與此相同。然中書侍郎乃中書令之貳，以常理推之，侍郎不應兼令；若謂以侍郎行令之職，則應爲「判」，不應作「兼」。以此觀之，此「兼」字又未必兩職事之意。

考全唐文卷二「修魏周隋梁齊陳史詔」書封德彝之官銜爲「兼中書令」，如封德彝以中書侍郎爲本官，詔文不應畧而不書。再考新表自唐初至唐末二百八十八年間，書兼官者不外兩類：一以他省官相兼（如中書令兼吏部尚書，門下侍郎兼戶部侍郎）此類兼官不可勝數。其官品大致相稱（晚唐以兩省侍郎爲宰相底官，然後有三公僕射兼侍郎，官品始懸殊）；一爲以同省下級官兼上級官（如本條封德彝以中書侍郎兼中書令），此類兼官在二百八十八年間不過五條而已，茲列此五條如次：

一、武德二年正月陳叔達兼納言（其原職爲黃門侍郎判納言）

二、封德彝以中書侍郎兼中書令（本條）

三、貞觀十六年正月中書舍人兼侍郎岑文本爲中書侍郎

四、顯慶三年三月李義府兼中書令（原銜爲守中書侍郎）

五、聖曆元年八月狄仁傑兼納言（原銜爲鸞台侍郎）

此五條之中，岑文本李義府非兩職事之兼（考證見下十一條及十八條）；陳叔達由黃門侍郎判納言，進兼納言，此非兩職事之兼較明顯；本條封德彝亦有高宗詔文爲之助證。且此四條均在高宗咸亨二年以前，與舊書職官志所言欠一階之「兼」俱在咸亨二年以前相應（狄仁傑一條，「兼」字爲「守」字之誤，考證見下三三條。）以此推之，凡同省之下級官兼上級官者，其「兼」字非兩職事之「兼」，乃欠一階之「兼」。此種兼官不以原官爲本官，與咸亨以後之「守」官相似，後世之修史者誤與兩職事之兼官相混耳。設此推論不誤，則本條應於「兼」字之上加一「爲」字，以別於兩職事之「兼」。

四

又據長曆，武德三年二月乙未朔，無甲戌；三月甲子朔，甲戌十一日也。二月當爲三月之誤。

「武德四年四月癸酉寂爲左僕射。」

「武德六年四月癸酉寂爲左僕射。」

表兩書裴寂於四月癸酉遷左僕，顯爲重出無疑。檢長曆，武德四年四月戊子朔，無癸酉。六年四月丙午朔，癸酉二十八日也。兩書本傳及通鑑均以裴寂於武德元年任右僕，六年遷左僕，同日蕭瑀進右僕，唐大詔令卷四十四裴寂蕭瑀遷左右僕射同一制命，幷註明在武德六年四月，可見表武德四年條爲衍文。（嚴文結語同，惟未附考證。見卷五、三一九頁）

五

「武德八年十二月辛卯矩罷判黃門侍郎。」

新舊兩紀及通鑑皆載在十一月，長曆十一月辛卯朔，十二月辛酉朔，無辛卯。表「十二」爲「十一」之誤。

六

「貞觀元年六月辛丑德彝薨。」

「辛丑」應作「辛巳」。考證見嚴文卷六。一三四頁。

七

「貞觀三年二月靖爲兵部尚書，八月甲寅靖爲定襄道行軍大總管。」

按李靖於貞觀二年正月以刑部尚書檢校中書令（見表），三年爲兵部尚書是否仍檢校中書令，新表未書，如不檢校中書令，是罷相也，則八月爲定襄道行軍大總管不應列於宰相表。新紀，三年二月不書靖轉兵部；舊紀云：三年二月「刑部尚書檢校中書令永康縣公李靖爲兵部尚書。」四年八月「兵部尚書代國公李靖爲尚書左（右）僕射。」均無檢校中書令銜。兩書李靖傳：靖三年拜兵部及四年拜僕射亦無檢校中書令銜。唐大詔令李靖右僕射制（卷四十四），書李靖之官銜爲「左光祿大夫行兵部尚書代國公」（全唐文卷五授李靖尚書左（右）僕射詔同）亦無檢校中書令，可見李靖檢校中書令銜於轉兵部時減落。嚴文認爲李靖遷兵部尚書仍兼中書令（見八九七頁）恐誤。又「爲兵部尚書」當作「行兵部尚書」。

八

「貞觀九年七月辛巳恭仁罷爲雍州牧。」

恭仁已於武德九年七月辛卯罷。此條重出。殿本已有考證。

九

「貞觀十年六月壬申太常卿楊師道爲侍中參豫朝政。」

按自武德初，三省長官爲正宰相，拜侍中無加「參豫朝政」者，楊師道以前，拜侍中者有陳叔達、劉文靜、楊恭仁、裴矩、李元吉、宇文士及、高士廉、杜如晦、王珪、魏徵等十人，均未加「參豫朝政」，楊師道何得獨異。考兩唐書通鑑均無「參豫朝政」四字，表誤。

一〇

「貞觀十三年，正月玄齡爲太子少師。」

舊紀、通鑑及兩書本傳均作『加』太子少師。當時玄齡爲僕射，如遷太子少師是罷相也。舊傳謂：「十三年加太子少師，玄齡頻表請解僕射，詔報曰：夫選賢之義，無私爲本……輔翼春宮，望實斯著，而忘彼大體，徇玆小節，雖恭教諭之職，乃辭機衡之務，豈所謂弼予一人共安四海者也（全唐文卷六太宗答房元齡請解僕射詔同），玄齡遂以本官就職。」又通鑑於同月載：「玄齡以度支繫天下利害，嘗有闕，求其人未得，乃自領之。」玄齡求度支不得而自領，此正宰相職權也，玄齡之未罷相愈明。表以「加」代「爲」，誤。又玄齡自領度支，表亦失載。

一一

「貞觀十六年正月辛未中書舍人兼侍郎岑文本爲中書侍郎專典機密。」

「兼」字有二義：一爲他官兼任；一爲職事官解散官欠一階不至者，前已言之。就第一義言，中書舍人爲中書省屬官，而侍郎爲中書令之貳，舍人不應兼侍郎；就第二義言，岑文本應爲「兼中書侍郎」不得爲「中書舍人兼中書侍郎」。考岑文本之官歷，各書頗有出入：

新紀：「貞觀十六年，中書舍人岑文本爲中書侍郎專典機密。」

舊紀：「貞觀十六年，兼中書侍郎江陵子岑文本爲中書侍郎專知機密。」

通鑑：「十六年正月以兼中書侍郎岑文本爲中書侍郎專知機密。」

新傳記文本遷侍郎事云：「時（顏）師古以譴罷，温彥博（中書令）爲請帝曰：師古練時事，長於文誥，人少逮者，幸得復用。帝曰朕自舉一人，公毋憂，乃授文本侍郎專典機要」（舊傳畧同），可見文本之遷侍郎乃承顏師古之乏，考師古罷侍郎約於貞觀五六年間（據兩傳），温彥博爲中書令在貞觀四年二月至貞觀十年六月，是文本於貞觀十六年以前已遷侍郎矣。

綜合各條觀之，可知：

（一）新紀書貞觀十六年岑文本之原銜爲「中書舍人」，必誤。

（二）新表以文本之原銜爲「中書舍人兼中書侍郎」亦誤；蓋舊紀及通鑑只書「兼中書侍郎」，如係以中書舍人兼侍郎，舊紀通鑑豈能略本官而不書？且中書舍人不應兼中書侍郎前已論及。新表之誤在幷採兩紀之原銜而合書之。

然則文本之遷官有兩種可能：

一、貞觀五六年間由舍人遷「兼中書侍郎」，至十六年正拜「中書侍郎」專典機密。蓋兩紀、通鑑，及表均以文本於十六年遷中書侍郎典機密，如以前已正拜中書侍郎，何以四書均有十六年之命？可見以前只爲「兼中書侍郎」耳。

二、貞觀五六年間由中書舍人逕遷中書侍郎專典機密。

試就此兩可能推論之：

通鑑貞觀十二年正月載：「……中書侍郎岑文本撰氏族志成，上之。」同年十二月載：「是歲以給事中馬周爲中書舍人……中書侍郎岑文本常稱馬君論事……令人忘倦。」十四年十二月又載：「君集：……爲有司所劾，詔下君集等獄，中書侍郎岑文本上疏……」通鑑於十六年以前，已屢書岑文本爲「中書侍郎」，至十六年又書岑文本以「兼中書侍郎」爲「中書侍郎」，是通鑑自相牴牾也。綜計當時中書省各長官任職期限；中書令温彥傳於貞觀十六年轉為右僕射，楊師道於貞觀十三年十一月始由侍中遷中書令。中間三年又五個月中書省無人參政，自貞觀中年以後，中書省地位日重，當不至三年餘無人參政，如岑文本於貞觀五六年間遷中書侍郎專典機密，則適可塡補其闕。再考舊書李靖傳：「八年（靖）尋以足疾上表乞骸骨，言甚懇至，太宗遣中書侍郞岑文本謂曰……」（新傳畧同）是貞觀八年岑文本已爲中書侍郎矣，依以上三點觀之，兩可能中又以後一種較合理。

一二

「貞觀十八年，十一月甲子世績周爲遼東道行軍大總管。」

新紀與表同，惟舊紀及通鑑則獨以李世勣爲遼東大總管，馬周不與焉。考馬周爲文臣，不應與世績幷爲遼東行軍大總管，再檢對新傳云：『帝征遼，（馬周）留輔太子定州，及還攝吏部尚書，進銀青光祿大夫。』是周未爲遼東道行軍大總管甚明。表誤。

一三

「貞觀十九年二月乙卯士廉攝太子太傅，劉洎、馬周、太子左庶子許敬宗、右庶子高季輔、少詹事張行成同掌機務。」

考舊紀及通鑑均載高士廉、劉洎、馬周、高季輔、張行成五人同掌機務，無許敬宗之名。新紀則漏書此事。兩傳則謂十九年太宗親伐高麗，皇太子定州監國，敬宗與高士廉等共知機務，岑文本卒於行所，令敬宗以本官檢校中書侍郎赴行在。通鑑十九年三月條與此同。然則敬宗曾否掌機務，各書前後自相牴牾，大抵當時之「掌機務」乃出於臨時之特命，非常設之職銜，故各本或載或不載，以情理度之，敬宗爲左庶子，必參與機務，及十九年文本卒，以檢校中書侍郎調赴行在，不在定州輔太子矣，因在定州日淺，故舊紀及通鑑二月條漏書，而表又漏書許敬宗檢校中書侍郎。

一四

「貞觀二十三年五月庚午季輔兼中書令禮部尙書。」

禮部尙書應爲吏部尙書，考證已見嚴文卷十、五四五頁。

一五

「永徽元年十月戊辰勣罷僕射。」

按李世績於貞觀廿三年五月癸巳爲開府儀同三司同中書門下參掌機密，九月乙卯爲尙書左僕射同中書門下三品。現罷僕射當改何官？表未書，攷舊紀：『永徽元年，尙書左僕射英國公勣固請解僕射職，許之，令以開府儀同三司同中書門下三品。』又表永徽四年三公欄載：『二月已亥，開府儀同三司同中書門下三品勣爲司空。』是世勣罷僕射爲開府儀同三書仍同中書門下三品無疑。表漏。（嚴文卷五，三二〇頁結語同）

一六

「永徽四年九月甲戌遂良爲尙書左僕射。」

左僕應爲右僕，考證見嚴文卷六、三六七頁。

一七

「顯慶元年正月甲申志寧爲太子太傅。」

按于志寧於永徽二年八月爲尙書左僕射同中書門下三品，三年三月志寧兼太子少師。此時之爲太子太傅，由左僕遷太子太傅歟？抑由兼太子少師進兼太子太傅歟？表語意不明。按新紀通鑑不載此事，舊紀則曰：『尙書左僕射兼太子少師燕國公于志寧兼太子太傅。』舊傳：『其年尙書左僕射同中書門下三品，三年以本官兼太子少師。顯慶元年遷太子太傅……四年表請致仕，聽解尙書左僕射拜太子太師仍同中書門下三品。』（新傳畧同）。可見顯慶元年之遷太子太傅非自左僕遷，乃以兼太子少師遷兼太子太傅。表誤以『改兼太子太傅』作『爲太子太傅』，（嚴文卷五，三二一頁結語同）

一八

「顯慶二年三月癸丑義府兼中書令檢校御史大夫仍太子賓賓。」

按李義府於永徽六年七月由中書舍人守中書侍郎，顯慶二年之「兼」中書令乃兩職事之兼抑欠一階之兼？本條語意含混。考新紀及通鑑與本條同，「兼」字之意義仍不明。

惟舊紀於義府任職時載：「顯慶二年中書侍郎李義府爲中書令兼檢校御史大夫」；於卸職時載：「顯慶三年十一月乙酉『兼』中書令、皇太子賓客、兼檢校御史大夫、河間郡公李義府左授普州刺史。」

新傳：「永徽六年拜中書侍郎同中書門下三品、封廣平縣男，又兼太子右庶子……爵爲侯……未幾進中書令。』

舊傳：「二年代崔敦禮爲中書令，兼檢校御史大夫……尋加太子賓客進封河間郡公。」

三書所紀雖微不同，然義府自顯慶二年以後非以中書侍郎爲本官則甚明顯。可見「兼」字非兩職事之意，然則義府究應爲「兼中書令」抑爲「中書令」？

試再考義府之官歷時間，義府於永徽六年七月由中書舍人守侍郎，十一月參政，顯慶二年三月進中書令，由中書舍人至中書令中間不過一年又八個月耳。散品不足自爲必然。故以「兼中書令」較合理。各書之中當以舊紀顯慶三年所紀義府之官銜爲最詳確。

又義府於顯慶二年以前只爲太子右庶子，顯慶二年始加太子賓客。「仍」字爲「加」之誤。

一九

「顯慶二年三月正倫兼度支尚書……九月庚寅正倫兼中書令。」

按正倫於顯慶元年六月爲黃門侍郎，照此條文義發生兩疑點：一、正倫爲「兼中書令」抑爲「黃門侍郎兼中書令」？二、兼中書令是否仍兼度支尚書？就第一點言，高宗中年中書門下兩省職權釐分，似不應以黃門侍郎兼中書令。且黃門侍郎之位望與中書令不相侔，不應相兼。考新紀與表同，兩傳則以杜正倫正拜中書令，惟通鑑則以杜正倫爲「兼中書令」，舊紀顯慶三年書正倫之全銜爲「兼中書令皇太子賓客襄陽郡公」各書所紀雖微有不同，然顯非以黃門侍郎爲本官。故此「兼」字，乃欠一階之「兼」也。兩傳以正倫正拜中書令恐亦誤。蓋正倫如已正拜，何以兩紀通鑑及表均衍一「兼」字？故各本之中，當以舊紀通鑑最明確。

就第二點言，兩紀兩傳及通鑑之文義似正倫於兼中書令時已卸度支尚書，惟嚴文六二九頁引舊書盧慶承傳證正倫仍兼度支尚書，證據似嫌未足，姑存疑。

二〇

「上元二年八月庚子文瓘爲侍中，處俊爲中書令并同中書門下三品。」

侍中中書令無加同三品者，表必誤。考兩紀均無「同中書門下三品」七字。

二一

「弘道元年十二月戊寅，玄同(爲)黃門侍郎並同中書門下三品。」

「垂拱元年七月已酉玄同自文昌左丞遷鸞臺侍郎」。

按黃門侍郎即鸞台侍郎，魏玄同既於弘道元年遷黃門侍郎，垂拱元年豈得再遷鸞台侍郎，且兩條書銜亦不相啣接，其間必有漏誤。

考新紀：弘道元年十二月魏玄同同中書門下三品，垂拱元年，無魏玄同之命。

舊紀：弘道元年十二月魏玄同爲黃門侍郎，仍知政事，垂拱元年亦無魏玄同遷官之命。

通鑑載玄同遷鸞台侍郎在垂拱元年七月。

新傳只言拜文昌左丞鸞台侍郎同鳳閣鸞台三品，遷地官尚書。

舊傳：弘道初轉文昌左丞，兼地官尚書同中書門下三品，則天臨朝遷大中大夫鸞台侍郎依前知政事，垂拱三年加銀青光祿大夫檢校納言。

各書所記互有出入，惟魏玄同於弘道垂拱之間曾任文昌左丞，同三品，鸞台侍郎則各書均同。考玄同曾於永淳元年四月與岑長倩等同中書門下受進止平章事，當時以資望不足未同三品（見通鑑新表），以情理度之，至弘道元年遷左丞進同三品，垂拱元年再遷鸞台侍郎，於理至順。故五書之中，舊傳實最合理。表弘道元年條誤以文昌左丞爲黃門侍郎。（嚴文卷七第四一一頁推斷玄同於光宅元年八月十一庚寅稍前或以後由黃門侍郎同中書門下三品遷左丞仍同三品，至垂拱元年七月五日巳酉遷鸞台侍郎仍同三品。依嚴文，是玄同由黃門侍郎遷左丞又復入爲門侍，觀各書所載，未見此跡象，恐誤。）又表垂拱元年七月條玄同遷鸞台侍郎，漏書兼天官侍郎仍平章事。嚴文卷十，五五一頁有考證。

二二

「垂拱二年五月丙午居道爲納言。」

考裴居道爲納言在垂拱三年四月，兩紀通鑑均同，表於垂拱三年四月亦載。此條明係複出。

二三

「載初元年」

表以永昌元年爲載初元年。考永昌元年十一月，武則天親享明堂，大赦天下，依周制建子月爲正月，改永昌元年十一月爲載初元年正月，十二月爲臘月（見舊紀），可見載初元年乃自永昌元年十一月始，非改永昌元年爲載初元年也。至載初元年九月，武則天改國號爲周，再改元，以載初元年改爲天授元年，故新紀及通鑑均於永昌元年之後繼爲天授元年，表以永昌元年爲載初元年，誤。

二四

「天授元年二月戊子承嗣爲文昌左相……鳳閣侍郎武攸寧（爲）納言。」

二月無戊子，應爲一月戊子。嚴文卷六，三六八頁已考證。

二五

「長壽元年八月檢校天官侍郎姚璹……同鳳閣鸞台平章事。」

應爲檢校天官侍郎姚璹遷左丞同鳳閣鸞台平章事，考證見嚴文卷七，四一三頁。

二六

「長壽元年八月戊寅承嗣罷爲特進，攸寧罷爲冬官尚書，執柔罷守地官尚書，司賓卿崔神基，秋官侍郎崔元綜，夏官侍郎李昭德，權檢校天官侍郎姚璹，守容州都督檢校地官侍郎李元素幷同鳳閣鸞台平章事。」

按兩紀通鑑，秋官侍郎崔元綜爲鸞台侍郎，夏官侍郎李昭德爲鳳閣侍郎，天官侍郎姚璹爲文昌左丞，檢校地官侍郎李元素爲文昌右丞。新表漏書。又八月應作七月。

二七

「長壽元年九月辛丑璹罷爲司賓少卿」

考新紀通鑑舊傳均以璹罷爲司賓卿在長壽二年九月辛丑（舊傳作少卿）同日以司賓卿豆盧欽望爲內史，是姚璹之罷，接豆盧欽望爲司賓卿也。表載姚璹之罷與欽望之遷內史恰隔一年。當以新紀通鑑舊傳爲當。表誤。又司賓少卿應爲司賓卿。

二八

「長壽二年二月庚子夏官侍郎婁師德同鳳閣鸞台平章事。」

按新紀通鑑均作春一月庚子（蓋載初改元以十一月爲正月，故春一月不稱正月），嚴文卷十八、九三五頁同。

二九

「延載元年二月庚子夏官侍郎婁師德同鳳閣鸞台平章事。」

二月應作一月，考證見嚴文卷十八・九三五頁。

三〇

「萬歲登封」

表以「天冊萬歲」爲「萬歲登封」。新紀、通鑑作「天冊萬歲」，舊紀作「萬歲登封」。考延載二年正月，改元「證聖」，九月再改元「天冊萬歲」，則延載二年應爲「天冊萬歲」元年矣。至「天冊萬歲」二年臘月，又改元「萬歲登封」，九月，再改元「萬歲通天」（據舊紀、通鑑），於是「天冊萬歲」二年應爲「萬歲通天」元年。故新紀通鑑於延載元年之後爲「天冊萬歲」元年，再繼爲「萬歲通天」元年。表及舊紀用「萬歲登封」，均誤。

三一

「萬歲登封（天冊萬歲）元年二月丙辰允元薨」

通鑑新紀均作三月。

三二

「聖曆元年三月甲戌師德罷爲納言。」

「罷」字衍，殿本已考證。

三三

「神功元年八月仁傑兼納言……九月戊寅仁傑爲河北道副元帥檢校納言……十月癸卯仁傑爲河北道安撫大使……閏十月甲寅仁傑爲鸞台侍郎同鳳閣鸞台平章事。」

「聖曆元年八月庚子仁傑兼納言……十月癸卯狄仁傑爲河北道安撫大使。」

「久視元年正月丁酉狄仁傑爲內史。」

仁傑之官歷前後重沓，有可疑者三：

一、鸞台侍郎爲納言之貳，仁傑焉得於神功元年兼納言，十月反左遷鸞台侍郎，至明年又再兼納言？

二、神功元年十月既已爲安撫大使，聖曆元年十月焉得再命？

三、兼納言是否兩職事官之兼？

考兩紀兩傳書仁傑之官歷大致相同，其次序爲：

神功元年十月爲鸞台侍郎；

聖曆元年八月爲納言（新傳作「拜」納言，舊紀作「爲」納言，舊侍新紀作「兼」納言。）；

聖曆元年九月爲河北道行軍副元帥；

聖曆元年十月爲河北道安撫大使；

久視元年正月爲內史。

四書紀仁傑之官歷均甚明，可見表書仁傑於神功元年八月兼納言，九月爲河北道副元帥，十月爲河北道安撫大使，均爲聖曆元年重出之誤。

第一第二疑點已明，惟第三疑點未能解決。試再推論如次：

仁傑兼納言，各書或作「爲」，或作「拜」，或作「兼」。考舊傳，仁傑兼納言時其散官爲「銀青光祿大夫」。全唐文卷九十五授狄仁傑內史制云：「銀青光祿大夫守納言上柱國汝陽縣開國男狄仁傑……可守內史散官勳封如故。」書仁傑之散官亦爲「銀青光祿大夫」。按銀青光祿大夫爲從三品，納言爲正三品，據唐制，職事高者爲守（見舊書職官志）。然則仁傑之銜應爲「銀青光祿大夫守納言」，當以制文爲正，兩傳兩紀及表均誤。（咸亨二年以前散位欠一階者爲「兼」，咸亨二年以後通作「守」，聖曆距咸亨甚近，故新紀舊傳誤爲「兼」耳。）

又久視元年正月仁傑「爲內史」乃「守內史」之誤。

三四

「神功元年八月庚子三思檢校內史。」

「聖曆元年八月庚子三思檢校內史。」

兩條重出，案新舊紀通鑑武三思檢校內史在聖曆元年八月，表重出。

三五

「神功元年九月甲子攸寧同鳳閣鸞台三品。」

「聖曆元年九月甲子夏官尚書武攸寧同鳳閣鸞台三品。」

兩條重出，案兩紀通鑑武攸寧同鳳閣鸞台三品在聖曆元年九月，表神功元年條衍。

三六

「神功元年八月欽望自太子宮尹爲文昌右相同鳳閣鸞台三品。」

「聖曆元年二月乙未欽望罷爲太子賓客。」

「聖曆二年八月太子宮尹欽望爲文昌右相同鳳閣鸞台三品。」

「久視元年二月乙未欽望罷爲太子賓客。」

豆盧欽望遷文昌右相及罷爲太子賓客均重出，據兩紀，欽望自太子宮尹遷文昌右相在聖曆二年，罷爲太子賓客在久視元年。新傳未書年月。舊傳明書聖曆末年拜文昌右相。惟通鑑與表同，均誤。（嚴文卷六．三六八頁結語同）

三七

「聖曆元年十月癸卯狄仁傑爲河北道安撫大使……臘月戊子檢校左肅政臺御史中丞吉頊爲天官侍郎，右臺魏元忠爲鳳閣侍郎幷同鸞鳳閣台平章事」。

按自載初改元以後，以十一月爲明年正月，十二月爲臘月，是臘月在春一月之前，不得在春一月之後，此臘

月應爲聖曆二年臘月。考兩紀通鑑頊吉爲天官侍郎魏元忠爲鳳閣侍郎俱在聖曆二年臘月，非聖曆元年臘月，表誤。（殿本考證結語同）

三八

「聖曆二年八月庚子……及善爲文昌左相同鳳閣鸞台平章事，太子宮尹欽望爲文昌右相同鳳閣鸞台三品。」

考天寶以前，「同平章事」之資歷在「同三品」之下，宰相序位常由「同平章事」進爲「同三品」。如弘道元年十二月魏玄同由吏部侍郎同平章事進爲黃門侍郎「同三品」；垂拱元年五月鳳閣侍郎韋方質由「同平章事」進爲「同三品」；載初元年三月王本立由夏官侍郎「同平章事」進爲御史大夫「同三品」；長安二年十月李逈秀、韋安石，蘇味道俱由「同平章事」進爲「同三品」。僕射資望崇隆，未有同平章事者，王及善原自內史遷左僕，豈能更「同平章事」？且豆盧欽望以右僕「同三品」，王及善之不能以左僕「同平章事」甚明，此紀必誤。新紀與表同，而舊紀通鑑新傳均爲「同三品」，當以舊紀通鑑新傳爲正，新紀及表誤。

（嚴文卷六・三六九頁結語同）

三九

「久視元年三月甲戌頊加左控鶴內供奉。」

按吉頊已於是年正月貶琰川尉罷相，再入爲左控鶴內供奉，非相職，不應列於宰相表。又考新紀新傳通鑑，吉頊無再入爲控鶴，此條必錯出。

四〇

「長安元年十一月壬申三思罷爲特進太子少保。」

按武三思已於久視元年正月壬申罷爲特進太子少保，兩紀及通鑑均同，久視以後未再入相，焉得再罷。表誤。

四一

「長安二年十月甲寅元崇同鳳閣鸞台平章事。」

按姚元崇己於聖曆元年十月守本官同平章事，兩紀及通鑑均載，此後未見遷官，焉得再命同平章事？

四二

「神龍元年正月庚戌恕己爲鳳閣侍郎并同鳳閣鸞台三品。」

按袁恕己已於是月甲辰遷鳳閣侍郎同鳳閣鸞台平章事，庚戌進爲同三品，新紀及通鑑均同，本條衍「鳳閣侍郎」四字。

四三

「神龍元年四月辛未暉爲侍郎。」

按同年正月庚戌齊敬暉與桓彥範并爲納言，四月焉能復爲侍郎，且何省侍郎未書，顯爲侍中之誤。按新舊紀及通鑑均以敬暉爲侍中，蓋官名更易重書之也。新表例，改官名不重書，本條衍。

四四

「神龍元年五月甲辰休璟爲尚書左僕射，欽望自特進爲右僕射同中書門下平章事，六月癸亥欽望軍國重事中書門下平章。」

欽望應爲左僕，休璟應爲右僕。又五月甲辰，欽望同中書門下平章事係衍文。考證已見嚴文卷五，三二五頁，及卷六・三六九頁。

四五

「神龍元年正月庚戌柬之爲天官尚書，四月辛亥……柬之爲天官尚書。乙亥柬之爲中書令同中書門下三品。」

柬之兩爲天官尚書，其中必有一誤，據嚴文卷九・四九七頁考證，元年正月之天官尚書應爲夏官尚書。又同中書門下三品爲衍文，蓋終唐之世，中書令無加同三品者。兩紀通鑑兩傳均無「同中書門下三品」七字。

四六

「神龍元年五月庚子懷遠爲左散騎常侍。」

按懷遠於同年四月甲戌已遷左散騎常侍，兩紀通鑑均同，表亦載，五月焉得復遷左散騎常侍。考兩紀通鑑五月無是命，表重出。又舊紀通鑑作右散騎常侍，新紀兩傳作左散騎常侍，未知孰是。

四七

「神龍二年六月戊寅貶暉爲崖州司馬，彥範龍州司馬，恕己竇州司馬，玄暐白州司馬，柬之新州司馬，……七月辛未流暉於嘉州，彥範於襄州，恕己於環州，玄暐於古州，柬之於瀧州。」

按暉等五人已於神龍元年五月同時俱罷相爲五王，再貶不應列於宰相表。

四八

「景龍元年九月丁酉……蕭至忠爲黃門侍郎，丙辰至忠行中書侍郎。」

按兩紀及通鑑無九月丙辰蕭至忠行中書侍郎之命。考至忠之遷黃門侍郎乃由於諫中宗停鞫相王事，通鑑及兩傳均有詳記，惟新傳則以「黃門侍郎」作「中書侍郎」。以此度之，恐是至忠並未先爲黃門侍郎再改中書侍郎，因新傳誤「黃門」爲「中書」，表並採之耳。然無强證，姑存疑。

四九

「景雲元年六月……壬寅殿中監平王隆基幷同中書門下三品……癸卯隆基同中書門下三品」。

按兩紀通鑑，平王隆基同中書門下三品在六月癸卯，壬寅條衍。

五〇

「景雲元年十一月壬子……宋王成器爲尙書左僕射。」

按兩紀景雲元年十一月宋王成器爲左僕射未加同三品與表同，神龍以後，僕射不加同中書門下三品者非宰相，不應列於宰相表。

五一

「景雲二年十月甲辰安石罷爲特進。」

「特進」應爲「左僕射」，考證見嚴文卷五，三二七頁。

五二

「開元元年八月癸巳，劉幽求爲尙書右僕射，知軍國重事。」

右僕射應爲左僕射，考證已見嚴文卷六・三二九頁。

五三

「開元二年正月已卯懷愼檢校黃門監。」

「開元三年正月癸卯懷愼檢校吏部尚書兼黃門監。」

「開元四年正月丙申懷愼檢校吏部尚書……十一月丙申懷愼去官養疾。」

開元三年四年盧懷愼檢校吏部尚書兩見，必有舛謬。檢兩紀兩傳，盧懷愼檢校黃門監在開元三年正月，又舊傳載：「四年兼吏部尚書，其秋以疾累表乞骸骨，許之，旬日而卒。」唐大詔令盧懷愼檢校黃門監制，亦注明在開元三年正月十九日，且懷愼之新銜爲「檢校黃門監」，非「檢校吏部尚書兼黃門監」也，與舊傳兩紀所載均合。可見表開元二年條衍，三年條多書「吏部尚書」，四年「檢校吏尚」應爲「兼吏尚」。

五四

「開元四年十二月己亥元之幽求罷爲開府儀同三司。」

按劉幽求已於開元元年十二月癸丑罷爲太子少師，焉得再罷爲開府儀同三司。查開元四年十二月己亥姚崇罷爲開府儀同三司，源乾曜罷爲京兆尹，兩紀均同，表或因幽求罷相亦在十二月而誤列也。

五五

「開元八年五月丁卯乾曜爲侍郎。」

按源乾曜於正月辛巳爲黃門侍郎，五月豈得更爲侍郎。侍郎必侍中之誤。兩紀通鑑均作侍中。表誤。

五六

「開元十一年五月己丑晙持節朔方節度使兼知河北河東隴右河西兵馬使，六月巡邊。」

王晙巡邊非職事有所更改，不應載於宰相表。

五七

「開元二十年十二月壬申嵩爲兵部尚書。」

按蕭嵩於開元十六年由河西節度使入遷兵部尚書同中書門下平章事，十七年以兵部尚書兼中書令，是本官仍爲兵部尚書，焉得於二十年更爲兵部尚書。考兩紀及通鑑於開元二十年十二月無是命，表誤。嚴文卷九，五〇七考證云「兵尚」爲「吏尚」之誤。

五八

「至德二載三月辛酉……憲部尚書致仕苗晉卿爲左相……十月甲寅晉卿爲中書侍郎同中書門下平章事，戊午……晉卿行侍中。」

至德二載，左相即侍中，晉卿三月既爲左相，左相位望在中書侍郎之上，十二月不應左遷中書侍郎同月又行侍中也，其間恐有舛漏。兩紀與表相同，通鑑只載晉卿三月爲左相；兩傳無中書侍郎之命。豈因至德二載官名改易，晉卿改左相爲侍中，兩紀兼採之，而至混亂歟？抑至德於兵馬之際任命錯出歟？通鑑獨載晉卿爲左相，當較合理。

五九

「廣德元年七月壬子雍王适兼中書令。」

雍王适兼中書令新書代宗紀廣德元年不載，通鑑亦不書，舊紀作尙書令，三書互有出人。惟兩書於德宗紀均謂：廣德元年十一月史朝義死，幽州守將李懷仙斬其首來獻，河北平，雍王适以功兼尙書令，與功臣郭子儀李光弼等皆賜鐵券圖凌煙閣。又郭子儀讓加尙書令表（全唐文卷三三二）曰：「况太宗昔居藩邸，嘗踐此官，累聖相承，曠而不置，皇太子爲雍王之日，陛下以其總兵薄伐，平定關東，飲至策勳，再有斯授，豈臣末職，敢亂大倫。」可見雍王曾兼尙書令無疑。惟德宗紀明書授尙書令在十一月，非七月，豈七月爲中書令，十一月進尙書令耶？表不載雍王加尙書令，必誤。（嚴文卷五，三六一頁結語同）

六〇

「廣德二年八月丙寅縉爲侍中持節都統河南淮南淮西山東道行營節度使。壬申縉罷侍中，甲午兼東都留守。」

王縉既於廣德二年八月罷侍中，是罷相也。罷相以後不應再列於宰相表，而表復於永泰元年、大曆三年、大曆四年、大曆五年均載王縉事，則王縉何時罷相殊可疑。舊傳：「縉爲侍中，持節都統河南淮南西山南東道諸節度行營事，縉懇讓侍中，從之，加上柱國兼東都留守……歲餘遷河南副元帥……大曆三年……以縉領幽州盧龍節度使……二歲罷河東歸朝，授門下侍郎中書門下平章事。」（新傳亦同）似王縉讓侍中時即解相銜，至罷河東始入相；然考唐大詔令楊炎撰王縉兼幽州節度使制（卷五十二）書王縉之官銜爲：「金紫光祿大夫門下侍郎同中書門下平章事持節河南副元帥都統河南淮西山南東道諸節度行營兼東都留守」，可見王縉於讓侍中持節河南時復原職爲門下侍郎同平章事，仍以宰相持節出使也，表只言罷侍中不書復「門下侍郎同平章事」實誤。

六一

「大曆十四年三月丁未淮西節度使檢校司空同平章事李忠臣本官同平章事。」

按大曆十四年三月淮西節度使李忠臣爲李希烈所逐，單騎奔京師，上（代宗）以其有功，使以檢校司空同平章事留京師（見通鑑），是李忠臣以本官檢校司空平章事，表書銜重沓。

六二

「建中四年十一月癸巳朔方節度使李懷光爲中書令朔方邠寧同華陝虢河中晉絳慈隰行營兵馬副元帥。」

李懷光加中書令舊書及通鑑不載，獨見於新書。考建中四年十一月德宗被圍奉天，李懷光自山東赴難，破朱泚，解奉天之圍，反爲盧杞、趙贊、白志貞所構，不得一面德宗，明年懷光作叛，未一日在京，縱加中書令，亦不過叙位虛銜耳，自肅代以後，中書令侍中不在中樞秉政者，表例不書於宰相欄，如郭子儀李光弼以功加中書令侍中，表不列於宰相欄。李懷光何以獨載？

六三

「元和六年十一月李絳爲中書侍郎。」

兩紀通鑑均作十二月，表誤。

六四

「長慶二年六月戊寅夷簡分司東都。」

按夷簡已於元和十三年七月辛丑檢校左僕射同平章事淮南節度使。既出爲使相，以後非復入爲眞宰相者不應再列於宰相表。

六五

「長慶四年六月丙申度同平章事。」

按裴度已於三年八月罷相守司空山南西節度使，四年加同平章事是以節度使加平章事，仍非眞宰相，依例只應附書於三公欄，蓋裴度守司空也。

六六

「太和元年十月丙寅度罷度支。」

元年應作三年，見嚴文卷十三，七七三頁。

六七

「太和三年十二月己酉元穎貶邵州刺史。」

按元穎已於長慶三年十月己丑由中書侍郎檢校禮部尙書同平章事西川節度使。既出爲使相，再貶不應書於表。

六八

「太和九年十月庚子度兼中書令。」

「開成三年十二月辛丑度守司徒兼中書令。」

按裴度於太和四年九月守司徒兼侍中充山南東道節度使，九年十月兼中書令，即以守司徒兼中書令，何以開成三年再兼中書令？唐大詔令裴度中書令制云：「河東節度觀察處置等使開府儀同三司守司徒兼中書令太原尹北都留守上柱國晉國公裴度……可守司徒兼中書令。」原銜有守司徒兼中書令，新命亦為守司徒兼中書令。新傳曰：「太和八年，徙東都留守，俄加中書令……（開成）三年，以疾乞還東都，眞拜中書令。」舊傳亦云：「太和九年十月進位中書令，（開成）四年正月詔許還京，拜中書令」合三條觀之，可知裴度太和九年之兼中書令不過使相之加兼銜而已，開成三年乃眞拜中書令復知政事，故太和九年條不應書於宰相欄，只應附於三公欄，蓋裴度當時為守司徒也。

又度眞拜中書令舊傳在四年正月，表在三年十二月，蓋表書制命頒佈之日，而舊傳載度抵京視事之時耳。

六九

「開成三年三月庚午覃為太子太師。」

「為太子太師」應作「加太子太師」。考證已見嚴文卷六，三八一頁。

七〇

「開成五年九月丁丑淮南節度副大使檢校右僕射李德裕為門下侍郎同中書門下平章事。」

「門下侍郎同中書門下平章事」應作「吏部尙書兼門下侍郎同中書門下平章事」，考證已見嚴文卷五，三四一頁及卷九，五二一頁。

七一

「會昌二年正月己亥李德裕爲司空。」（見三公欄）

考開元以後三公非宰相，不得入中書，如李輔國罷中書令，雖仍爲司空尚父亦不得復入中書可爲明證（見舊書輔國傳）。故憲宗以後，宰臣之進位三公者，必仍兼兩省侍郎同平章事爲底官，如王涯裴度均以司空兼門下侍郎同平章事。李德裕於開成五年九月以門下侍郎同平章事入相，會昌二年遷司空，如不兼門侍同平章事，是罷相也，武宗會昌年間，正德裕獨秉大政之時，焉得不兼門侍平章事，表必誤。通鑑，會昌二年正月不書德裕進司空，兩紀未明書德裕兼門下侍郎平章事。兩傳則謂德裕「進司空」；惟舊紀於會昌二年四月書德裕之全銜爲「光祿大夫守司空兼門下侍郎平章事」，是德裕仍兼門下侍郎平章事，兩紀兩傳省書耳。（嚴文結語同，見卷五，三四一頁）又「爲司空」當作「守司空」。

七二

「會昌二年正月己亥……珙爲尚書右僕射。」

漏書仍兼中書侍郎平章事，考證見嚴文卷六，三八三頁。

七三

「會昌二年六月夷行罷爲太子太保。」

應罷爲左僕射，考證見嚴文卷五，三四二頁。

七四

「會昌五年五月悰罷爲尚書右僕射。」

「右僕」應作「左僕」，考證見嚴文卷五，三四五頁。

七五

「大中二年正月己卯元式罷爲刑部尙書。」

按同年正月白敏中以中書侍郎兼刑部尙書，元式豈得復罷爲刑部尙書？兩人必有一誤。元式之罷守刑尙兩紀及舊傳均畧而不載，新傳且謂元式以疾罷，卒贈司空，然則元式之罷爲刑尙未有確據，而敏中以中書侍郎兼刑尙則兩傳俱載，以此推之，敏中之兼刑尙爲是，元式之罷爲刑尙殆誤。通鑑謂元式罷爲「戶尙」，當以通鑑爲是。（嚴文卷十一，六五六頁結語同）

七六

「大中二年正月巳卯兵部侍郎判度支周墀同中書門下平章事。」

正月巳卯應爲五月巳末，見嚴文卷十八，九六一頁。

七七

「大中九年二月甲戌綯爲門下侍郎」

九年二月甲戌令狐綯爲門下侍郎兼兵部尙書，考證見嚴文卷十七，九一九頁。

七八

「大中十二年十月癸巳孜爲工部尙書」

本條漏仍平章事，考證已見嚴文卷二十一，一〇六一頁。

七九

「大中十二年十二月甲寅兵部侍郎判戶部蔣伸本官同中書門下平章事判使如故」

按舊紀，蔣伸同平章事在大中十三年四月；新紀通鑑則與表同。舊傳不記年月；新傳謂「（蔣伸）未幾以本官同中書門下平章事，踰四月解戶部加中書侍郎。」考蔣伸改中書侍郎在大中十三年八月（舊紀未書蔣伸遷中侍，惟十三年十月書蔣伸之銜爲中書侍郎，可見八月漏書耳）依此推算，伸以本官同平章事應在大中十三年四月，恰與舊紀相合，似應從舊紀，然無强證，姑存疑。又嚴文認爲新表不誤，（見卷十八，九六三頁）亦無强證。

八〇

「大中十三年八月癸卯鄭爲門下侍郎，伸爲中書侍郎兼兵部尚書。」

蔣伸應兼「工尚」，非「兵尚」，考證見嚴文卷二十一，一〇六一頁。

八一

「咸通三年七月夏侯孜爲尚書右僕射兼門下侍郎同中書門下平章事」

七月應爲七月乙亥，考證見嚴文卷五，三四九頁。

八二

「咸通六年六月庚戌御史大夫徐商爲兵部侍郎同中書門下平章事」

六月應作二月，嚴文卷十八，九六七頁已有論證

八三

「咸通六年六月確兼工部尚書」

按曹確已於五年八月兼工部尚書，焉得再兼工部，嚴文已考證爲戶部之誤。見嚴文卷二一，一〇六一頁及卷十一，六六三頁。

八四

「咸通六年六月庚戌徐商爲兵部侍郎同中書門下平章事」

六月應爲二月，考證見嚴文卷十八，九六七頁。

八五

「咸通十三年三月丁巳琮檢校尚書左僕射山南東道節度使。」

杜琮之新銜應爲檢校司空山南東道節度使，考證見嚴文卷六，三八七頁。

八六

「乾符二年六月彥昭爲尚書右僕射兼門下侍郎。」

「二」年爲「三」年之誤，考證已見嚴文卷六，三九一頁。

八七

「乾符五年九月吏部尚書鄭從讜爲中書侍郎兼禮部尚書。」

「兼禮部尚書」爲「兼吏部尚書」之誤，考證見嚴文卷九，五三三頁。

八八

「中和元年二月澈兼禮部尚書。」

二月應爲一月，兼禮部尚書應爲中書侍郎兼禮部尚書。考證見嚴文卷十五，八四一頁

八九

「中和三年七月裴澈爲中書侍郎同中書門下平章事。」

應爲中書侍郎兼兵部尚書同中書門下平章事，考證見嚴文卷十七，九二七頁。

九〇

「龍紀元年三月濬兼吏部尚書。」

本條漏同中書門下平章事，同年十一月濬換兼兵部尚書，亦漏。考證見嚴文卷九，五三五頁

九一

「乾寧二年九月胤判戶部。」

「乾寧二年十月京兆尹孫偓爲戶部侍郎同中書門下平章事判戶部。」

崔胤孫偓二人同判戶部，顯有錯誤。按崔胤判戶部應在乾寧三年九月乙未，孫偓判戶部應在三年七月，考證見嚴文卷十二，七五七頁及卷十一、六六九頁。

九二

「乾寧二年三月戶部侍郎判戶部王摶爲中書侍郎同中書門下平章事。」

二年應爲元年，考證見嚴文卷十二。七五五頁

九三

「光化三年六月丁卯崔胤爲尚書左僕射兼門下侍郎同中書門下平章事諸道鹽鐵轉運使。」

漏書兼判度支，考證見嚴文卷十三，七八一頁。

九四

「天復三年二月乙未清海軍節度使檢校尚書右僕射向平章事裴樞爲門下侍郎同中書門下平章事。」

本條漏書兼吏部尚書，考證見嚴文卷九，五四一頁。

二　補遺

九五

武德四（三）年陳叔達拜侍中

武德四年陳叔達拜侍中獨見於舊書叔達傳，兩紀新傳及表俱不載。考叔達於武德元年六月以黃門侍郎判納言，二年正月兼納言，據武德令：職事解散官欠一階不至爲兼；兩職事亦曰兼，叔達由黃門侍郎判納言進爲兼納言，當爲欠一階不至之兼，又查叔達免官在武德九年十月，自兼納言至免官，中間七年又九個月，豈七年又九個月而不正拜耶？通鑑於二年正月書叔達「爲納言」，不書「兼納言」，推想温公之意，亦認叔達必曾正拜納言，然武德二年正月表及兩紀俱明書爲「兼」，當不誤。然則叔達之正拜納言應在武德二年與九

年之間，考全唐文卷二令裴寂等升殿奏事侍立詔書叔達之銜爲「納言漢東郡公」此詔應在武德三年，又同卷修魏周隋梁齊史詔書叔達之銜爲「侍中」，此詔應在武德四五年；金石萃編卷四十一大唐聖觀記：「侍中杜國江國公陳叔達撰銘」，此碑建於武德九年二月十五日，以此觀之，叔達於三四年間正拜侍中無疑。

九六

貞觀四年七月蕭瑀罷爲太子太傅。

新紀：「貞觀四年二月太常卿蕭瑀爲御史大夫與宰臣參議朝政……七月癸酉蕭瑀罷。」舊書蕭瑀傳詳載其事曰：「（瑀）入拜太常卿，遷御史大夫參預朝政，瑀論議明辯，然不能容人短……房玄齡魏徵温彥博頗裁正之，其言多黜，瑀益不平，會玄齡等小過失，瑀即痛劾，不報，由是自失，罷爲太子太傅，加特進，復爲太常卿，……九年復預政事。」可見蕭瑀四年七月曾罷相，九年復相，表漏書四年七月罷相事。

九七

貞觀十五年正月高士廉攝太子少師。

考證見嚴文卷六，三六五頁。

九八

貞觀十七年四月己酉（房）玄齡加太子太傅，司徒長孫無忌爲太子太師同中書門下三品。

貞觀二十年四月甲子玄齡罷兼太子太傅，無忌罷兼太子太師。

舊紀卷三：「貞觀十七年四月己酉，加司徒趙國公長孫無忌太子太師，司空梁國公房玄齡太子太傅。」又新書玄齡傳：「晉王爲皇太子，（玄齡）改太子太傅知門下省事，以母喪賜塋昭陵園，起復其官，會伐遼，留守京師……固辭太子太傅，見聽。」考玄齡母喪罷官在十七年七月，起復在十月，是玄齡於母喪前加太子太傅甚明。

又新書長孫無忌傳：「太子承乾廢……帝曰，我欲立晉王，無忌曰，謹奉詔，異議者斬，帝顧王曰，舅許汝矣，宜即謝，王乃拜……遂定，以無忌爲太子太師同中書門下三品……帝征高麗，還，辭師傅官，聽罷太子太師。」新紀貞觀二十年載：「四月甲子，太子太師趙國公長孫無忌，太子太傅梁國公房玄齡……各辭調護之職，詔許之。」又全唐文卷四有「授長孫無忌太子太師房元齡太子太傅蕭瑀太子太保制。」可見貞觀十七年長孫無忌加太子太師、房玄齡加太子太傅無疑。當時玄齡仍綜朝政，無忌同三品，均應列於表。

九九

貞觀二十年（李）世勣爲太子詹事同中書門下三品。

據表載：貞觀十八年「十一月甲子世勣爲遼東行軍大總管」，貞觀二十一年「三月戊子世勣爲遼東道行軍大總管」。是世勣兩度拜命遼東大總管。由此推之，世勣於第一次任遼東大總管之後，必曾經改官，不然何以有第二次之命？考新書世勣傳：「帝自將征高麗，以勣爲遼東道行軍大總管，破蓋牟遼東向崖等城……延陀部落亂，詔將二萬騎發突厥兵討之……磧北遂定，改太常卿，仍同中書門下三品，復爲詹事。」案薛延陀之亂，在貞觀二十年，而第二次征高麗世績再拜遼東行軍大總管在貞觀二十一年三月，可見世績由大總管復爲太子詹事同三品必在貞觀二十年。又通鑑載：「廿一年三月又以太子詹事李世勣爲遼東道行軍大總管」。是世勣曾於貞觀二十年改太子詹事甚明。表漏。

一〇〇

貞觀二十三年（長孫）無忌罷知尚書省事。

兩紀：貞觀二十三年進無忌太尉檢校中書令猶知門下尚書二省事，無忌固辭尚書省，許之。是廿三年無忌罷知尚書省事。表只載二十二年無忌知尚書門下二省事，廿三年罷知尚書省事漏書。

一〇一

儀鳳三年春正月丙子（劉）仁軌罷洮河軍鎮守使復入知政事，（李）敬玄爲洮河道大總管安撫大使。

表載：儀鳳二年「八月辛亥仁軌爲洮河軍鎮守使」；開耀元年「七月甲午仁軌罷左僕射以太子少傅同中書門下三品」。仁軌何時罷守洮河復入知政，表漏書。考通鑑載：「（儀鳳）三年春正月丙子，以敬玄代仁軌爲洮河道大總管兼安撫大使。」是仁軌於此時罷使復入爲左僕射，至開耀元年七月罷左僕射爲太子少傅同三品。

一〇二

久視元年臘月庚寅（陸）元方罷爲司禮卿。

表載：聖曆二年「八月丁未……天官侍郎陸元方爲鸞台侍郎同鳳閣鸞台平章事。」此後元方何時罷相，不見於表。考新紀久視元年臘月庚寅陸元方罷爲司禮卿。（通鑑同）

一〇三

景雲元年六月（鍾）紹京爲中書令。

據通鑑，景雲元年六月鍾紹京爲中書侍郎同中書門下三品，睿宗即位，御承天門，以紹京爲中書令（兩紀均同）其後爲薛稷所譖，罷爲戶部尚書。通鑑記其事頗詳，可見紹京於罷爲戶尚之前曾遷中書令。表只載罷戶尚，漏載遷中書令。

一〇四

貞元二年十二月（齊）映罷判兵部，（劉）滋罷判吏部禮部，（崔）造罷判戶部工部。

貞元二年（或三年）李勉罷爲太子太師。

按表貞元二年載：「正月癸丑映判兵部，勉判刑部，滋判吏部禮部，造判戶部工部」，以後於何時罷判兵、吏、戶、工部，表漏書。又李勉罷相亦漏書。案齊映、劉滋、崔造同在二年十二月罷判各部，考證已見嚴文卷十一・六四四頁崔造條。至於李勉罷相事，兩紀及通鑑均失載，惟新書李勉傳云：「貞元初帝起盧杞爲刺史，袁高還詔不得下，帝問勉曰，衆謂盧杞姦邪，朕顧不知，謂何？勉曰，天下皆知而陛下獨不知，此所以爲姦邪也，時韙其對，然自是益見疏，居相位二歲，辭位以太子太師罷。（舊傳畧同）按李勉於興元元年十月入相，在相位兩歲約爲貞元二年末。再考通鑑，貞元三年初，羣相討論與吐蕃尚結贊結盟事，已無李勉參預；六月李泌拜中書侍郎，德宗謂泌曰：「自今凡軍旅糧儲事卿主之，吏禮委任延賞，刑法委渾。」亦不提及李勉。益證李勉罷相必在貞元三年六月以前，與兩傳所紀合。表漏。

一〇五

貞元十六年四月己丑賈躭遷左僕射仍平章事。

永貞元年三月庚寅賈躭檢校司徒仍兼左僕射同平章事。

考證已見嚴文卷五，三三五頁。

一〇六

會昌元年李德裕兼左僕射。

考證見嚴文卷五，三四一頁。

一〇七

元和十二年十一月韓弘兼侍中。

元和十五年六月丁丑韓弘罷爲河中節度使。

表載：元和十年「正月乙酉宣武軍節度使韓弘守司徒。」（見三公欄）十四年「八月巳酉宣武節度使守司徒兼侍中同平章事韓弘兼中書令」，長慶二年「十二月庚寅弘卒」。（見三公欄）然則韓弘何時兼侍中？表漏書。檢兩紀及兩傳，元和十二年十一月淮西平，韓弘加兼侍中，十四年入朝，進兼中書令。元和十五年正月憲宗崩，皇太子即位於柩前，韓弘攝冢宰，六月丁丑爲河中節度使，長慶二年十二月卒。按韓弘以節度使守司徒加侍中，仍爲使相，應列於三公欄。及入朝兼中書令，幷攝冢宰，殆爲眞宰相，應書於宰相欄，六月罷爲河中節度使，亦應書於宰相欄，表均漏。

一〇八

貞元二年十一月鎭海節度使同平章事江淮轉運使韓滉入朝令督江淮運務，十二月滉加度支諸道轉運鹽鐵等使。

貞元三年二月戊寅滉卒。

鎭海節度使韓滉入相事不載於表，揆其原意，或以韓滉爲使相故也。考韓滉之官歷：興元元年十二月庚辰爲鎭海節度使加同平章事江淮轉運使（見通鑑），貞元元年檢校尙書左僕射（見兩傳），二年十一月乙未韓滉入朝，會督江淮運務，十二月加滉度支諸道轉運鹽鐵等使（舊紀兩傳及通鑑均載），至貞元三年二月戊寅卒。可見韓滉自入朝以後，屢任朝職，與其他使相不同。通鑑云：「韓性苛暴，方爲上所任，言無不從，它相充位而已」。是韓滉於諸相之中最得信用。故自入朝以後應列於表。

一〇九

寶應元年五月壬午司空李輔國兼中書令，六月巳未罷兼中書令。

通鑑載：寶應元年五月壬午以李輔國爲司空兼中書令，六月己未罷輔國中書令，兩傳均同，表漏。又表三公欄以李輔國正月壬午爲司空，亦誤。

一一〇

太和四年正月王播卒。

表載：太和元年「六月淮南節度副大使王播爲尙書左僕射同中書門下平章事。」以後即漏書。考新傳云：太和元年，王播入朝拜左僕射復輔政，居位四年卒。舊傳更明書：「太和四年正月患喉腫暴卒」。兩傳相合，當不誤。

一一一

咸通八年十月兵部侍郎諸道鹽鐵轉運使同中書門下平章事于琮遷中書侍郎兼戶部尚書仍同中書門下平章事。

咸通十一年（十二年）于琮由中書侍郎兼戶部尚書同中書門下平章事遷右僕兼門下侍郎仍同中書門下平章事。

考證已見嚴文卷六，三八七頁。

一一二

咸通十二年十月韋保衡遷門下侍郎兼兵部尚書同中書門下平章事。

考證已見嚴文卷十八，九六七頁及卷六，三八八頁。

一一三

乾符三年三月左僕射王鐸兼門下侍郎同中書門下平章事。

考證已見嚴文卷五，三五三頁。

一一四

光化三年四月陸扆爲中書侍郎同中書門下平章事兼戶部尚書。

考證已見嚴文卷十一，六六九頁。

三　體例之整理

一一五

唐制九品以上職事官皆帶散位，謂之本品，凡開府儀同三司（從一品）、特進（正二品）、光祿大夫（從二品）、金紫光祿大夫（正三品）、銀青光祿大夫（從三品）、正議大夫（正四品上）、通議大夫（正四品下）、太中大夫（從四品上）、中大夫（從四品下）、中散大夫（正五品上）、朝議大夫（正五品下）、朝請大夫（從五品上）、朝散大夫（從五品下）等俱爲散官。案貞觀令：「職事高者爲守，職事卑者爲行」。職事與散位階品相同者不加「守」「行」，逕書「爲」或「拜」；故表書職事官有「爲」「守」「行」之別。然散官多省畧，以至「爲」「守」「行」頗多錯亂，尤自元和以後，宰相之散位多在銀青光祿大夫以下，故職事多爲「守」官，而表反省畧「守」字，更易滋誤會。姑就全唐文有制詔可考者爲之補正四十一條如下。

又唐制，官吏之勞考進叙，一以散位爲準，故守官常因散品進階而正授；如張九齡於開元廿二年爲銀青光祿大夫守中書令，二十三年進加金紫光祿大夫中書令。惟散品進階史文多闕載，殊難一一檢覈矣。

①「長安四年正月壬子天官侍郎韋嗣立爲鳳閣侍郎同鳳閣鸞台三品。」

「爲鳳閣侍郎」當作「守鳳閣侍郎」，散位爲中散大夫。（據全唐文卷九十五授韋嗣立鳳閣侍郎平章事制）

②「開元元年八月癸巳幽求爲尚書右僕射知軍國重事。」

「爲尚書右僕射」當作「守尚書右僕射」，散位爲金紫光祿大夫。（據全唐文卷二十加劉幽求實封制）

③「開元四年閏十二月己亥……刑部尚書宋璟爲吏部尚書兼黃門監，紫微侍郎蘇頲同紫微黃門平章事。」

宋璟刑部尚書與吏部尚書均應加「守」字，蘇頲紫微侍郎應加「行」字。二人之散官同爲銀青光祿大夫。

（據全唐文卷二十一授宋璟吏部尚書蘇頲同平章事制）

④「開元二十一年三月甲寅尚書右丞韓休爲黃門侍郎同中書門下平章事。」

「爲黃門侍郎」當作「守黃門侍郎」。（據全唐文卷二十三授韓休黃門侍郎同平章事制）

⑤「開元二十二年五月戊子耀卿爲侍中，九齡爲中書令，黃門侍郎李林甫爲禮部尚書同中書門下三品。」

耀卿「爲侍中」當作「守侍中」；九齡「爲中書令」當作「守中書令」；李林甫「爲禮部尚書」當作「守禮部尚書」，三人之散位同爲銀青光祿大夫。（據全唐文卷二十三授裴耀卿侍中張九齡中書令李林甫禮部尚書制）

⑥「天寶十一載十一月庚申御史大夫判度支事劍南節度使楊國忠爲右相兼文部尚書。」

「爲右相」當作「守右相」，散位爲銀青光祿大夫。（據全唐文卷二十五授楊國忠右相制）

⑦「天寶十三載八月丙戌……文部侍郎韋見素爲武部尚書同中書門下平章事知門下省事。」

「文部侍郎」應加「行」字，「武部尚書」應加「守」字。散位爲銀青光祿大夫。（據全唐文卷二十五授韋見素同平章事制）

⑧「上元元年五月丙午晉卿爲侍中。」

「爲侍中」當作「行侍中」，散位爲特進。（據全唐文卷四十二授苗晉卿侍中制）

⑨「上元二年四月己未吏部侍郎裴遵慶爲黃門侍郎同中書門下平章事。」

吏部侍郎及黃門侍郎均爲「行」，散位爲銀青光祿大夫。（據全唐文卷四十二授裴遵慶黃門侍郎同平章事

制）

⑩「貞元三年六月丙戌陝虢觀察使李泌爲中書侍郎同中書門下平章事。」
當作「守中書侍郎」。（據全唐文卷五十授李泌平章事制）

⑪「貞元十六年庚申太常卿齊抗爲中書侍郎同中書門下平章事。」
當作「守中書侍郎」，散位爲中散大夫。（據全唐文卷五十授齊抗兼修國史制）

⑫「永貞元年二月辛亥吏部侍郎韋執誼爲尚書右丞同中書門下平章事。」
當作「守尚書右丞」，散位爲朝議郎。（據全唐文卷五十五授韋執誼尚書左(右)丞平章事制）

⑬「元和二年正月己酉御史中丞武元衡爲門下侍郎，中書舍人李吉甫爲中書侍郎同中書門下平章事。」
武元衡「爲門下侍郎」當作「守門下侍郎」，散位爲朝議大夫；李吉甫「爲中書侍郎」當作「守中書侍郎」，散位爲銀青光祿大夫（中書侍郎與門下侍郎自大歷二年升爲正三品）。（據全唐文卷五十六授武元衡門下侍郎平章事制及授李吉甫中書侍郎同平章事制）

⑭「元和四年二月丁卯給事中李藩爲門下侍郎同中書門下平章事。」
當作「守門下侍郎」，散位爲朝議大夫。（據全唐文卷五十六授李藩門下侍郎平章事制及授李藩宏文館大學士制）

⑮「元和五年九月丙寅太常卿權德輿爲禮部尚書同中書門下平章事。」
太常卿與禮部尚書均爲「守」，散位爲正議大夫。（據全唐文卷五十六授權德輿禮部尚書同平章事制）

⑯「元和六年十一月己丑戶部侍郎李絳爲中書侍郎同中書門下平章事。」
當作「守中書侍郎」，散位爲朝議大夫。據全唐文卷五十七李絳守禮部尚書制）
⑰「元和九年十二月戊辰尚書右丞韋貫之同中書門下平章事。」
當作「守尚書右丞」，散位爲中大夫（據全唐文卷五十七授韋貫之尚書右丞平章事制）
⑱「元和十年六月乙丑御史中丞裴度爲中書侍郎同中書門下平章事。」
當作「守中書侍郎」，散位爲朝議大夫。（據全唐文卷五十七授裴度中書侍郎平章事制）
⑲「元和十一年二月乙己中書舍人李逢吉爲門下侍郎同中書門下平章事，貫之爲中書侍郎。」
逢吉當作「守門下侍郎」，散位爲朝議大夫。（據全唐文卷五十八授李逢吉門下侍郎平章事制）；貫之當作「守中書侍郎」。（據全唐文卷五十七授韋貫之中書侍郎平章事制）
⑳「元和十一年十二月丁未翰林學士工部侍郎王涯爲中書侍郎同中書門下平章事。」
當作「守中書侍郎」，散位爲通議大夫。（據全唐文卷五十八授王涯中書侍郎平章事制）
㉑「元和十二年七月丙辰戶部侍郎崔羣爲中書侍郎。」
戶部侍郎與中書侍郎均應加「守」字，散位爲朝散大夫。（據全唐文卷五十八受崔羣中書侍郎平章事制）
㉒「元和十二年十月甲戌淮南節度使檢校尚書左僕射李鄘爲門下侍郎同中書門下平章事。」
當作「守門下侍郎」，散位爲銀青光祿大夫。（據全唐文卷五十八李鄘守戶部尚書制）
㉓「元和十三年三月戊戌御吏大夫李夷簡爲門下侍郎。」

御史大夫與門下侍郎均應加「守」字，散位爲正議大夫。（據全唐文卷五十八授李夷簡門下侍郎平章事制）

㉔「元和十三年九月甲辰戶部侍郎判度支皇甫鎛，工部侍郎諸道鹽鐵轉運使程异幷同中書門下平章事判使各如故」

戶部侍郎與工部侍郎均應加「守」字；皇甫鎛之散位爲朝請大夫，程异之散位爲朝散大夫。（據全唐文卷五十八授皇甫鎛戶部侍郎同平章事制及授程异工部侍郎同平章事制）

㉕「元和十五年閏月辛亥楚爲門下侍郎。」

當作「守門下侍郎」，散位爲太中大夫。（據全唐文卷五十九貶令狐楚宣州刺史制）

㉖「長慶三年十月庚寅僧孺爲中書侍郎。」

當作「守中書侍郎」，散位爲正議大夫。（據全唐文卷六十八授牛僧孺集賢殿大學士監修國史制）

㉗「長慶四年五月乙卯戶部侍郎判度支竇易直同中書門下平章事。」

當作「守戶部侍郎」，散位爲朝散大夫。（據全唐文卷六十八授竇易直平章事制）

㉘「太和四年七月癸未尚書右丞宋申錫同中書門下平章事。」

當作「行尚書右丞」，散位爲正議大夫。（據全唐文卷六十九授宋申錫行尚書右丞平章事制）

㉙「太和七年二月丙戌兵部尚書李德裕守本官同中書門下平章事。」

當作「守」兵部尚書，散位爲銀青光祿大夫。（據全唐文卷六十九授李德裕平章事制）

㉚「太和九年己巳御史中丞舒元輿爲刑部侍郎，兵部侍郎翰林學士李訓爲禮部侍郎幷同中書門下平章事。」

御史中丞、刑部侍郎及兵部侍郎均應加「守」字。（據全唐文卷六十九授舒元輿李訓守尚書同平章事制）

㉛「開成元年正月石爲中書侍郎。」

當作「守中書侍郎」，散位爲銀靑光祿大夫。（據全唐文卷七十授李石荆南節度使制）

㉜「開成二年四月戊戌翰林學士工部侍郎陳夷行以本官同中書門下平章事。」

當作「守」尙書工部侍郎。（據全唐文卷七十授陳夷行平章事制）

㉝「開成五年五月己卯諸道鹽鐵轉運使刑部尙書崔珙同中書門下平章事。」

當作「守」刑部尙書，散位爲銀靑光祿大夫。（據全唐文卷七十六授崔珙同平章事制）

㉞「大中十年十月戊子……謩爲門下侍郎兼戶部尙書，郎爲中書侍郎兼禮部尙書。」

魏謩當「守」門下侍郎，散位爲銀靑光祿大夫；鄭郎當「守」中書侍郎，散位爲通議大夫。（據全唐文卷七九授魏謩西川節度使平章事制及卷八十授鄭郎太子少師制）

㉟「大中十一年七月庚子兵部侍郎判度支蕭鄴本官同中書門下平章事判如故。」

當作「守」兵部侍郎，散位爲朝散大夫。（據全唐文卷八十授蕭鄴平章事制）

㊱「大中十二年正月戊戌戶部侍郎判度支劉瑑本官同中書門下平章事判如故。」

當作「守」戶部侍郎，散位爲朝議大夫。（據全唐文卷八十授劉瑑平章事制）

㊲「大中十二年四月戊申兵部侍郎諸道鹽鐵轉運使夏侯孜本官同中書門下平章事（判）使如故。」

當作「守」兵部侍郎，散位爲朝議大夫。（據全唐文卷八十授夏侯孜集賢殿大學士制）

㊳「大中十三年十二月甲申翰林學士承旨兵部侍郎杜審權本官同中書門下平章事。」

當作「守」兵部侍郎，散位爲通議大夫。（據全唐文卷八十三授杜審權平章事制）

㊴「咸通四年五月己巳翰林學士承旨兵部侍郎楊收守本官同中書門下平章事。」

當作「守」兵部侍郎，散位爲朝議大夫。（據全唐文卷八十三授楊收平章事制）

㊵「中和元年四月庚寅……遘爲中書侍郎兼禮部尚書……七月庚申翰林學士承旨兵部侍郎韋昭度本官同中書門下平章事。」

蕭遘散位爲光祿大夫，當「行」中書侍郎；韋昭度散位爲銀青光祿大夫，應「行」兵部侍郎。（據全唐文卷八十六授蕭遘監修國史韋昭度集賢殿大學士制及授韋昭度平章事制）

㊶「乾寧三年九月乙未……翰林學士承旨兵部侍郎崔遠本官同中書門下平章事。」

當作「行」兵部侍郎，散位爲銀青光祿大夫。（據全唐文卷九十授崔允崔遠平章事制）

一一六

自宣宗大中後，宰相階序多由六部侍郎同中書門下平章事遷中書侍郎平章事，以後或遷門下侍郎同平章事再遷僕射三公；或由中書侍郎同平章事逕遷僕射。僕射三公不帶兩省侍郎同平章事者非宰相，故凡宰相序位由兩省侍郎同平章事遷僕射三公者，必仍兼原官，表於大中以後俱省畧兼官（其中由兼中書侍郎改兼門下侍郎，或原官非兩省侍郎，逕以僕射兼侍郎拜相者則明書）頗易引起誤會，茲將表中省書兼官各條補出：

①大中九年二月甲戌崔鉉爲尚書左僕射，仍兼門下侍郎同平章事。

②大中十年十月戊子（令狐）綯爲尚書右僕射，仍兼門下侍郎同平章事。

③大中十二年十一月己未（令狐）綯爲尙書左僕射，仍兼門下侍郎同平章事。
④大中十三年八月癸卯（令狐）綯爲司空，仍兼門下侍郎同平章事。
⑤咸通三年二月庚子（杜）悰守司空，仍兼門下侍郎同平章事。
十月丙申（杜悰）爲司徒，仍兼門下侍郎同平章事。
⑥咸通五年八月丁卯（夏侯）孜爲司空，仍兼門下侍郎同平章事。
⑦咸通六年（楊收）爲尙書右僕射兼門下侍郎同平章事，（此條表已書兼門下侍郎，下省同平章事四字。）
⑧咸通十三年三月丁巳（王鐸）爲尙書左僕射仍兼門下侍郎同平章事。
十一月鐸爲司徒，仍兼門下侍郎平章事。
⑨咸通十四年十月乙未，（劉）鄴爲尙書左僕射，仍兼門下侍郎同平章事。
⑩乾符二年六月（崔）彥昭爲尙書右僕射，兼門下侍郎同平章事。（此條表明書兼門下侍郎，省同平章事四字）
⑪中和二年五月（蕭）遘爲尙書左僕射，仍兼門下侍郎同平章事。
⑫中和四年（蕭）遘爲司空，仍兼門下侍郎同平章事。
⑬中和四年十月（韋）昭度加左僕射并兼門下侍郎同平章事（此條表亦書兼門下侍郎，只省同平章事四字）
⑭光啓元年三月（裴）澈爲尙書左僕射，仍兼中書侍郎，（嚴文作兼門下侍郎，考裴澈於中和三年七月爲中書侍郎，以後未遷門侍，似應兼中侍，非兼門侍。）
⑮光啓元年（蕭）遘爲司徒，（韋）昭度爲司空，仍兼門下侍郎同平章事。

⑯光啓三年三月壬辰昭度爲司徒，仍兼門下侍郎同平章事。

⑰文德元年二月（杜）讓能爲尚書右僕射兼中書侍郎同平章事。（嚴文作兼門下侍郎，考讓能由中侍書郎轉右僕，應爲兼中侍，舊書讓能傳云：讓能於秦宗權許蔡平定加司空門下侍郎；又表於龍紀元年三月書讓能兼門下侍郎，蓋讓能於龍紀元年始由中侍遷門侍，與舊傳合，可見讓能於加司空前爲兼中書侍郎也。）

（孔）緯爲左僕射，兼門下侍郎同平章事。

四月讓能爲尚書左僕射兼中書侍郎，緯爲司空兼門下侍郎仍同平章事。

⑱龍紀元年三月緯爲司徒，讓能爲司空，十二月戊午讓能爲司徒，均兼門下侍郎同平章事。

⑲龍紀二年十月（劉）崇望爲尚書右僕射仍兼門下侍郎。

⑳景福二年六月（崔）昭緯爲尚書左僕射兼門下侍郎同平章事。

㉑天復元年正月，崔胤爲司空，仍兼門下侍郎同平章事。

㉒天佑元年閏四月已卯（裴）樞爲尚書右僕射仍兼門下侍郎同平章事。

一一七

開元十四年，「四月」重出；開元二十六年，「正月」重出；貞元九年，「五月」重出。

一一八

「開成五年五月己卯刑部尚書諸道鹽鐵轉運使刑部尚書崔珙同中書門下平章事。」

按「刑部尚書」四字衍。

一一九

「大中八年十二月癸巳蕃罷戶部。」

按魏蕃已於六年十二月壬午由戶部侍郎遷中書侍郎，此處罷戶部應爲「罷判戶部」。

一二〇

「大中十三年十二月丁酉檢校司徒兼太子太師同平章事荆南節度使。」（見三公欄）

考兩紀大中十三年八月癸卯令狐綯爲司空仍同平章事，至十二年檢校司徒兼太子太師同平章事荆南節度使，是罷眞相出爲使相，仍應書於宰相欄，不應只載三公欄。

一二一

「中和元年二月駢爲太尉。」（三公欄）

按高駢以前未見書於表，此條應書全銜「淮南節度使高駢」。

一二二

「中和四年十月建爲司空。」（三公欄）

「建」字當爲「遘」之誤，蕭遘於是月遷司空。

唐書宰相表初校

元代書院之地理分布

何佑森

序言

元代的書院大致地分布在東南一帶——長江和贛江流域，然後逐漸向湖南廣東推移。元代一百年來的學術在學術史上雖僅是一個過渡的時代，我們由它的地理分布，却可以推知兩宋和明代兩朝學風之地理分布的一個大概趨勢。

這趨勢是什麼呢？

作者研究元代學術之地理分布，得知：「元代的經學以江西最盛，浙江次之，再其次是江蘇、福建、河北、安徽、四川、河南；而山西、陝西、湖南、湖北、和廣東的經學較爲落後。」而元代的書院亦以江西爲最盛，浙江和福建次之，再其次是湖南、江蘇、廣東、四川、山東、河北、安徽、湖北、河南、山西、陝西和廣西較爲落後。比較書院和經學的地理分布，我們可以看出：這其中變動最大的是廣東和湖南兩省。

據元典章記載：「天下選合格者三百人赴會試。」（內蒙古人、色目人、漢人、南人各七十五人。）其中南人所取合格者七十五人中：湖廣一十八人，江浙二十八人，江西二十二人。按所選合格者三百人中，湖廣佔第三位，僅次於江浙江西兩地。自元代開始（宋代的廣東無學術可言），湖廣的學術已微露曙光，其書院盛興的原因可以說是由於科舉和其它經濟、交通各種原因所促成；推遠來說，明清以來，湖廣人才輩出，不能不說是由於元代書院和學風興盛所孕育的。

南宋時，許多福建的學者避難在湖南講學，使得東西（福建、浙江、江西和四川）的學術開始有了更密切的接觸。這時，西方學者有來到湖南和福建的，也有東方學者去四川的（詳見拙着兩宋學風的地理分布，同時四川夔州府有竹林書院，爲宋嘉熙中孟珙所建，以收留襄陽一帶流寓到四川的讀書人。），這種風氣就像是安徽的學者經常到福建講學，或永久地僑居在福建一樣（如朱熹胡一桂等）。到了元代，湖南的學風影响到了廣東，廣東的學者亦不斷地來到湖南。宋代最著名的如梁觀國（字賓卿、番禺人）曾與胡寅（字明仲稱致堂先生）往返論學。宋元學案卷四十一衡麓學案載謝山端溪講院先師祠記云：「梁先生觀國，遊于致堂之門者也。」又云：「紹興壬戌間，胡致堂退居衡山之陽，先生因其友高登（亦爲湘學學者）知致堂之有志鄒魯而無趣笁乾也，詒書致雜文一編，致堂稱而揚之。」可見湘學在南宋時已傳到廣東。

同時也有治湘學的福建學者僑居在廣東的，宋元學案卷四十一云：「陳元中，閩人，居番禺。」（元中爲觀國講友）由此可見，廣東的學術能夠逐漸興盛，除經濟和交通的原因外，其中受湘學和閩學的影响最大。

有元一代，書院的分布顯然是南盛於北。不過王旭蘭軒集卷十二云：「且書院一事，盛於南國，而北方未之有。」由本文所得的結論看來，王旭之說，未免過甚其辭。元代書院和元代經學、史學、子學、文學的地理分布走上了同一趨勢是一不可否認的事實。而本文所指的南方，已經不僅限於江西浙江和福建，同時業已伸展到了湖廣數省。

例言

一、作者根據明王圻的續文獻通考，參考了李兆洛的歷代地理志韻編今釋，編寫成本文的一十四表。

二、王圻的通考有闕漏的、錯誤的，再依據元人文集、詩集、元史、宋元學案、淸續通考、淸一統志和商務印書館已刊行的各省通志加以補訂和校正。

三、所以本表只能算是爲王圻通考作了一次補訂的工作。

四、引證於王圻通考以外的材料，用小字注出，盡可能的寫出原書和它的卷數。

五、其不能標明出處的，取自拙著元代學術年表（未刊行）上的材料，由作者作年表時一時疏忽，忘未標明原書，今亦不及再查。

六、本文先爲長編，所見於備註中的是最簡約的材料。至於元代書院重修和重建時的情形，可由小字所徵引的原書去看元儒們所寫的碑記。

七、表中的書院有些尋找不出材料上的證據，不能確定是否建於元代，一律註以「未詳」二字，有待於以後考證。所以本文又可稱它爲宋元書院的地理分布，不過有的是建於兩宋而重修於元代的（備註中已有說明），作者統稱它爲「元建」的了。

八、每縣總計有書院若干，均注明於下。每省書院若干，亦注明每省之末。

九、案語、結論已寫在前面的序言裏。本文的寫成，依照　賓四師的指導。

一，江西書院的地理分布表

州縣名	省路名	書院	統計	時代	備註
奉新	江西省龍興路	梧桐書院		未詳	見王圻續文獻通攷
		華林書院	2	未詳	見王圻續文獻通攷
南昌	江西省龍興路	東湖書院		元建	黃澤教授於此見元史黃澤傳
		宗濂書院	2	元建	見續文獻通攷卷五十 又寧州有濂溪書院相連有山谷書院見王圻續文獻通攷 文宗至順二年辛未臨川何中曾爲東湖宗濂二書院賓師
豐城	江西省龍興路	龍光書院		元建	至正間邑人陳必强建 至正中宋陳自俛裔孫重建見清一統志江西南昌府
		貞文書院	2	元建	見續文獻通攷 揭傒斯請立至正三年建歐陽玄作記見圭齋文集五卷

寧州	江西省龍興路	濂溪書院		元建	見南昌宗濂書院備註
		山谷書院	2	元建	見南昌宗濂書院備註
饒州	江西省饒州路	鄱江書院		未詳	見王圻續文獻通攷
		雙溪書院	2	元建	趙介如爲山長見宋元學案卷六十九
餘干	江西省饒州路	忠定書院		未詳	見王圻續文獻通攷
		東山書院		未詳	見王圻續文獻通攷
		石洞書院		未詳	見王圻續文獻通攷
		南溪書院	4	元建	見續文獻通攷 宋柴中行講學之所元時其子孫作書院以教里族程鉅夫記 見清一統志江西饒州府
樂平	江西省饒州路	慈湖書院	1	元建	干文傳曾爲山長見元史干文傳傳
浮梁	江西省饒州路	新田書院	1	未詳	見王圻續文獻通攷
安仁	江西省饒州路	錦江書院	1	元建	見續文獻通攷

					至正間宋子鏜請賜額 見清一統志江西饒州府
德興	江西省饒州路	初庵書院	1	元建	邑人傅立號初庵建 見清一統志江西饒州府
廣信	江浙省廣信路	稼軒書院	1	元建	大德二年戊戌廣信書院成之二十五年官改廣信書院額還曰稼軒書院而棟宇頹敝已甚大德七年重建戴表元爲之記 見剡源戴先生文集卷一
玉山	江浙省廣信路	端明書院	1	元建	蘇天爵記 見滋溪文稾
貴溪	江浙省廣信路	桐源書院		未詳	見王圻續文獻通攷
		象山書院	2	未詳	見王圻續文獻通攷
鉛山	江浙省廣信路	鵝湖書院	1	未詳	見王圻續文獻通攷
上饒	江浙省廣信路	疊山書院	1	元建	虞舜臣弋陽人疊山死後二十四年舜臣爲之築室買田祠於弋陽之東語之行省得賜疊山書院之名 見宋元學案卷八十四
永豐	江浙省廣信路	武城書院		元建	學士曾德裕建吳澄記 見清一統志江西吉安府
		陽豐書院	2	元建	見續文獻通攷

進士陳應求與弟起原建吳澄記見清一統志江西吉安府

信州　江浙省廣信路　道一書院　1　元建　延祐四年丁己胡炳文爲山長程紹開築道一書院以合朱陸兩家之說見宋元學案卷八十四

弋陽　藍山書院　1　元建　元初張卿弼隱居教授於此學者甚衆其門人楊應桂申益章爲作書院處之見清一統志江西饒州府又見道園學古錄卷八

九江　江西省江州路　景星書院　元建　大德五年辛丑黃澤爲景星書院山長既久又爲山長於洪州東湖書院見元史黃澤傳大德七年癸卯胡一桂爲山長

濂溪書院　2　元建　至元二十七年庚寅姚燧自溪浮江東游會稽過江州見濂溪書院記見牧庵集

彭澤　江西省江州路　靖忠書院　1　元建　邑令王國輔建見清一統志江西九江府

建昌　江浙省建昌路　盱江書院　1　元建　元末燬見清一統志江西建昌府

南豐　江西省南豐州　南豐書院　1　元建　至正間知州史文斌建王圻續文獻通攷

撫州	江西省撫州路	臨汝書院		元建	元有官領之見王圻續文獻通攷　清一統志江西建昌府作至正初知州史文斌建
		峨峯書院	2	未詳	見王圻續文獻通攷
金溪	江西省撫州路	槐堂書院	1	未詳	見王圻續文獻通攷
宜黃	江西省撫州路	鹿崗書院	1	未詳	見王圻續文獻通攷
崇仁	江西省撫州路	草廬書院		元建	邑人柯里建見王圻續文獻通攷　至元中建祀吳澄見清一統志江西撫州府
		邵庵書院		元建	邑令重喜建　至正間建祀虞集見清一統志江西撫州府
		文溪書院	3	未詳	見王圻續文獻通攷
金溪	江西省撫州路	青田書院	1	元建	洪觀建　英宗至治三年癸亥金溪學者洪淋重刻陸象山語錄於青田書院吳澄爲之記
樂安	江西省撫州路	柳塘書院		元建	見清一統志江西撫州府

		熬溪書院	2	元建	大德中邑人夏友蘭字幼安建 見宋元學案卷九十二 吳澄記 吉水周聞孫曾爲山長後改爲貞文書院 皇慶元年賜額設官 見淸一統志江西撫州府
臨江	江西省臨江路	高峯書院		未詳	見王圻續文獻通攷
		金鳳書院	2	元建	又有講堂在新喩縣
淸江	江西省臨江路	淸江書院	1	未詳	見王圻續文獻通攷
吉安	江西省吉安路	鷺洲書院	1	元建	元設山長 見淸一統志江西吉安府
泰和	江西省吉安路	龍州書院		未詳	見王圻續文獻通攷
		文溪書院		未詳	見王圻續文獻通攷
		雲津書院		未詳	見王圻續文獻通攷
		柳溪書院		未詳	見王圻續文獻通攷
		淸節書院		元建	至正間建

		匡山書院	6	未詳	見王圻續文獻通攷
廬陵	江西省吉安路	蒙齋書院	1	元建	劉將孫記 見養吾齋集卷十五
太和	江西省吉安路	朴山書院	1	元建	劉將孫記 見養吾齋集卷十五
吉水	江西省吉安路	磻溪書院	1	未詳	見王圻續文獻通攷
萬安		雲興書院	1	未詳	見王圻續文獻通攷
瑞州	江西省瑞州路	西澗書院		元建	至元二十二年乙酉重建丁起晦爲院長王義山作瑞州重建西澗書院碑 見稼村類稿卷八
		樂善書院		未詳	見王圻續文獻通攷
		文溪書院	3	未詳	見王圻續文獻通攷
上高	江西省瑞州路	正德書院	1	元建	吳澄記 見淸一統志江西瑞州府 提擧姜榮建趙孟頫書扁刻石
新昌		石溪書院	1	元建	提擧胡俊孚建 見淸一統志江西瑞州府
袁州	江西省袁州路	南軒書院	1	元建	至元中閩縣郭鍠曾爲山長

					至元間修 清一統志江西袁州府
					虞集有南軒書院新建藏書閣記 見道園學古錄卷三十六
分宜	江西省袁州路	鈐岡書院	1	未詳	見王圻續文獻通攷
萍鄉	江西省袁州路	胡安之書院		未詳	見王圻續文獻通攷
		宗濂書院	2	未詳	見王圻續文獻通攷
萬載	江西省袁州路	張巖書院	1	元建	虞集有記 見清一統志江西袁州府 又見道園學古錄卷三十六
贛州	江西省贛州路	先賢書院		未詳	見王圻續文獻通攷
		濂溪書院	2	元建	宜黃涂溍生曾爲山長
					王禮作重建濂溪書院記 見麟原前集卷六
興國	江西省贛州路	安湖書院	1	元建	文天祥記
寧都	江西省贛州路	梅江書院	1	未詳	見王圻續文獻通攷
南康	江西省南安路	白鹿洞書院	1	元建	虞集有白鹿洞書院新田記 見道園學古錄卷七
大庾		載山堂書院	1	元建	至元中建 見清一統志江西南安府

江西書院統計	73	元建30	未詳43

二，浙江書院的地理分布表

杭州	江浙省杭州路	西湖書院		元建	至元末肅政廉訪使改爲書院 至正中金華范祖幹爲山長又程文有蚊雷小稾師音集黟南生集刊之西湖書院（見宋元學案卷八十二） 至正二年壬午刊印元文類七十卷目錄三卷二十册 至正二十年楊維楨作重修西湖書院記（見東維子集卷十二）
		城南書院	2	未詳	見王圻續文獻通攷
海寧	江浙省杭州路	黃岡書院	1	元建	至正間改爲書院（見浙江通志卷二十五）
嘉興	江浙省嘉興路	宣公書院	1	元建	至正間建（見清一統志浙江嘉興府） 周棐（字致堯）由鄭山書院移宣公書院（見宋元學案卷八十三） 至元間建（見王圻續文獻通攷）

崇德	江浙省嘉興路	傳貽書院		未詳	見王圻續文獻通攷
		白社書院	2	未詳	見王圻續文獻通攷
湖州	江浙省湖州路	安定書院	1	元建	見續文獻通攷
長興	江浙省湖州路	東湖書院	1	元建	邑人蔣必勝創詔賜額名 見浙江通志卷二十六 見續文獻通攷
嚴州	江浙省建德路	釣臺書院	1	元建	至正元年辛巳重修黃溍爲之記 見黃金華文集卷九 宜興董藩子衍曾任山長
淳安	江浙省建德路	石峽書院	1	未詳	見王圻續文獻通攷
金華	江浙省婺州路	麗澤書院		元建	御史王龍澤有記 至元間重建 見浙江通志卷二十八
		四賢書院		元建	江浙省建祀郡儒何基王柏金履祥齊履謙
		北山書院		未詳	見王圻續文獻通攷
		桃園書院		未詳	見王圻續文獻通攷

浦江	江浙省婺州路	正學書院		元	建	浙江行省建見浙江通志卷二十八
		五雲書院	6	元	建	大德間樓如浚建見浙江通志卷二十八
		月泉書院	1	元	建	元置書院山長見浙江通志卷二十八 至正十一年辛卯重脩 元末葉瓚爲山長 黃溍作記見黃金華文集卷十四
蘭溪	江浙省婺州路	齋芳書院		元	建	唐良驥蘭溪人建齋芳書院迎金仁山講學於此 見宋元學案卷八十二 浙江通志卷二十八作齊芳書院
		仁山書院		元	建	金仁山建後移天福山
		瀔東書院	3	未詳		見王圻續文獻通攷
慈溪	江浙省慶元路	慈湖書院		元	建	見續通攷卷五十 元設山長主之韓性同曾任山長
		杜州書院		未詳		見王圻續文獻通攷

		澤山書院	3	元建	至正中建祀黃東發 見宋元學案卷八十六
奉化	江浙省慶元路	廣平書院	1	未詳	見王圻續文獻通攷
寧波	江浙省慶元路	甬東書院		未詳	見王圻續文獻通攷
		東湖書院		元建	邑人陸天祐建 見浙江通志卷二十七、程端學記
		松溪書院		元建	至正七年邑人李德說建 見浙江通志卷二十七
		鄞江書院		元建	邑人張式艮建 見浙江通志卷二十七
		鄮山書院	5	元建	見續文獻通攷 大德三年鄉儒趙壽建 見浙江通志卷二十七 大德十一年丁未袁桷作記 見清容集卷十八
四明	江浙省慶元路	岱山書院	1	元建	至元三十一年徙於市 陳麟字文昭重建 見宋元學案卷九十三
鎮海	江浙省慶元路	湖山書院	1	元建	至元間建祀黃震至正間燬
台州	江浙省台州路	上蔡書院		元建	見續文獻通攷

縣南亦有上蔡書院至元中燬見浙江通志卷二十七陳孚爲山長見元史陳孚傳

		上蔡書院		元建	在縣南
		鑑溪書院		元建	邑人柯爾建見浙江通志卷二十七又見淸一統志浙江台州府
		文獻書院		元建	樞密副使劉本仁建危素有記見浙江通志卷二十七又見淸一統志浙江台州府
		柔川書院	5	元建	黃中玉建張翥有記見浙江通志卷二十七
僊居	江浙省台州路	桐江書院		元建	皇慶中方志道建見浙江通志卷二十七又見淸一統志浙江台州府
		安洲書院	2	元建	至元中隱士羅森建見浙江通志卷二十七又見淸一統志浙江台州府
黃巖	江浙省台州路	囘浦書院	1	元建	元貞中建見浙江通志卷二十七又見淸一統志浙江台州府
溫州	江浙省溫州路	永嘉書院	1	未詳	見王圻續文獻通攷
樂淸	江浙省溫州路	宗晦書院	1	未詳	見王圻續文獻通攷
泰順	江浙省溫州路	中村書院		未詳	見王圻續文獻通攷

		侯林書院	2	未詳	見王圻續文獻通攷
衢州	江浙省衢州路	清猷書院		未詳	見王圻續文獻通攷
		柯山書院	2	未詳	見王圻續文獻通攷
江山	江浙省衢州路	南塘書院	1	未詳	見王圻續文獻通攷
開化	江浙省衢州路	包山書院	1	元建	桂德稱曾爲山長見宋元學案卷九十三
西安	江浙省衢州路	明正書院	1	元建	葉審言曾任山長見宋元學案卷七十三
					黃溍作記見黃金華文集卷八
處州	江浙省處州路	笏洲書院		元建	見浙江通志卷二十九
		桂山書院	2	未詳	見王圻續文獻通攷
青田	江浙省處州路	石門書院	1	元建	至元中廉訪副使王俁建見浙江通志卷二十九又見清一統志浙江處州府
松陽	江浙省處州路	明善書院	1	未詳	見王圻續文獻通攷
縉雲	江浙省處州路	獨峯書院		未詳	見王圻續文獻通攷
		美化書院	2	元建	見續文獻通攷

元貞二年丙申陳天益爲山長戴表元記（見郯源文集卷一）

大德二年戊戌十月新建講堂成

周仁榮曾爲山長（見元史周仁榮傳）

紹興	江浙省紹興路	蘭亭書院		元建	元時置書院（見浙江通志卷二十七）
		泳澤書院		元建	至正間建（見浙江通志卷二十七）
		稽山書院		未詳	見王圻續文獻通攷
		二戴書院		元建	元貞二年浙東僉事完顏貞尹余洪建 至正五年令冷瓚重修宇文公諒爲記守帥周紹祖重建後燬（見浙江通志卷二十七）
		和靖書院	5	元建	元貞二年丙申始建戴表元爲之記（見郯源集卷一） 黃叔英戚象祖（字性傳）曾爲山長（見宋元學案卷七十三、八十六）
新昌	江浙省紹興路	鼓山書院	1	未詳	見王圻續文獻通攷
餘姚	江浙省紹興路	高節書院		元建	祝蕃曾爲山長（見宋元學案卷九十三）

		龜山書院	2	未詳	見王圻續文獻通攷
浙江書院統計			62	元建 未詳 2339	

三，福建書院的地理分布表

邵武	江浙省邵武路	樵溪書院	1	未詳	見王圻續文獻通攷
光澤	江浙省邵武路	雲巖書院		元建	天曆中縣尹冗達建虞集記 見道園學古錄卷八 天曆二年建 見清一統志福建邵武府
		崇仁書院	2	元建	至正中邑人龔永劉濂建 至正二十三年建 見清一統志福建邵武府
歸化	江浙省汀州路	翠雲巖書院	1	未詳	見王圻續文獻通攷
漳州	江浙省漳州路	龍江舊院		元建	泰定間郡儒黃元淵亦建龍江書院於城外東北虞集有記 見道園學古錄
		龍江書院	2	元建	見前

漳浦	江浙省漳州路	丹詔書院	1	未詳	見王圻續文獻通攷
順昌	江浙省南劍路	雙峯書院	1	元詳	至正三十一年甲午重修劉將孫作重修南劍路順昌縣雙峯書院記 見養吾齋集卷十五
蒲田	江浙省興化路	極江書院		未詳	見王圻續文獻通攷
		瑤臺書院	2	元建	至正四年建 見清一統志福建興化府
福州	江浙省福州路	勉齋書院		元建	見續通攷卷五十
		三山書院	2	未詳	見王圻續文獻通攷
侯官	江浙省福州路	古靈書院		未詳	見王圻續文獻通攷
		尊拙書院	2	未詳	見王圻續文獻通攷
福清	江浙省福州路	龍江書院		未詳	見王圻續文獻通攷
		石塘書院	2	未詳	見王圻續文獻通攷
古田	江浙省福州路	城南書院		未詳	見王圻續文獻通攷
		浣溪書院		未詳	見王圻續文獻通攷

		螺峯書院		未詳	見王圻續文獻通攷
		藍田書院		未詳	見王圻續文獻通攷
		嵩高書院	5	元建	
福寧	江浙省福州路	東山書院	1	未詳	見王圻續文獻通攷
寧德	江浙省福州路	來青書院	1	未詳	見王圻續文獻通攷
泉州	江浙省泉州路	清源書院		未詳	見王圻續文獻通攷
		歐陽書院	2	未詳	見王圻續文獻通攷
同安	江浙省泉州路	大同書院		元建	見續文獻通攷卷五十 至正間邑令孔公俊建見淸一統志福建泉州府
		浯州書院	2	元建	見淸一統志福建泉州府
晉江	江浙省泉州路	石井書院		未詳	見王圻續文獻通攷
		泉山書院	2	未詳	見王圻續文獻通攷
建寧	江浙省建寧路	紫芝書院	1	未詳	見王圻續文獻通攷

建安	江浙省建寧路	建安書院		未詳	見王圻續文獻通攷
		屛山書院	2	元建	見建寧路崇安之屛山書院
崇安	江浙省建寧路	武夷書院		未詳	見王圻續文獻通攷
		文定書院		元建	縣尹彭庭堅建
		屛山書院		元建	其一在建安後改爲學虞集有記見道園學古錄卷三十六
		南山書院	4	未詳	見王圻續文獻通攷
浦城	江浙省建寧路	西山書院	1	元建	延祐四年建虞集記見道園學古錄卷七
松溪	江浙省建寧路	湛盧書院	1	元建	元末建
建陽	江浙省建寧路	鰲峯書院		未詳	見王圻續文獻通攷
		鳳山書院		未詳	見王圻續文獻通攷
		雲谷書院		未詳	見王圻續文獻通攷
		雲莊書院		未詳	見王圻續文獻通攷
		考亭書院		元建	虞集有考亭書院重建文公祠堂記見道園學古錄卷三十六

元代書院之地理分布

		同文書院		未詳	見王圻續文獻通攷
		瑞樟書院		未詳	見王圻續文獻通攷
		盧峯書院	8	未詳	見王圻續文獻通攷
延平	江浙省延平路	九龍書院	1	未詳	見王圻續文獻通攷
沙縣	江浙省延平路	豫章書院		元建	至正中羅從彥五世族孫建 至正初建 見清一統志福建延平府
		諫議書院		未詳	見王圻續文獻通攷
		鳳岡書院	3	未詳	見王圻續文獻通攷
將樂	江浙省延平路	龜山書院	1	未詳	見王圻續文獻通攷
南平	江浙省延平路	延平書院	1	未詳	見王圻續文獻通攷
政和院	江浙省延平路	景溪書院		未詳	見王圻續文獻通攷
		雲根書院	2	未詳	見王圻續文獻通攷
尤溪	江浙省延平路	南溪書院	1	未詳	見王圻續文獻通攷

福建書院統計			55	元建 38 未詳 17

四、湖南書院的地理分布表

澧州	湖廣省澧州路	學殖書院		元建	楊國楨建見湖南通志卷七十
		道溪書院		元建	劉士英建見湖南通志卷七十
		文山書院		未詳	見王圻續文獻通攷
		澧陽書院		元建	重修見湖南通志卷七十
		溪東書院	5	未詳	見王圻續文獻通攷
慈利	湖廣省澧州路	聚奎書院	1	元建	楊翰建見湖南通志卷七十
安福	湖廣省澧州路	道溪書院	1	元建	至治間蒙古學正劉士英建見湖南通志卷七十
永定	湖廣省澧州路	天門書院		元建	田希呂建余闕記見湖南通志卷七十虞集記見道園學古錄卷九
		聚奎書院	2	元建	翰林楊翰建見湖南通志卷七十
長沙	湖廣省天臨路	文定公書院		未詳	見王圻續文獻通攷

		城南書院		未詳	見王圻續文獻通攷
		東岡書院		元建	見續通攷卷五十 許有壬之父號東岡嘗讀書於此因賜額焉 見湖南通志卷六十八 又見元史許有壬傳
		喬岡書院	4	元建	見續通攷卷五十 元統中邑人黃澹因設義學於此詔賜今額
湘潭	湖廣省天臨路	碧泉書院	1	元建	里人就其地置書院以近碧泉因名 見湖南通志卷六十八 里人衡氏建 見淸一統志湖南長沙府
潭州	湖廣省天臨路	石林書院	1	元建	謝一魯嘗爲山長 見元史周鏜傳
醴陵	湖廣省天臨路	東萊書院	1	未詳	見王圻續文獻通攷
湘鄉	湖廣省天臨路	漣溪書院	1	元建	至正中知縣王文彪復移漣水西 見淸一統志湖南長沙府
攸縣	湖廣省天臨路	鳳山書院	1	元建	元貞中邑人譚淵建 見湖南通志卷六十八 據陳康祖鳳山書院記鳳山書院建於元貞二年
瀏陽	湖廣省天臨路	南臺書院		元建	邑人梁子貞建 見湖南通志卷六十八
		文靖書院	2	元建	歐陽龍生爲山長 見宋元學案卷八十八

善化	湖廣省天臨路	嶽鹿書院		元建	至元中郡人劉必大重建延祐中潭州路判官劉安仁更新禮殿齋祠 元末燬於兵 見湖南通志卷六十八 又見淸一統志湖南長沙府
		湘西書院	2	未詳	見王圻續文獻通攷
益陽	湖廣省天臨路	慶洲書院	1	元建	見續通攷卷五十 邑人劉履泰講學之所事聞詔授慶洲書院山長 見淸一統志湖南長沙府
衡山	湖廣省天臨路	南嶽書院	1	元建	重修
衡州	湖廣省衡州路	南軒書院	1	未詳	見王圻續文獻通攷
耒陽	湖廣省衡州路	杜陵書院	1	未詳	見王圻續文獻通攷
安仁	湖廣省衡州路	清溪書院	1	元建	至正中王顯重修 見湖南通志卷六十八
常德	湖廣省常德路	沅陽書院	1	元建	見續通攷卷五十 元賜今額 丁易東建 見湖南通志卷六十九 龍潭丁易東曾爲山長

龍陽	湖廣省常德路	龍津書院	1	元建	袁申儒有周氏龍津書館記 見湖南通志卷六十九
祁陽	湖廣省永州路	浯溪書院	1	元建	至元中建 見清一統志湖南永州府 祀元結顏眞卿 見湖廣通志卷六十九 蘇天爵記
道州	湖廣省道州路	濂溪書院	1	元建	至正二年壬午重修五年乙酉又重修六年丙戌冬歐陽玄作道州路重修濂溪書院記 見圭齋文集卷五
靖州	湖廣省靖州路	鶴山書院		元建	至順元年庚午七月虞集作鶴山書院記 見道園學古錄卷七十
興寧	湖廣省郴州路	作新書院	2	未詳	見王圻續文獻通攷
		觀瀾書院	1	元建	至元辛卯重修左元龍有記 見湖南通志卷七十
茶陵州	湖廣省茶陵州	紫微書院	1	元建	見湖南通志卷六十八
武岡州	湖廣省武岡路	儒林書院	1	元建	皇慶二年縣尹延承直建 見湖南通志卷六十九 趙長翁作記 見清一統志湖南寶慶府
城步	湖廣省寶慶路	儒林書院	1	元建	見湖南通志卷六十九

湖南書院統計			37	元建28 未詳9	

五，江蘇書院的地理分布表

江寧	江浙省集慶路	江東書院		元建	程端禮爲山長 見宋元學案卷八十七
		明道書院		元建	
		南軒書院		元建	元移於明道書院之西南
		昭文書院		元建	至元間建
		青溪書院	5	元建	趙文作記 見青山集卷三
常熟	江浙省平江路	學道書院	1	元建	至順間置山長 見續通攷卷五十
蘇州	江浙省平江路	甫里書院		元建	元統二年甲戌總管錢光弼奏建書院置山長 元統二年三月柳貫作記 見柳待制文集卷十四 至正二十五年乙巳重修

文正書院		元　建	見續通攷卷五十 至正六年吳秉彝奏改書院 見清一統志江蘇蘇州府
文學書院		元　建	見續通攷卷五十 至順三年建翰林楊剛中記 見清一統志江蘇蘇州府 黃溍作文學書院田記 見黃金華文集卷八
和靖書院		元　建	延祐初徙置長洲縣治 見清一統志江蘇蘇州府
鶴山書院	5	元　建	至順間博士柯九思奏復書院虞集爲記 見道園學古錄卷七又見清一統志江蘇蘇州府

松　江　江浙省松江府

孔宅書院		元　建	至元間里人章弼建 見清一統志江蘇蘇州府
石洞書院		元　建	見續通攷卷五十
九峯書院		未　詳	見王圻續文獻通攷
西湖書院	4	元　建	延祐四年丁巳汪從善修西湖書院 郡守張之翰建元貞元年乙未時張之翰知松江三年爲之記 見西巖集卷十六

					後至元十六年丙申重修
上海	江浙省松江府	清忠書院	1	元建	至正間邑人章元澤建
常州	江浙省常州路	龜山書院		元建	見續通攷卷五十 元設山長
		東坡書院	2	未詳	見王圻續文獻通攷
丹徒	江浙省鎮江路	淮海書院		元建	大德間楊如山爲山長 大德五年曹鑑爲山長 見元史曹鑑傳 元遷儒林里 見清一統志江蘇鎮江府
		濂溪書院	2	未詳	見王圻續文獻通攷
丹陽	江浙省鎮江路	丹陽書院	1	未詳	見王圻續文獻通攷
金壇	江浙省鎮江路	申義書院		未詳	見王圻續文獻通攷
		龍山書院		未詳	見王圻續文獻通攷
		茅山書院	3	未詳	見王圻續文獻通攷

揚州	河南省揚州路	謝安書院	1	未詳	見王圻續文獻通攷
泰州	河南省揚州路	安定書院	1	元建	至大初任士民爲山長
江蘇書院統計			26	元建18 未詳8	

六，廣東書院的地理分布表

廣州	江西省廣州路	濂泉書院	1	未詳	見王圻續文獻通攷
陽山	江西省廣州路	尊韓書院	1	未詳	見王圻續文獻通攷
連州	江西省廣州路	丞相書院	1	未詳	見王圻續文獻通攷
新會	江西省廣州路	古岡書院	1	元建	至元間縣尹沈壽建 至正中建 見清一統志廣東廣州府
英德	江西省英德州	涵渾書院	1	未詳	見王圻續文獻通攷
南雄	江西省南雄路	孔林書院	1	未詳	見王圻續文獻通攷
惠州	江西省惠州路	豐湖書院		未詳	見王圻續文獻通攷

		張留書院	2	未詳	見王圻續文獻通攷
博羅	江西省惠州路	羅浮書院	1	未詳	見王圻續文獻通攷
龍川	江西省循州	鰲峯書院	1	元建	
潮州	江西省潮州路	韓山書院		元建	郡守王翰建吳澄記 至順間建見清一統志廣東潮州府
		元公書院		未詳	見王圻續文獻通攷
		得全書院	3	未詳	見王圻續文獻通攷
海陽	江西省潮州路	韓公書院	1	元建	至元二十六年改建見清一統志廣東潮州府
肇慶	江西省肇慶路	星巖書院	1	元建	大德間史谷佐曾爲山長
四會	江西省肇慶路	濂溪書院	1	未詳	見王圻續文獻通攷
陽江	江西省南恩州	濂溪書院	1	未詳	見王圻續文獻通攷
高州	湖廣省高州路	茂山書院	1	未詳	見王圻續文獻通攷
石城		松明書院	1	未詳	見王圻續文獻通攷

吳川	湖廣省化州路	翔龍書院	1	未詳	見王圻續文獻通攷
雷州		平湖書院	1	元建	至元中建見清一統志廣東雷州府 郭思誠重修呂思誠記
樂平		文明書院	1	元建	彭從龍重修凌光謙記
瓊州		東坡書院	1	元建	見續通攷卷五十 元時設山長趙孟頫書扁
瓊山	湖廣省乾寧司	桐墩書院	1	未詳	見王圻續文獻通攷
廣東書院統計			24	元建8 未詳16	

七，四川書院的地理分布表

綿州	四川省成都路	紫巖書院	1	未詳	見王圻續文獻通攷
巴州	四川省廣元路	丹梯書院	1	元建	見清一統志四川保寧府
順慶	四川省順慶路	果山書院		未詳	見王圻續文獻通攷

		柳溝書院	2	未詳	見王圻續文獻通攷
南溪	四川省叙州路	雲臺書院		未詳	見王圻續文獻通攷
		南溪書院	2	未詳	見王圻續文獻通攷
宜賓	四川省叙州路	石室書院	1	元建	儒學提舉謝晉賢建 順帝至元六年庚辰王圻作石室書院記見伊濱集卷十八 見元史王守誠傳
合州	四川省重慶路	濂溪書院	1	未詳	見王圻續文獻通攷
瀘州	四川省重慶路	鶴山書院		未詳	見王圻續文獻通攷
		五峯書院	2	未詳	見王圻續文獻通攷
江安	四川省重慶路	龍門書院	1	未詳	見王圻續文獻通攷
涪州		北巖書院	1	未詳	見王圻續文獻通攷
蒲江		魏了翁書院	1	未詳	見王圻續文獻通攷
大寧	四川省夔州路	鳳山書院		未詳	見王圻續文獻通攷

		南陽書院		未詳	見王圻續文獻通攷
		竹林書院	3	未詳	見王圻續文獻通攷
射洪	四川省潼川府	金華書院	1	元建	至正中建 見清一統志四川潼川府
遂寧	四川省潼川府	張九宗書院	1	未詳	見王圻續文獻通攷
鹽亭	四川省潼川府	東臺書院	1	未詳	見王圻續文獻通攷
眉州	四川省嘉定府路	東館書院	1	元建	至正間重修
丹稜	四川省嘉定府路	柵頭書院	1	未詳	見王圻續文獻通攷
黎州	陝西省黎州	玉淵書院	1	未詳	見王圻續文獻通攷
劍州		文貞書院	1	元建	見清一統志四川保寧府
四川書院統計			23	元建5 未詳18	

八，山東書院的地理分布表

濟南	中書省濟南路	閔子書院	1	元建	見續通攷卷五十

天曆間建 見清一統志山東濟南府

元設山長

鄒平　中書省濟南路　伏生書院　1　元　建　主簿楊温建

至正十五年知縣陳埜先建 見山東通志卷八十八 又見清一統志山東濟南府

泰安　中書省泰安州　泰山書院　1　元　建　見王旭蘭軒集卷十二中和書院記　見續通攷卷五十

曲阜　中書省濟寧路　洙泗書院　元　建

至正十年建 見清一統志山東兗州府

元設山長

尼山書院　元　建　見續通攷卷五十

至順中孔思晦以故廟已燬請立書院

彭璠爲山長 見道園學古錄卷三十六

虞集有記 見清一統志山東兗州將

子思書院　3　元　建　大德間奏立書院 見清一統志山東兗州府 又見元史孔思晦傳

鄒城	中書省濟寧路	曾子書院		未詳	至順二年孔思晦請建 見王圻續文獻通攷
		一貫書院	2	元建	至元二年建 見山東通志卷八十八
嘉祥	中書省濟寧路	曾子書院	1	未詳	見王圻續文獻通攷
汶上	中書省東平路	聖澤書院	1	未詳	見王圻續文獻通攷
東阿	中書省東平路	野齋書院	1	元建	見續通攷卷五十 李謙卒詔其故里建書院立山長 見山東通志卷八十八 又見淸一統志山東泰安府
滕縣	中書省益都路	性善書院	1	元建	大德四年庚子建 延祐元年建 見道園學古錄卷八 又見淸一統志山東兗州府 至順元年庚午五月虞集作記 見道園學古錄卷八
費	中書省益都路	思聖書院		元建	至正間邑人王謙建 見山東通志卷八十八 又見淸一統志山東沂州府
		東山書院	2	元建	皇慶二年邑人康復之建 見山東通志卷八十八
即墨	中書省益都路	鄭玄書院	1	未詳	見王圻續文獻通攷

樂安	中書省益都路	明誠書院	1	元建	邑人程鵬建 見山東通志卷八十九
萊州	中書省般陽府路	東萊書院	1	未詳	見王圻續文獻通攷
濮州	中書省濮州	崇義書院		元建	見續通攷卷五十
					至正十三年唐兀崇喜建 見山東通志卷八十九 又見清一統志山東曹州府
		歷山書院	2	元建	見清一統志山東曹州府 又見元史和尚傳
高唐	中書省高唐州	靜軒書院	1	元建	至元間建 見山東通志卷八十九
武城		弦歌書院	1	元建	張起巖記
蘭山		王氏書院	1	元建	解元王佐建 見山東通志卷八十八
山東書院統計			22	元建17 未詳5	

九，河北書院的地理分布表

燕京	中書省大都路	太極書院	1	元建	見續通攷卷五十 楊維中建 見畿輔通志卷一一四 又見清一統志直隸順天府

昌平	中書省大都路	諫議書院	1	元	建	見續通攷卷五十 泰定間劉賁建 見畿輔通志卷一一四 又見清一統志直隸順天府
房山	中書省大都路	文靖書院	1	元	建	邑人趙密買壞爲師劉因建 見畿輔通志卷一一四 又見清一統志直隸順天府
覇州	中書省覇州	益津書院	1	元	建	至順三年邑人宮君祺建 見畿輔通志卷一一四
新安	中書省保定路	靜修書院	1	元	建	劉因設教地皇慶六年賜額靜修書院至正十五年縣尹劉德亨重修 危素記 見畿輔通志卷一一四 又見清一統志直隸保定府
完縣	中書省保定路	忠孝書院	1	元	建	至正間建 見畿輔通志卷一一四 至元中建 見清一統志直隸保定府
深澤	中書省保定路	樂善書院	1	元	建	至正五年邑人杜儒建 見畿輔通志卷一一七
河間	中書省河間路	毛公書院	1	元	建	見續通攷卷五十 至正間總管王思誠建以其地有漢儒毛萇冢宅故名元末燬於火 見畿輔通志卷一一五 又見清一統志直隸河間府
景州	中書省河間路	董子書院	1	元	建	見續通攷卷五十

					至正間王思誠建見畿輔通志卷一一五又見清一統志直隸河間府
元氏	中書省眞定路	封龍書院		元建	李治安熙皆講學於此見畿輔通志卷一一五 袁桷作封龍山書院重修記見清容集卷十八
		西裕書院		未詳	見王圻續文獻通攷
		中谿書院	3	元建	中統初李治增修見畿輔通志卷一一五
獲鹿	中書省眞定路	太行書院	1	元建	學士高健建見畿輔通志卷一一五又見清一統志直隸正定府
新樂	中書省眞定路	壁里書院	1	元建	邑人趙恕等建蘇天爵有記見畿輔通志卷一一五又見清一統志直隸正定府
鎭寧軍		明道書院	1	未詳	見王圻續文獻通攷
宣府		景賢書院	1	元建	見續通攷卷五十 元相康里脫脫建別墅延師訓子弟賜名景賢書院
龍門		西關書院	1	未詳	見王圻續文獻通攷
雲州堡		雲州書院	1	未詳	見王圻續文獻通攷
蔚州		暖泉書院	1	元建	工部尚書王敬建見畿輔通志卷一一六

長蘆		中和書院	1	元建	大德二年戊戌冬張子浩過長蘆遇王旭於高氏書院（即中和書院爲高伯川建）之中和堂四年庚子王旭爲高氏中和書院講席王旭作記 見蘭軒集卷十二
河北書院統計			20	元建16 未詳4	

十，湖北書院的地理分布表

武昌	湖廣省武昌路	南湖書院		元建	見續通攷卷五十 元設山長
		龍川書院		元建	見續通攷卷五十 元貞末設山長至正五年達魯花赤鐵山重建 見湖北通志卷五十九
蒲圻	湖廣省武昌路	東山書院	3	未詳	見王圻續文獻通攷
		竹溪書院		未詳	見王圻續文獻通攷
		新溪書院	2	未詳	見王圻續文獻通攷

興國	湖廣省興國路	疊山書院	1	未詳	見王圻續文獻通攷
承天		南湖書院	1	未詳	見王圻續文獻通攷
荆門	河南省荆門州	東山書院		未詳	見王圻續文獻通攷
		隆中書院	2	元建	元改爲書院見湖北通志卷五十九
襄陽	河南省襄陽路	鹿門書院	1	未詳	見王圻續文獻通攷
德安	河南省德安府	長庚書院	1	元建	李仲章建見湖北通志卷五十九
					程鉅夫記
黃州	河南省黃州路	河東書院	1	未詳	見王圻續文獻通攷
在州		東坡書院	1	未詳	見王圻續文獻通攷
蘄水		南門書院	1	未詳	見王圻續文獻通攷
荆州		公安書院	1	元建	廉希憲重修見清一統志湖北荆州府
枝江	河南省中興路	白水書院	1	元建	拔都抹温司建見湖北通志卷五十九
天門		天門書院	1	元建	知縣貫阿思南海牙建見湖北通志卷五十九

松滋		山谷書院	1	元建	傅瓊建(見湖北通志卷五十九)
宜都		清江書院	1	元建	元時建於白洋驛後(見淸一統志湖北荆州府)
湖北書院統計			19	元建9 未詳10	

十一，安徽書院的地理分布表

徽州	江浙省徽州路	紫陽書院	1	元建	後至元中歙縣吳夢炎曾爲山長休寧程逢午亦爲山長陳浩記(見續通攷卷五十)
婺源	江浙省徽州路	明經書院	1	元建	至大初里人胡淀建官爲設山長主之(見淸一統志安徽徽州府) 胡炳文爲山長(見元史陳櫟傳)
歙	江浙省徽州路	師山書院	1	元建	鄭玉字子美徽州歙縣人學者相與即其地構師山書院以處焉 鮑深字伯原師山被召深攝行書院山長以教諸生(見宋元學案卷九十四)
太平	江浙省寧國路	天門書院		元建	大德七年癸卯建
		采石書院	2	元建	黃叔英又爲采石書院山長(見宋元學案卷八十六)

至元十四年宣慰使張洪範建 見清一統志安徽太平府

當塗	江浙省太平路	丹陽書院	1	元建	至大間建 見續通攷卷五十
池州	江浙省池州路	齊山書院	1	元建	元設山長 見清一統志安徽池州府
貴池	江浙省池州路	李白書院	1	未詳	見王圻續文獻通攷
青陽	江浙省池州路	李白書院	1	未詳	見王圻續文獻通攷
石埭	江浙省池州路	李白書院	1	未詳	見王圻續文獻通攷
銅陵	江浙省池州路	李白書院	1	未詳	見王圻續文獻通攷
無爲	河南省廬州路	文翁書院	1	元建	興文書院至正中建祀漢文翁當即文翁書院 見清一統志安徽廬州府
舒城	河南省廬州路	龍眠書院	1	元建	至順中建 見清一統志安徽廬州府
合肥	河南省廬州路	三賢書院	1	未詳	見王圻續文獻通攷
安慶	河南省廬州路	山谷書院		未詳	見王圻續文獻通攷
		二良書院		未詳	見王圻續文獻通攷

		近思書院	3	未詳	見王圻續文獻通攷
安徽書院統計			17	元建9 未詳8	

十二，山西書院的地理分布表

太原	中書省冀寧路	冠山書院		元建	見續通攷卷五十 呂思誠父祖皆讀書於此後以宰相言賜額建於故宅 見道園學古錄
汾陽		晉山書院	2	未詳	見王圻續文獻通攷
		卜山書院	1	元建	里民樊宗英建 見清一統志山西汾州府
絳		涑陽書院	1	元建	泰定中建 見清一統志山西絳州
樂平	中書省冀寧路	松峯書院	1	元建	呂思誠作記
夏		温公書院	1	元建	至正間重建 見清一統志山西解州
聞喜	中書省晉陵路	董澤書院	1	元建	董質翁爲國子博士歸作書院於故里虞集爲記 見清一統志山西絳州 又見道園學古錄卷八

陵川	中書省晉陵路	文忠書院	1	未詳	見王圻續文獻通攷
屯留		藕澤書院	1	元建	隱士宋士約建 見清一統志山西潞安府
蔚州		暖泉書院	1	元建	王敏建
楡次		源池書院	1	元建	趙彬建 見清一統志山西太原府
永濟		首陽書院	1	元建	至正初建 見清一統志山西蒲州府
山西書院統計			12	元建10 未詳2	

十三，河南書院的地理分布表

禹州		儒林書院	1	元建	州人楊可道建
夏邑		崇正書院	1	未詳	見王圻續文獻通攷
永城		澮濱書院	1	元建	縣尹張思立建 見清一統志河南歸德府
封登		潁谷書院	1	未詳	見王圻續文獻通攷
嵩	河南省南陽府	伊川書院	1	元建	見王圻續文獻通攷

永寧	河南省河南府	西洛書院	1	元建	延祐間建有趙孟頫書薛有諒碑記見清一統志河南河南府；延祐間建後廢復建袁桷記見清容集卷十八
洛陽	河南省河南府	同文書院	1	未詳	見王圻續文獻通攷
南陽	河南省南陽府	諸葛書院	1	元建	至大中建程鉅夫記；至大二年建見清一統志河南南陽府
光山	河南省汝寧府	涑水書院	1	元建	
上蔡	河南省汝寧府	謝顯道書院	1	未詳	見王圻續文獻通攷
河南書院統計			10	元建6 未詳4	

十四，陝西書院的地理分布表

咸寧	陝西省奉元路	魯齋書院	1	元建	見續文獻通攷卷五十；延祐中建

					延祐元年甲寅同恕領敎魯齋書院於秦中偕蕭𣂏攷試秋闈 見榘庵集卷十五；延祐七年庚申郭秉彝爲講席 見清一統志陝西西安府
三原	陝西省奉元路	學古書院	1	元建	延祐中因舊址重建蕭𣂏有記；張鉉爲山長 見清一統志陝西西安府
西安	陝西省奉元路	正學書院	1	元建	宋儒張橫渠講學處元建書院 見清一統志陝西西安府
臨潼	陝西省奉元路	居善書院	1	元建	見清一統志陝西西安府
高陵	陝西省奉元路	渭上書院	1	元建	延祐初建 見清一統志陝西西安府
鳳翔	陝西省鳳翔府	岐陽書院	1	元建	見續通攷卷五十；天曆二年賜書院額 見元史本紀
郿	陝西省鳳翔府	橫渠書院	1	元建	見續通攷卷五十；泰定四年建文禮作記 見清一統志陝西鳳翔府
陝西書院統計			7	元建7	

一九五六年八月一日出版

新亞學報 第二卷・第一期

定價 港幣十元 美金二元

編輯者 新亞研究所 九龍新亞書院

發行者 新亞書院圖書館

承印者 新華印刷股份公司 香港西營盤荔安里十七號 電話：二一六三二

THE NEW ASIA JOURNAL

Volume 2 *August 1956* *Number 1*

THE NEW ASIA RESEARCH INSTITUTE